독서실/스터디카페
창업

| 입지선정·인테리어 공사·운영까지 |

통계적 입지선정
독서실/스터디카페 창업

이상권 지음

좋은땅

머리말

"독서실을 하면 편하다는데 돈벌이는 좀 되나요?" 하고 묻는 분들이 참 많다. 그러면 필자는 "자리만 잘 잡으면 그만한 사업이 없죠"라고 답하곤 하는데 독서실과 스터디카페 창업에 의외로 관심 있는 분들이 많은 것 같다. 특히, 베이비부머 세대들의 은퇴 시점이 도래하고, 그들이 제2의 수익을 찾아 나서야만 하는 현실 때문에 독서실과 스터디카페 창업에 더 관심을 갖게 되는 것 같다. 독서실과 스터디카페는 사실 같은 것으로 보면 된다. 공부하는 사람들을 대상으로 공부하는 장소를 제공하고, 그들을 대상으로 사업한다는 측면에서 동일하다. 그래서 다음부터는 독서실과 스터디카페를 구분하지 않고 독서실/스터디카페로 표시하거나 아니면 독서실이나 스터디카페 중 하나로 표시하고자 한다. 물론, 독서실과 스터디카페는 행정적인 측면에서 약간의 차이는 있지만, 그 내용은 본문에서 설명하고자 한다.

일반적으로 독서실/스터디카페는 특별한 기술이 없어도 운영할 수 있고, 더구나 크게 힘들어 보이지도 않고 깨끗하고 자유로운 사업으로 알려져 있다. 그래서 화이트칼라로 종사하던 분들이 은퇴하면서 많이 찾는 것 같다. 일부 맞는 말이기는 하다.

그러나 보기와는 달리 만만치 않은 것이 또한 독서실/스터디카페 사업이다. 주변에서 마구잡이로 사업에 뛰어들었다가 자기도 돈을 못 벌면서, 기존에 있던 주변의 다른 업체도 어렵게 만드는 그런 사례가 자주 목격된다. 그래서 필자는 그처럼 무모하게 사업에 뛰어들어 결국 망하고 마는 그런 사태를 조금이나마 예방하고자 이 책을 쓰기로 마음을 먹었다.

필자도 그런 피해를 직접 보아 왔고 그런 상황에 부딪히게 되면 사업이 어려워지는 것도 문제지만 그런 일로부터 오는 스트레스 때문에 건강 또한 망치기 쉽다. 매출은 반 토막 나고, 서비스 수준은 경쟁업체보다 높거나 같은 수준으로 해야 하니 비용은 늘어나게 되어 있다. 이미 투자해 놓은 사업 원금이라도 회수한 다음에 경쟁업체가 생겼다면 그나마 다행이지만 원금도 회수하기 전에 경쟁자가 생겼다면 정말 난감한 상황이다. 어떻게든 버티면서 손실을 만회해 보려고 싸게라도 매각해 보려 하지만 안 되는 사업은 그마저도 쉽지 않은 것이 현실이다.

물론 위치든, 시설이든 잘만 결정하면 비교적 쉽게 톡톡한 사업 성과를 올릴 수 있는 것이 독서실/스터디카페 사업이기도 하다. 뭐니 뭐니 해도 주변에 경쟁자가 없으면 정말 할 만한 사업이다. 경쟁자가 생기면 상대의 가격정책에 따라 나도 바꾸어야 하고, 상대의 서비스 수준에 따라 나도 서비스 수준을 달리해야 한다. 경쟁자가 생겨서 서로 발전할 수 있는 부분이 있으면 좋겠지만 독서실/스터디카페 사업은 그럴 요인도 없다. 어차피 사업 반경 내에서 오는 학생들을 나누어 먹는 구조이기 때문이다.

그래서 창업하기 전에는 충분히 연구하고 검토해서 성공 가능성이 높은 창업을 해야 하는데, 대부분의 사람들은 어디에서 무엇을 어떻게 해야 하는지를 모르는 경우가 많다. 이 책은 그런 사람들을 위해서 독서실/스터디카페에 대한 정보를 제공하고, 연구와 검토의 길라잡이가 되고자 펴내게 되었다.

이 책에는 좋은 입지를 찾기 위한 시장 조사와 통계적 입지 분석 방법, 창업할 때 인테리어 공사를 하는 방법, 그리고 창업 후 독서실/스터디카페를 운영하는 방법 등에 관하여 서술하였다. 특히, 이 책에 서술한 입지 분석 방법은 비단 독서실/스터디카페뿐만이 아니라 다른 업종에서도 응용하여 활용할 부분이 많을 거라고 생각한다. 또한, 이 책은 독서실/스터디카페에 대해 문외한이라 할지라도 혼자서도 창업할 수 있도록 하는 데 목표를 두고 가능한 한 자세하고 현실적인 내용으로 서술하였다.

운영하는 방법은 독서실/스터디카페 사업에 어떤 점이 좋고 나쁜지, 본인에게 맞는 점은 무엇이고 안 맞는 점은 무엇인지 알고 창업 의사결정을 하라는 의미에서 넣었다. 하지만 창업 후에 읽어 보아도 운영에 많은 도움이 되리라 생각한다.

어떤 유튜브나 책들을 보면 독서실/스터디카페 창업을 근거 없이 북돋는 내용들이 많다. 그들은 무엇을 믿고 또 어떤 목적을 가지고 그렇게 하는지 알 것도 같다. 하지만 필자는 이 책에서 독서실/스터디카페 창업을 조금이라도 북돋거나 아니면 제지하고자 하는 것이 아니다. 있는 그대로의 실상을 알고 제대로 창업했으면 하는 것이 필자의 솔직한 바람이다.

  필자는 약 26년 동안 독서실/스터디카페를 창업하고 운영하면서 경험하고 알게 된 것, 힘든 것과 보람 있는 일 등 모든 것을 이 책에 쏟아 놓고자 한다. 아마 이 책을 읽고 나면 독서실/스터디카페에 대해서 막연하게 알던 것을 속속들이 알게 될 것이다. 모쪼록 독서실/스터디카페 창업을 준비하는 이들에게 좋은 안내서가 되었으면 좋겠다.

  필자의 인생에 있어 독서실은 상당히 중요한 부분을 차지한다. 필자는 군 제대 후에야 대학에 진학하게 되었는데 대학교 원서 쓰러 다니다가 우연히 어떤 친구를 만났다. 그 친구와는 이것저것 죽이 잘 맞았고 그 친구의 제안으로 몇 달 후에는 독서실을 같이 창업하게 되었다. 그러고 나서 대학 시절 내내 독서실에서 등록금을 벌고, 생활하고, 공부하고 그렇게 독서실을 기반으로 대학 시절의 삶을 영위하였다. 그리고 대학을 졸업할 때쯤 되어서는 취업을 해야 하니까 독서실을 매각했다.

  그리고 대기업에 취업한 후 몇 년이 지나자 직장 생활도 이제 어느 정도 자리가 잡히고, 무엇보다 아내도 무언가를 하고 싶어 해서 이것저것 창업을 검토하였다. 그 당시에는 그야말로 "방"으로 끝나는 사업들이 신종 사업으로 많이 나오던 시절이었다. 비디오방, PC방, 전화방, 멀티방 등등 그런 것들이다. 이것저것 검토해 봤는데 건전하고, 깨끗하고, 편한 사업은 결국, 독서실뿐이라는 사실을 깨달았고 그래서 다시 독서실을 창업하게 되었다. 이번에는 필자는 창업만 해 주고 아내가 운영했는데 상당히 잘되었다. 사실 아내도 대학 시절에 운영하던 독서실에서 만나 지금까지 40여 년의 삶을 같이해 오고 있다. 그러다 보니 필자에게 있어, 독서실 사업은 운명적인 사업이라는 생각이 들곤 한다. 그뿐만 아니라 30여 년의 긴 직장 생활을 하는 데 있어 소신을 잃지 않고 일할 수 있게 해 주었고, 봉급 생활자였던 삶을 좀 더 풍요롭게 해 준 고마운 사업이기도 하다.

목차

☞ 독서실/스터디카페 이해하기

CHAPTER 1 독서실/스터디카페 사업 환경 · 20

    1. 독서실의 태동 · 20
    2. 과거의 독서실 사업 환경 · 21
    3. 현재의 독서실/스터디카페 사업 환경 · 23
    4. 독서실/스터디카페 매출 현황 · 30

CHAPTER 2 독서실과 스터디카페의 차이 · 34

    1. 행정적인 측면 · 34
       1) 독서실에 대해 · 34
       2) 스터디카페에 대해 · 35
    2. 시설적인 측면 · 36
       1) 독서실에 대해 · 36
       2) 스터디카페에 대해 · 37
    3. 요금제 운영 측면 · 37
       1) 독서실에 대해 · 37
       2) 스터디카페에 대해 · 39
    4. 이용자층의 구분 · 39

CHAPTER 3 독서실/스터디카페에 대한 일반적 시각 · 42
    1. 독서실/스터디카페 사업은 편한 사업인가? · 42
    2. 운영비가 덜 드는 사업인가? · 43
    3. 특별한 노하우(Know-how)가 없어도 되는가? · 44
    4. 돈은 많이 버는 사업인가? · 45

CHAPTER 4 중고 독서실/스터디카페 거래 · 46
    1. 매물에 대한 검토 · 46
    2. 매출 자료의 신뢰성 · 49
    3. 양도/양수가액 협상 · 51

CHAPTER 5 관리형 독서실 · 53
    1. 학원식 관리형 독서실 · 54
    2. 자가형 관리 독서실 · 55
    3. 영상기기를 이용한 관리형 독서실 · 57

CHAPTER 6 독서실/스터디카페 프랜차이즈 현황 · 58
    1. 프랜차이즈 본사(=가맹본부) · 58
    2. 프랜차이즈 본사 현황 · 59

☞ 독서실/스터디카페 창업하기

CHAPTER 1 입지 선택 방법 · 64
    1. 입지 분석의 개요 · 64
        1) 기존의 상권 분석 사이트 · 64

2) 입지 분석의 필요성 · 66
   3) 독서실/스터디카페 하기 좋은 지역 · 67
      (1) 주거밀집지역이 좋다 · 67
      (2) 기존 시장에 끼어드는 것은 위험하다 · 69
2. 입지 분석 대상 위치 찾기 · 70
   1) 지도 구입 · 73
   2) 지도의 활용 · 74
   3) 창업 대상 위치 선택 · 75
3. 통계적 입지 분석 방법 · 78
   1) 입지 분석 지리적 범위 · 78
   2) 입지 분석 항목별 설명 · 79
      ① 고등학생 수 · 80
      ② 성인공부계층 인구수 확보 · 80
         (a) 통반별/년령별 주민등록인구통계 확보 · 81
         (b) 통계 자료의 편집 방법 · 82
      ③ 인접 세대수 파악 · 88
      ④ 경제력 수준 파악 · 89
      ⑤ 주거밀집도 계산 · 91
      ⑥ 인근 고등학교 학업성취도 파악 · 95
      ⑦ 예상 경쟁업체 이격 거리 · 97
      ⑧ 인근 독서실 요금 조사 · 97
      ⑨ 빈 점포 확보의 용이성 · 98
      ⑩ 인근 업체 월평균 매출액 · 99
   3) 공부 연령층 장기 인구 분석 추이 · 100
4. 입지 분석 자료의 해석 · 103
   1) 기준 독서실/스터디카페를 찾는 방법 · 104

  2) 분석 항목 간 중요도 문제 · 108
 5. 시장의 반응을 미리 알아보기 · 111
  1) 현수막 걸어 보기 · 112
  2) 설문 조사 해 보기 · 113
 6. 상가 계약 전 검토 사항 · 115
  1) 독서실 인가 저해 요인 확인 · 115
  2) 유틸리티(Utility) 확인 · 117
  3) 누수 여부 확인 · 118
  4) 등기부 등본 확인 · 118
  5) 공사 기간 중의 임대료 협상 · 119

CHAPTER 2 사업계획수립 · 120

 1. 자금 계획 수립 · 120
  1) 창업 투자비 산출 · 120
  2) 창업 자금 확보 계획 · 122
 2. 손익 계획 수립 · 123
  1) 매출 계획 수립 · 124
   (1) 전체를 지정석으로 운영 시 매출 계획 · 124
   (2) 전체를 비지정/시간권 운영 시 매출 계획 · 128
   (3) 순이익 목표를 기준으로 매출 계획 수립 · 131
  2) 운영비용 계획 · 132
  3) 투자수익률과 회수 기간 · 134

CHAPTER 3 독서실/스터디카페 인테리어 방법 · 136

 1. 프랜차이즈 본사를 통한 인테리어 공사 · 138
 2. 턴키베이스 업체를 통한 인테리어 공사 · 144

1) 턴키베이스 공사업체 · 144
　　2) 턴키베이스 업체 선정 방법 · 146
　　3) 견적서 수령 방법 · 150
　　　(1) 인테리어 공사 견적 · 150
　　　　① 공사 시방서 작성 · 150
　　　　② 견적서 수령 · 152
　　　(2) 집기비품 견적 · 154
　　4) 계약서 작성하기 · 155
　　5) 인테리어 디자인의 선택 · 161
3. 직영으로 인테리어 하기 · 162
　　1) 인테리어 공사 · 164
　　　(1) 배치도면 그리기 · 164
　　　　① 현장을 엑셀 시트로 옮기기 · 164
　　　　② 배치도면의 일반적 구획과 규격 · 165
　　　(2) 인테리어 디자인 선택 · 170
　　　(3) 공사일정표 준비 · 171
　　　(4) 주요 공종별 공사 진행(견적과 계약 체결) · 173
　　　　① 바닥면 고르기 작업(수평 몰탈 작업) · 173
　　　　② 목공사 작업 · 174
　　　　　(a) 목공사 시방서 작성 · 174
　　　　　(b) 목공 기술자 선택 · 177
　　　　③ 에어컨 설치 공사 · 180
　　　　④ 전기공사 작업 · 183
　　　　　(a) 사전 준비 사항 · 183
　　　　　(b) 견적서 수령과 업체 선정 · 186
　　　　⑤ 환기시스템(덕트) 설치 · 190

⑥ 벽면 처리(벽지, 필름, 페인트) 공사 · 192

⑦ 바닥 타일 공사 · 195

 (a) 열람실 안에서 신발을 신을까? 벗을까? · 195

 (b) 바닥재의 선택 · 197

⑧ 소방 공사 · 199

⑨ 기타 공사들 · 199

2) 집기비품 구매 · 200

 (1) 독서실/스터디카페 책상 · 201

  ① 책상의 규격 · 201

   (a) 책상 상면(=공부면)의 넓이 · 201

   (b) 개인실 칸막이의 넓이 · 202

   (c) 책상의 높이(아래에 도표를 붙여 설명) · 203

  ② 책상 관련 기타 참고 사항 · 205

  ③ 독서실/스터디카페 책상 제작 전문업체 · 206

 (2) 사물함 · 207

 (3) 의자 · 208

 (4) 키오스크 & 운영 프로그램 & 책상 스탠드 · 209

  ① 키오스크와 운영 프로그램 · 209

   (a) 업체의 안정성 · 209

   (b) 자체적 기술 보유와 전문성 · 210

   (c) 프로그램의 편리성 · 211

   (d) 프로그램상 불편한 점들 · 212

   (e) 기타 사항 · 215

  ② 책상 스탠드 · 215

 (5) 기타 집기류 · 216

☞ 독서실/스터디카페 운영하기

CHAPTER 1 독서실/스터디카페의 하루 · 221

    1. 청소 작업 · 221
    2. 관리 업무 · 224
        1) 이용자 관리 · 224
        2) 소모품 관리 · 225
        3) 비치 품목 관리 · 225
        4) 복사기 및 프린터 관리 · 226
        5) 문제 상황에 신속 대처하기 · 227
        6) 이용자들과의 관계 설정 문제 · 229
        7) 운영 매뉴얼을 만들어라 · 233
        8) 월차 결산하기 · 234

CHAPTER 2 홍보 업무 · 237

    1. 온라인상의 홍보 · 237
    2. 악성 리뷰 대처하기 · 241

CHAPTER 3 총무 고용하기 · 245

    1. 독서실 총무에 대한 법적 논란 · 245
    2. 총무(알바) 모집 공고 하기 · 247
    3. 총무의 선택과 근로계약서 작성 · 248
        1) 총무를 선택할 때 유의할 점 · 248
        2) 근로계약서 작성 시 유의할 점 · 251
            (1) 필수적 기재사항 · 251
                ① 근무 시간과 임금의 문제 · 251

                    ② 휴일과 연차휴가 문제 · 255
                (2) 임의적 기재사항 · 256
                (3) 기타 유의해야 할 사항 · 256
            4. 총무 고용 이후의 일들 · 257
                1) 임금명세서 지급 · 257
                2) 세무서에 인건비 신고 문제 · 258
                3) 실제 업무 시간 재확인 · 259

CHAPTER 4 기타 운영상 어려운 점들 · 260

1. 동종업체 간의 경쟁 · 260
    1) 가격 경쟁 · 260
    2) 서비스 경쟁보다 본질에 충실하라 · 262
2. 24시간 운영의 문제 · 266
3. 독서실/스터디카페 주변 환경 관리 문제 · 269
4. 무단 사용 문제 · 274

☞ 붙임자료

(붙임1) : 정보공개청구서(견본) · 278
(붙임2) : ○○시 ○○동 통(統)별 세대수 및 인구수(견본) · 279
(붙임3) : ○○동 통별, 연령별 인구 현황(청구 및 수령/예시) · 280
(붙임4) : ○○독서실/스터디카페 창업비용 집계표(사례) · 281
(붙임5) : ○○독서실 공사시방서(참고용) · 282
(붙임6) : 위치별 목공 작업 특기사항(예시) · 294
(붙임7) : 위치별 인테리어 이미지 모음 · 295
(붙임8) : 전기공사 요구 사항(예시) · 296
(붙임9) : 조명등 배치도(예시) · 297

독서실/스터디카페 이해하기

CHAPTER 1
독서실/스터디카페 사업 환경

1. 독서실의 태동

　우리나라 최초의 독서실로 흔히 언급되는 곳은 1970년대 서울 종로구 숭인동에서 개원한 "숭인독서실"이라는 설이 있다. 하지만 그것이 정설로 정해진 것은 아니다. 그 이후 1970~1980년대는 물론이고 2000년대까지도 독서실 업계는 성황을 이루었다. 당시의 가옥 구조는 비좁았고 한집에 2대, 3대의 가족들이 모여 사는 것이 대부분이었다. 좁은 집에 많은 가족이 함께 살다 보니 따로 공부방을 가질 수가 없는 상황인 것이다. 책상 하나 놓을 공간 마련하기도 힘들었고, 책상이 있으면 여러 형제가 교대로 써야 할 형편이었다. 즉, 가족이 공부에 방해가 되어 별도로 공부할 장소가 있었으면 좋겠다는 수요가 생겼고, 거기에 학부모들의 교육열이 더해져 독서실 산업은 한동안 호황을 맞이하게 되었다.
　학원도 많지 않던 시절, 공부할 곳도 마땅치 않았던 어려운 시절 독서실은 우리나라 인재를 배출해 내는 데 일정 역할을 했고, 그 인재들은 우리나라 경제 발전의 원동력이 되었다. 그런 측면에서 독서실 업계도 경제 발전에 어느 정도 이바지를 했다고 생각한다.

그러나 요즘은 책상이 없어서, 공부방이나 공부할 곳이 없어서 독서실/스터디카페를 찾는 사람은 거의 없다. 집에 있다 보면 너무나 많은 유혹 거리가 있다. TV만 켜면 재미있는 프로가 쏟아져 나오고, 냉장고를 열면 먹을 것이 가득하지, 침대는 편하고 푹신하여 누워 있다 보면 잠만 오지… 그런 유혹거리에 자꾸 휩쓸리다 보면 공부는 잘 안되고 그래서 아예 독서실/스터디카페를 찾는 경향이 있는 것 같다. 그래도 독서실/스터디카페에 오면 다른 학생들 공부하는 모습 보면서 좀 더 열심히 하게 되는가 보다. 또 비용을 들여서 다니기 때문에 독서실에 올 때부터도 어느 정도 마음가짐이 다르지 않겠는가?

아무튼, 지금은 공부는 집이 아닌 독서실/스터디카페에서 해야 잘 된다고 하는 인식들이 사람들 사이에 많이 깔려 있고 적어도 한국에서는 하나의 문화로 자리 잡은 것 같다. 공부가 얼마나 지겹고 어려운 작업인가? 비용을 내고서라도 독서실/스터디카페에 가서 공부하면 그나마 효율적으로 할 수 있다는 생각인 것 같다.

2. 과거의 독서실 사업 환경

독서실이 호황을 누리던 시절 중·고등학교 시험 기간에는 독서실 좌석을 구하지 못해 애태우는 지역도 있었다. 그러다 보니 지금은 없어진 일명 "메뚜기"라는 명칭의 좌석 이용권이 있었다. 메뚜기는 지정석 이용자가 있는 자리에 주인이 안 온 틈을 타 좌석을 중복으로 판매하는 것이다. 그러면 메뚜기 학생은 자리 주인이 올 때마다 이 좌석 저 좌석 옮겨 다니면서 공부한다고 해서 "메뚜기"라는 이름이 붙여진 것이다. 지금은 상상도 못 할 일이지만 그때는 가능했다. 그것이 가능했던 것은 시험 기간에는 독서실 좌석이 워낙 부족하여 학생은 물론 학부모까지도 메뚜기 좌석을 요구하는 일이 잦았다. 그리고 원래 자리 주인이 와도 기분은 안 좋겠지만 자리만 비켜 주면, 의례 그러려니 하고 넘어가던 시절이었다.

그러다 보니 연말 결산을 해 보면, 보유하고 있는 좌석으로 1년 내내 만석 운영했을 경우 올릴 수 있는 매출보다도 3~40% 더 많은 매출액을 달성하기도 했다. 당시에는 시설이 고급화되지 않아 투자비도 그렇게 많이 들지 않았고, 그래서 웬만한 독서실의 경우 1년에서 1년 반 정도면 투자 원금을 회수하고도 남았다.

2000년대 초까지만 해도 우리나라는 급격한 경제성장기를 맞이했고 그때는 어떤 사업을 하더라도 잘되던 시기였다. 그러다 보니 독서실 사업에 대해서는 별로 관심들이 없었다. 독서실은 편하고 깨끗한 사업이긴 해도 다른 업종에 비해서 돈을 많이 버는 것은 아니었다. 독서실은 아무리 잘된다고 하더라도 좌석 수라는 한계에 묶여 있어 일정액 이상의 매출은 올릴 수가 없는 것이다.

당시에는 "지역별 독서실장 협의회"라는 게 있었는데, 회의할 때면 대부분의 독서실장들은 교육자적인 입장에서 말을 하곤 했다. 적어도 지금처럼 마구잡이 식으로 돈만 벌고 보자는 식은 아니었다. 홍보든, 판촉 행사든, 서비스의 질적 수준을 높이든 학생들을 상대로 하기 때문에 교육자적인 입장을 잃지 않는 범위 내에서 해야 한다는 생각들이었다. 이를테면 학교 매점에서는 학생들 건강 문제 때문에 음료수 판매를 제한하고 있는데, 독서실/스터디카페에서는 무제한 공급해서야 되겠는가? 하는 인식들이 있었다.

그러나 지금은 교육자적 입장 그런 것은 안중에도 없고 돈만 벌면 된다는 식으로 흘러가고 있다. 그리고 요즘에는 어느 지역이든 독서실/스터디카페 사업자들의 모임이 있다는 소리를 듣지 못했다. 그러다 보니 서로 협력하면서 공동의 이익이 되는 방향으로 의사결정을 할 수 있는 것조차도 그렇게 할 수 없는 상황이다. 서로를 그냥 무한 경쟁자로만 보고 교류할 생각조차 하지 않는 것이다.

3. 현재의 독서실/스터디카페 사업 환경

독서실/스터디카페 업종의 지금 사업 환경은 많이 달라졌다. 우선 스터디카페가 여기저기에 우후죽순처럼 생겨나서 경쟁이 너무 심한 시장이 되었다. 창업하고 난 후 4~5년이 지나서도 창업비를 회수하지 못하는 곳이 많이 있다. 그만큼 동종업체 간에 경쟁이 심화되고 시설을 고급화하느라 투자비는 많이 들어가는 반면에, 매출은 나누어 갖는 이런 상황이 되다 보니 사업이 부진할 수밖에 없다는 생각이다.

어떤 이들은 고등학생 수가 줄어서 그렇다고 진단하는데 필자는 거기에 일부만 동의한다. 주민등록 인구통계를 보면 2015년 12월 말 고등학생 연령대인 16~18세 인구는 1,931,926명이었으나 9년 뒤인 2024년 12월 말에는 1,412,268명으로 무려 519,658명(26.9%)이 감소하였다. 그러나 스터디카페는 거의 없고 독서실만 있었던 2015년 교육통계를 보면 전국의 독서실 수는 4,436개에 불과했으나 2025년 2월에는 독서실과 스터디카페 수를 합해서 10,945개 업소에 이른다. 무려 6,509개 146.7%가 증가한 것이다. 자료는 소상공인시장진흥공단 "소상공인 365"(bigdata.sbiz.or.kr)에 의한 것인데 이 자료에는 사실 이런저런 이유로 누락된 업체가 있다는 점을 고려하면 실제 증가율은 더 높을 것으로 추정된다. "MS 투데이"라는 춘천 지역 지방지의 2024년 11월 29일 자 보도에 따르면 2015년 말에 112개이던 스터디카페 가맹점 수가 지난 10년간 무려 62배가 증가해서 2024년 10월 기준으로 6,944개에 이른다고 보도하고 있다. 이는 4,400여 개가 넘는 독서실 수는 제외한 숫자인데, 독서실을 포함하면 11,344개 업소에 이르는 것으로 추정된다. "소상공인 365"의 2025년 2월 말 자료에 따르면 독서실과 스터디카페를 합하여 10,945개에 이른다는 자료가 있는데 이와 얼추 맞아떨어지고 있다. 결국, 지금의 독서실/스터디카페 업계가 부진한 이유는 학생 수가 줄어든 것도 한 원인이지만 그보다는 경쟁업체 수가 많이 늘었기 때문이라고 해석하는 것이 더 맞을 것이다.

스터디카페가 나오기 훨씬 전인 2000년대 초에는 독서실 이용자층 구성을 보면 대체로 성인이 10%, 고등학생이 70%, 중학생이 3학년생을 중심으로 20% 정도였다. 그러나 지금 독서실/스터디카페 이용 계층을 보면 대체로 성인이 50%, 고등학생이 45%, 중학생이 5% 정도가 되지 않나 싶다. 이런저런 사회적 환경의 변화로 인해 성인들은 꾸준히 공부해야 할 이유가 많아졌고, 고등학생들은 절대적인 인원수가 큰 폭으로 줄어듦에 따라 이용 비율도 줄어들었다.

그뿐만 아니라 고등학생들이 독서실에 앉아 공부해야 할 유인(誘引)도 많이 약화되었다고 본다. 예전에는 중고등학교의 공부 방식이 암기식 위주였기 때문에 독서실에 장시간 앉아서 그저 열심히 공부해야 시험을 잘 볼 수 있었다. 그러나 지금은 수행평가라는 것도 있고, 창의 교육이 중요하다고 해서 암기식 교육은 가볍게 취급하는 경향이 짙어졌다. 암기식 지식은 언제든지 인터넷 검색이나 챗GPT 등을 통해 알 수 있다는 것이다. 그러한 인식도 독서실/스터디카페를 덜 찾게 하는 하나의 원인이라고 본다.

그리고 하나 더 원인을 꼽자면 지금은 고등학생 수보다도 대학 입학 정원이 많은 상황이 되었다. 누구라도 원하기만 하면 대학에 들어갈 수 있는 환경이 조성된 것이다. 옛날에는 대학에 가야 사람 구실한다고 해서 대학에 들어가기 위해 너도나도 열심히 공부했다면 이제는 그럴 이유가 없어진 것이다. 단지, 좋은 대학 가기 위해, 또는 이른바 인서울이나 SKY대학에 가기 위해 열심히 공부하는 학생들이 있지만, 그것은 비교적 상위권에 있는 일부 학생에 지나지 않는다. 그러다 보니 이래저래 고등학생 이용자 수는 크게 줄어들었다.

그리고 중학생은 3학년을 중심으로 독서실에 꽤 많이 다녔는데 많은 지역에서 고등학교 진학이 평준화되면서 거의 사라지다시피 했다. 그러다가 최근에는 스터디카페가 생기면서 삼삼오오 친구들과 어울려 중학생들이 나타나기 시작했는데 그게 스터디카페 매출에는 크게 기여하지 못하고 있다. 그들은 주로 3시간, 4시간 권을 결제하는데 그게 무슨 도움이 되겠는가? 오히려 떠들거나 비치한 서비스 품목들을 모두 축내는 등 많은 부분에서 문제를 일으키는 측면이 있다.

위에서 제시한 독서실 이용 비율은 어디에 통계 자료가 있는 것은 아니고 오랫동안 독서실을 운영해 왔던 경험으로 보았을 때 그렇다는 것이고, 실상은 독서실/스터디카페가 있는 위치에 따라 많이 달라질 수 있을 것이다.

요즘 독서실 이용자의 많은 비율을 점유하고 있는 성인들의 공부 목표를 보면 공무원(행정, 경찰, 소방 등) 시험 준비, 기업에 취업 준비, 대학 진학을 목표로 하는 재수생, 직장 내에서 승진 준비, 그리고 각종 자격증 준비, 어떤 경우에는 정년 후를 대비해서 자격증 시험을 준비하는 성인들도 있다. 성인들이 공부해야 하는 이유는 무척이나 다양해졌다. 앞으로 한동안은 성인공부계층(19세~30세)의 독서실/스터디카페 이용 비율은 더 늘어날 것으로 보인다. 그래서 독서실/스터디카페 업계는 그럭저럭 당분간 유지해 나갈지 모르겠으나, 줄어든 고등학생 인원수는 곧 성인공부계층 인원수 감소로 나타날 것이다. 그러면 독서실/스터디카페 이용 계층 인원수는 전체적 감소로 이어져 결국, 업계의 경영 사정은 더욱 악화될 것이다.

독서실/스터디카페 업종을 구태여 구분하자면 장치 산업에 속한다고 본다. 창업 초기에 거의 100%에 가까운 시설 공사비와 집기 비품 투자비가 들어가기 때문이다. 그리고 창업 이후에는 무인화해서 운영하는 경우가 많기에 다른 업종에 비해서는 운영비가 덜 들어간다. 그래서 한번 창업해 놓으면 사업이 잘되든 안 되든 웬만하면 그대로 운영해 나갈 수밖에 없다. 속사정을 모르는 사람들은 문 안 닫고 사업을 3년~4년 계속하고 있으니까 잘되겠거니 하는 사람들이 의외로 많다. 그래서 그 주변에 또 다른 스터디카페를 또 창업하고, 결국에는 자기도 돈을 못 벌고 기존에 있던 업체까지도 더 어렵게 만드는 경우가 의외로 많이 있다.

　필자가 독서실/스터디카페를 운영하는 중에 주변에 90여 평짜리 스터디카페가 하나 생겼다. 처음에는 우리 독서실/스터디카페에 영향을 미칠 것이 걱정되면서도 한편으로는 그쪽 스터디카페의 임차료라든가 관리비 수준을 보았을 때 과연 얼마나 버틸 수 있을까? 하는 의구심이 들었다. 그 스터디카페는 국내에서 다섯 손가락 안에 드는 유명 프랜차이즈였고 인테리어도 상당히 잘 한 편에 속했다. 그런데 창업 후 1년 반쯤 지난 시점에 폐업했다는 소식을 접하게 되었다.

　독서실/스터디카페는 초기 투자비가 많이 들기 때문에, 그리고 철거비를 회피하기 위해서라도 웬만하면 철거를 안 하고 매도하는 방안 등 다른 방법을 찾는다. 그런데도 매월 들어오는 현금 수입보다도 지출이 많아지는 상황, 즉 현금 흐름상 적자가 계속되다 보면 어쩔 수 없이 폐업하고 철거하게 되는 것이다. 그래야 그나마 운영상의 누적 적자를 줄일 수 있기 때문이다.

돌아다니다 보면 가끔 같은 건물에 두 개의 독서실/스터디카페가 있는 것을 볼 수 있는데 이런 경우에는 나중에 창업한 사람이 정말 어리석고 잘못된 결정을 한 거라고 본다. 주변의 어느 아파트, 어느 주택단지에서 오더라도 같은 건물에 있는 거라서 새로운 수요 창출은 전혀 없고 같은 시장을 놓고 나누어 먹게 되기 때문이다.

이런 경우 두 업체가 피 말리는 경쟁을 할 수밖에 없다. 매출은 반감되고, 거기에 그치지 않고 가격 경쟁이나 서비스 경쟁은 가중될 수 있다. 결국에는 두 업체 모두 수익 창출이 어려울 뿐만 아니라 그 과정에서 얼마나 많은 스트레스를 받고 신경이 쓰이겠는가?

그렇지 않아도 독서실/스터디카페가 경쟁해야 할 상대는 너무나 많다. 다른 경쟁업체는 물론이고 공공도서관이나 소규모의 마을 도서관, 아파트단지 내 독서실, 커피숍, 학원 내 독서실 등등 그냥 앉아서 공부하는 장소는 여기저기서 무료로 제공하는 곳이 많다.

독서실/스터디카페 창업은 다른 업종 못지않게 어렵지만 잘만 차려 놓으면 운영은 쉽다. 매출을 올리기 위해 뛰어다닐 필요도 없고, 가만히 앉아서 기다리기만 하면 된다. 요즘은 대부분 키오스크를 놓고 무인으로 운영하기 때문에 사업장 밖에서 얼마든지 다른 일을 할 수도 있다. 그뿐만 아니라 상대해야 할 고객층도 대체로 어린 학생들이거나 20대 정도의 성인들이라 비교적 다루기도 쉽고 인간적으로 부딪칠 일이 별로 없다. 책 읽기 좋아하고 혼자 있기 좋아하는 사람은 더할 나위 없이 좋겠지만, 그렇지 않은 사람이라도 사업장에 꼭 있어야 할 이유가 없기 때문에 충분히 잘할 수 있다.

키오스크를 설치해 놓으면 대부분의 등록은 학생들이 알아서 척척 한다. 처음 오는 사람조차도 요즘 젊은이들은 여기저기서 써 보았기 때문에 잘들 해낸다. 단지, 가끔 예외적인 상황이 발생하거나, 나이 든 성인, 기계 고장, 현금 결제나 환불 건이 있으면 관리자를 찾는 경우가 있다. 그러나 요즘은 그런 것들마저 대부분 스마트폰 앱이나 외부 컴퓨터를 통해서 원격으로 일을 처리할 수 있기에 크게 문제 될 것은 없다. 단지, 아주 가끔 키오스크 앞에서 이것저것 조작하다가 안 된다고 그냥 가버리는 사람이 있는데 그런 건이 그렇게 많지는 않다. 사실 이런 경우 전화 한 통이면 대부분 처리할 수 있는 일들이다.

지금 독서실/스터디카페 업계 상황을 보면 창업은 해 놓고, 수익을 내지도 못하면서 그렇다고 쉽게 사업을 접지도 못하고 그럭저럭 유지해 가면서 인수자를 물색해 나가는 독서실/스터디카페가 상당히 많다. 그것은 독서실/스터디카페 전문 매매 사이트에 들어가 검색해 보면 지역마다 매물이 가득가득 쌓여 있는 점을 보면 알 수 있다. 상황에 따라서는 그중에 위치는 좋은데 시설이 낙후되어 잘 안 되는 곳이 있다면 그런 곳을 인수하여 시설을 리모델링 하는 것도 좋은 방법일 것이다. 개중에는 시설 권리금이 없거나 아주 싼 금액으로 인수할 수도 있을 것이고, 리모델링 하게 되면 일부 장비나 시설물은 재활용할 수도 있을 것이다.

최근에 창업하는 것을 보면 독서실보다는 스터디카페로 창업하는 업체가 월등히 많은 것 같다. 왜 그럴까? 독서실은 인가를 받아야 하기 때문에 진입장벽이 높지만 스터디카페는 진입장벽이 없어 창업이 쉽기 때문일 것이다. 그리고 독서실은 사양산업 같고, 왠지 고루한 산업 같은 느낌이 있는 반면, 스터디카페는 신종 산업 같고 성장 산업처럼 느껴지는 것도 하나의 이유가 될 것이다. 그냥 유행처럼 독서실보다는 스터디카페를 창업한다는 생각도 든다. 그러나 생각해 볼 것이 있다. 독서실이나 스터디카페 이용자는 모두 공부하는 사람들을 대상으로 한다. 시장이 정확히 겹치는 것이다. 이용자들이 스터디카페를 더 선호하고 수요가 많아서 스터디카페 창업이 많다고 생각하지는 않는다. 스터디카페도 하고 독서실도 운영하는 필자의 경험으로 보면 여전히 독서실 형태의 시설을 선호하는 사람들이 많다. 물론 스터디카페 형태의 시설을 선호하는 기류도 있다. 그러나 대체로 독서실 형태의 좌석이 먼저 차고, 스터디카페 좌석이 나중에 찬다거나, 그리고 스터디카페 좌석을 등록했다가 독서실 좌석으로 변경하거나 하는 경우는 많은데, 그 반대의 경우는 별로 없는 것으로 보아 독서실 형태의 좌석 선호도가 높다는 것을 알 수 있다. 이러한 점은 독서실로 하든 스터디카페로 하든 상관없이 인테리어 공사를 하는 데는 참고할 만하다고 생각한다.

4. 독서실/스터디카페 매출 현황

　지금은 업종을 불문하고 사업이 잘 안 된다고 아우성들이다. 사실 필자는 독서실을 해 오면서 IMF 외환위기도 겪었고, 서브프라임 모기지 사태로 촉발된 국제금융위기, 김대중 정부 시절의 카드대란, 코로나19 팬데믹 사태 등 온갖 경제적 위기를 겪어 왔다. 하지만 코로나 사태 초기 영업 중단 조치 기간을 제외하고는 대부분 매출은 크게 위축되지 않고 그런대로 유지할 수 있었다. 그런데 지금은 경제적으로 불황이라는 것 외에는 별 위기도 없는데 매출은 크게 추락하고 있는 모습이다. 다른 업종에 대해서는 자료를 보지 않아 잘 모르겠지만 독서실/스터디카페 업종은 매출이 크게 추락하고 있다는 것이 통계적으로도 그대로 나타나고 있다. 아래에 시도별 업소당 월평균 매출 자료를 붙이고자 한다.

  아래 통계 자료는 소상공인시장진흥공단에서 국세청, 통계청 등 공공기관 데이터와 카드회사, 통신사 등 민간업체 데이터를 십분 활용하여 만들어 낸 자료이다. 그렇지만 100% 완전한 매출 실적 자료는 아니다. 그러나 독자들이 독서실/스터디카페 업종의 매출액 수준이 어느 정도인지 가늠해 보기에는 큰 문제가 없을 것으로 본다.

  아래 자료에서 보면 2023년 9월 전국 업소당 평균 매출액과 2023년 12월 전국 업소당 평균 매출액이 크게 차이가 난다. 487만 원(1,099만 원-612만 원), 44.3%가 하락한 것이다. 이 자료를 처음 접했을 때는 12월은 수학능력시험도 끝났고, 비수기이기 때문에 그러려니 했었다. 그러나 2024년이 지나고 2025년 2월까지도 회복되기는커녕 오히려 더 떨어지는 양상이다. 독서실/스터디카페 업종의 평균 매출액이 이대로 고착화되는 것은 아닌지 심히 우려스럽다. 만일 그렇게 된다면 많은 업체가 앞으로 폐업 위기에 직면하지 않을까 하는 생각이 든다. 전국 17개 시도에서 모두 매출이 크게 하락하는 것을 보면 이는 전국적인 현상인 것 같다.

〈독서실/스터디카페 업소당 월평균 매출〉

(단위 : 만원)

지역명	2023년		2024년				2025년	
	9월	12월	3월	6월	9월	12월	1월	2월
서울특별시	1,283	870	755	830	846	745	735	745
부산광역시	1,002	521	383	512	490	414	402	394
대구광역시	1,122	637	472	569	561	479	482	453
대전광역시	982	547	406	461	470	416	402	409
인천광역시	1,052	505	387	436	423	397	396	395
광주광역시	1,001	434	355	355	361	338	356	324
울산광역시	909	448	338	378	384	323	321	323
세종특별자치시	912	497	416	430	452	530	511	486
경기도	1,142	660	536	594	579	509	509	498
충청남도	1,008	477	338	373	351	298	308	306
충청북도	1,086	584	368	423	396	343	368	360
전라남도	902	360	259	297	298	273	280	255
전라북도	862	402	273	265	278	259	266	242
경상남도	992	397	299	355	344	312	329	299
경상북도	970	425	276	318	328	289	313	262
강원도	1,243	557	354	369	368	301	319	329
제주특별자치도	844	371	277	297	296	267	270	268
전국평균매출액	1,099	612	491	550	546	480	481	475

※ 2023년은 소상공인진흥공단의 "상권정보시스템" 자료 기준으로 작성.
※ 2024년은 소상공인시장진흥공단의 "소상공인 365" 자료 기준 작성.
※ "소상공인 365"는 "상권정보시스템"을 더욱 고도화한 플랫폼임.

또 하나 위 통계 자료에서 유의해서 볼 것은 업체당 평균 매출액 수준을 보고 여기에서 상가 임차료, 관리비, 인건비, 지급이자, 기타 비용 등등을 제외하고 나면 어느 정도 순이익을 낼 수 있을 것인지 가늠해 볼 수 있을 것이다. 물론 개별 업체 간에는 매출 차이와 비용 차이가 크기 때문에 본인이 검토하고 있는 위치에서는 완전히 다른 얘기가 될 수도 있음을 유념하기 바란다.

위 표에서는 자료가 시도 단위로 나왔지만 "소상공인 365" 시스템에 들어가 검색해 보면 시군(市郡)별, 동별, 특정 범위를 지정하면 해당 범위별로 자료를 볼 수 있다. 참고해 보기 바란다.

CHAPTER 2
독서실과 스터디카페의 차이

 독서실과 스터디카페는 둘 다 공부하는 사람들에게 공부 장소 제공하는 것을 사업의 본질로 삼고 있다. 그런데 불리는 이름이 다른 만큼 내용이 다른 점도 있다. 그 차이점을 아래에서 살펴보고자 한다.

1. 행정적인 측면

1) 독서실에 대해

 먼저 독서실과 스터디카페는 행정적인 측면에서 구분이 된다. 독서실은 사설 학원과 같이 "학원의 설립·운영 및 과외교습에 관한 법률"의 적용을 받는다. 그에 따라 각 지역 교육지원청의 인가를 받아야 하는데, 그러려면 일정 요건을 갖추어야 한다. ① 복도와 휴게실 등을 제외한 열람실 면적이 최소 90㎡ 이상이어야 하는 점, ② 열람실은 남녀가 구분되어야 한다는 점, ③ 건축물 용도가 근린생활시설 2종이어야 한다는 점, ④ 건축물의 동일층과 위층, 아래층의 일정 거리 내에 청소년 유해시설이 없어야 한다는 점 등이다. 유해시설이 무엇인지, 구체적 거리 기준은 어떻게 되는지 하는 것은 교육지원청 홈페이지에 들어가 "학원설립안내"를 찾아보면 알 수 있다.

독서실로 인가가 나면 "학원설립·운영등록증명서"라는 등록증을 받게 되는데, 이에 따라 일정한 의무도 따른다. ① 먼저 교습비(=독서실 요금)를 각 교육지원청에서 정한 금액이나 그 이하로 받아야 하고 그 이상을 받으려면 별도로 승인을 받아야 한다. ② 1년에 한 번씩 연수 교육을 받아야 하는데 이것은 인터넷 강의를 수강하는 것으로 대체하고 있다. ③ 독서실 이용자들에게 발생한 생명과 신체상의 손해와 시설에 대비하여 화재보험이나 공제회에 의무적으로 가입해야 하는데 이것은 크게 부담이 되는 금액은 아니다. ④ 기타 교육청에서 점검을 나온다거나 하는 것에 대비해야 하는데 필자의 경험으로는 몇 년에 한 번 나올까 말까 한 정도이니 별 어려움은 없다.

2) 스터디카페에 대해

독서실에 비해 스터디카페는 아무런 제약 사항이 없다. 인·허가 대상이 아니기 때문에 해당 주무관청도 없고 위치나 건축물용도, 시설, 요금 등에 대한 아무런 기준도 규제도 없다. 그렇다 보니 시설 공사를 하기 전·후해서 세무서에 사업자 등록을 신청하고 영업을 시작하면 되는 것이다. 업태는 "서비스업"이나 "부동산업", 종목은 "스터디카페"나 "공간 임대" 등으로 하는데 가능한 한 업태는 "서비스업"으로 종목은 "스터디카페"로 하는 것을 권한다. 만약 업태와 종목을 "부동산업"과 "공간 임대"로 하게 되면 코로나19 때처럼 재난지원금이 나오게 되면 지원 대상에서 제외될 수도 있기 때문이다. 그뿐만이 아니라 영세 자영업자를 대상으로 하는 보조금이나 소상공인들이 가입하는 노란우산공제 등에 가입이 거부될 수도 있다.

아무튼 스터디카페 창업에는 아무런 제약이 없다. 이처럼 진입장벽이 낮다 보니 여기저기 우후죽순처럼 스터디카페가 생겨나고 이것은 결국 시장을 포화 상태로 만들면서 수익 창출을 기대하기 어렵게 만들었다.

2. 시설적인 측면

시설 측면에서 독서실과 스터디카페를 구분해 보면 대체로 다음과 같다. 아래 기술한 내용은 법적이나 규정상의 차이가 아니고, 일반적으로 시장에서 받아들여지고 있는 시설의 차이를 말한다.

1) 독서실에 대해

독서실은 개인의 프라이버시를 중시하는 측면이 있다. 타인에게서 오는 자잘한 소음은 물론 시각적인 침해까지도 거슬려하는 사람들을 위한 시설 설계를 한다. 그래서 대체로 1인실, 3~4인실, 5~6인실 등으로 구획하고 방음 시설과 칸막이를 많이 하는 구조이다.

2) 스터디카페에 대해

독서실에 비해, 스터디카페는 서로 공부하는 모습을 볼 수 있도록 오픈형 구조로 되어 있다. 그러다 보니 타인으로부터 발생하는 소음도 어느 정도 용인하고, 시각적인 부분도 얼굴만 들면 타인이 보이도록 설계되어 있다.

그러나 요즘은 스터디카페도 일부는 독서실처럼 1인실을 만들기도 하고, 반 오픈형 구조로 만드는 등 시설을 다양하게 변형해 가는 추세이다. 스터디카페를 독서실과 같은 구조로 시설을 한다 해도 법적으로 아무런 제약 사항이 없다. 즉, 스터디카페 시설에 대해 마련된 규정은 아직 없기 때문이다. 단, 독서실이라는 명칭은 독서실로 인가를 받지 않았기 때문에 사용할 수가 없다.

3. 요금제 운영 측면

1) 독서실에 대해

앞에 언급했듯이 독서실 요금은 교육지원청에서 정한 기준 금액 이하의 금액으로 받아야 한다. 그 이상의 금액을 받으려면 교육지원청에 설치된 "교습비 조정위원회"의 심의를 거쳐 결정하는데, 심의를 위한 자료로 "수입 및 지출증명 자료" 등 여러 자료를 제출해야 한다. 그 과정이 번거로워서 대부분의 독서실은 교육지원청에서 정한 기준 금액으로 받고 있다. 그리고 요즘은 업계의 시장 상황이 안 좋아 기준 금액조차도 받지 못하고 있는 업체가 많은 실정이다.

또한, 교육지원청에서 정한 금액은 1개월석 요금과 1일석 요금만 정해져 있을 뿐이다. 즉, 2일과 29일 사이에 있는 일수별 요금은 정해져 있지 않다. 따라서 독서실 운영자가 1개월석 요금과 1일석 요금을 참고하여 일수별 요금을 별도로 만들어 사용해야 한다.

독서실에서는 대부분 지정석(=고정석) 위주로 좌석을 운영한다. 지정석은 특정 좌석을 특정인에게 일정 기간 동안 독점적으로 사용할 수 있도록 하는 좌석을 말한다. 매출 수준을 보면 대부분 지정석 매출이고 1일석 매출액은 정말 얼마 안 된다. 지정석으로 항상 만석인 상태면 좋겠지만 실질은 비어 있는 경우가 많다.

일반적으로 독서실에서는 정액권 요금제나 3시간, 4시간, 5시간 등 시간제 요금은 받지 않는다. 교육지원청에서도 이러한 요금 기준은 정해 준 바가 없다. 하지만 좌석의 효율적 운영을 위해 독서실에서도 스터디카페에서 운영하는 것처럼 정액권 요금이나 시간제 요금을 받는 업체가 늘고 있다. 단, 시간제 요금을 받으면 단시간 이용하고 이동하는 인원이 많아져서 아무래도 독서실이 조금 어수선해지는 문제가 있다.

2) 스터디카페에 대해

 독서실 요금에 비해 스터디카페 요금은 아무런 제약이 없다. 그냥 운영자가 정하면 되는 것이다. 요금제 명칭에 대해 부르는 이름은 스터디카페마다 다르게 부를지라도 대체로 시간권(3시간, 4시간 등)과 정액권(50시간권, 100시간권 등), 그리고 기간권(1주권, 2주권, 3주권 등)으로 구분하여 운영하고 있다. 좌석 운영도 대부분 비지정석으로 운영하기 때문에 같은 좌석 이용 시간이 끝나면 금방 다른 사람이 재등록할 수 있는 장점이 있다. 즉, 좌석의 판매 효율성을 높일 수 있는 것이다. 그래서 스터디카페는 매출의 확장성 측면에서 독서실보다는 훨씬 유리한 측면이 있다.

 스터디카페는 특이하게도 4주권 상품은 있어도 1개월로 정해진 요금은 없다. 일설에 의하면 독서실 요금이 1개월 요금으로 정해져 있는데 인가를 받지 않은 스터디카페가 1개월 단위로 받으면 문제의 소지가 있다 하여 4주권으로 정했다는 말이 있다. 이는 사실이 아니다. 교육지원청은 스터디카페에 대한 관할권이 없어 요금이나 시설 등에 대해 전혀 개입할 수가 없기 때문이다.

4. 이용자층의 구분

 독서실과 스터디카페는 모두 공부하는 장소이지만 이용자들을 구분해 보자면 어느 정도 구분은 가능하다. 독서실 이용자들은 대체로 장기적이고 중요한 시험을 위한 뚜렷한 목표 지향점을 가지고 있는 사람들이 많이 이용한다. 대부분의 책은 독서실에 놓고 독서실을 주요 거점으로 삼아 공부를 한다. 일반직, 경찰직, 소방직 등 공무원 준비를 한다든지, 공인회계사, 세무사, 공인중개사 등 자격증 준비를 하거나 수능 준비를 하는 학생들이다. 그래서 독서실 이용자들은 결의도 다르고, 분위기가 좀 무겁고 진중하게 공부하는 느낌이 있다. 그래서 성인층의 이용 비율이 비교적 높은 편이다.

반면에 스터디카페 이용자들은 비교적 가볍게 2~3권의 책을 가져와서 공부하는 사람들이 많다. 오가다가 자투리 시간이 생겨 단시간 공부하러 오는 사람, 중간고사나 기말고사처럼 단기적 시험 준비를 하기 위해 오는 학생들이 많다. 개중에는 독서실처럼 막힌 공간보다는 탁 트인 공간이 좋아서 스터디카페를 찾는 사람도 있다. 학생 중에는 다른 사람의 옆 모습이나 뒤 꼭지를 보아야 경쟁심도 생기고 공부가 잘 된다는 사람도 있다. 이런 류의 사람들이 스터디카페를 자주 찾게 되는 것 같다.

그래서 스터디카페의 전체적 분위기로 보자면 중학생들을 포함하여 비교적 학생 계층의 이용 비율이 높고, 짧은 시간 공부하고 오가는 학생들 때문에 학생들의 움직임이 잦다. 그로 인해 잔 소음들이 많고 대신 가볍고 경쾌한 분위기라고 볼 수 있다. 독서실과 스터디카페의 주요 차이를 표로 정리해 보면 아래와 같다.

〈독서실과 스터디카페의 차이 요약〉

구분		독서실	스터디카페
행정적	인가 여부	* 지역 교육지원청에서 인가	* 주무관청 없음/관할 세무서에 사업자 등록 후 영업
	건축물 용도	* 근린생활시설 2종	* 제한 없음
	면적 기준	* 순수 열람실 면적 90㎡ 이상	* 제한 없음
	유해 시설	* 일정 거리 내 유해 시설 없어야	* 제한 없음
	교습비	* 교육지원청에서 정한 금액 이하	* 제한 없음
세무 분야		* 부가세 면세사업자	* 기본적으로 부가세 과세사업자 * 단, 연매출 1억 400만 원 이하 간이과세
		* 업태 : 서비스/종목 : 독서실	* 업태 : 서비스 /종목 : 스터디카페 * 업태 : 임대업/종목 : 공간 임대 등
시설 측면		* 개인 프라이버시 존중 * 1~4인실 등 개인공간이 많다. * 따라서 칸막이가 많고 조용함	* 오픈형 구조/개방감이 있다. * 서로 공부하는 모습 보면서 공부 * 약간은 소란스럽고 번잡함
요금제 운영 측면		* 지정석 중심 운영 * 1개월석/1일석 중심 운영	* 비지정석 중심 운영 * 시간권/정액권/기간권 중심 운영
이용자층 구분		* 장기 이용자가 많다. * 공부 목표가 뚜렷한 사람 * 좀 진중한 분위기	* 자투리 시간 이용자가 많다. * 단기간의 공부 목표/평상시 실력 향상 * 좀 경쾌하고 가벼운 분위기

※ 위 분류는 명확한 구분이 아니고 대체적 구분이며, 시간이 지나면서 두 구분이 점차 융합하는 형태로 나타나고 있다.

CHAPTER 3
독서실/스터디카페에 대한 일반적 시각

이 단원에서는 독서실/스터디카페에 대해서 전혀 모르는 사람들이 독서실/스터디카페에 대해 그 속사정을 알 수 있도록 가능한 한 자세히 쓰려 한다. 읽다 보면 당연하고 사소하게 느껴지는 점도 있겠지만 그것을 통해서 업계의 속사정을 알 수 있도록 하는 것이다. 좋은 점도 있고, 나쁜 점도 있고, 재미있는 점도 있고, 싫은 점도 있고, 그런 것들을 알아야 자신의 적성과 맞는지 안 맞는지 가늠해 볼 수 있고 창업 여부를 판단하는 데 도움이 되리라 생각한다.

1. 독서실/스터디카페 사업은 편한 사업인가?

독서실/스터디카페 사업은 흔히 편하다고들 말한다. 필자가 생각해도 음식점이나 편의점, 세탁소나 빵집, 미용실 등보다는 훨씬 편한 사업이라고 생각한다. 대부분 업종은 사업주가 상주하면서 고객을 대면해야 하고 인력을 들여 무언가를 계속 만들어 내야 하는 일이지만 독서실/스터디카페는 사장이 고객을 직접 대면해야 하는 일도 많지 않고, 무언가를 계속 만들어 내야 하는 일도 아니다. 시설이 고객을 대면하고 시설이 공부하기에 편하면 되는 것이다. 무인 시설을 갖추지 않은 독서실/스터디카페라고 해도 비교적 적은 인건비로 총무를 고용하여 사업주를 대신하게 할 수 있다. 그리고 사업주가 직접 고객을 대면한다 해도 어린 학생들이거나 젊은 청년들이어서 별로 어려울 것이 없다. 그래서 편한 사업인 것은 분명히 맞다.

2. 운영비가 덜 드는 사업인가?

초기 투자비 이외에는 운영비용이 덜 들어가는 사업이라고들 말한다. 이것은 일부는 맞고, 일부는 틀린 말이라고 생각한다. 발생하는 재료비도 없고, 인건비도 없거나 아주 적게 지출되기 때문에 그런 측면에서는 운영비가 덜 들어가는 것은 맞다. 하지만 대체로 독서실/스터디카페는 넓은 면적이 필요하고 따라서 임차료도 많이 든다. 그뿐만 아니라 면적에 따라 부과되는 관리비 부담도 만만치 않다. 또한, 초기 투자비용도 많이 지출되는 사업이라서 감가상각비나 이자 비용도 많이 발생한다. 게다가 요즘은 서로들 서비스 경쟁하느라 음료수, 과자류 등등 잡비성 비용도 꽤 많이 지출된다.

업체 중에는 운영비 비율(운영비÷매출액×100)이 60~80%에 이르는 업체들도 많은 것으로 알고 있다. 이런 비용 구조라면 운영비가 덜 들어가는 사업이라고는 말할 수 없을 것이다. 물론 독서실/스터디카페에서 발생하는 비용들은 대부분 고정비이기 때문에 분모인 매출액을 올리면 운영비 비율은 급격히 떨어진다. 즉, 매출액이 어느 정도 이상 되면 운영비 부담은 그렇게 크지 않다.

3. 특별한 노하우(Know-how)가 없어도 되는가?

 가끔 사람들이 필자에게 묻곤 했다. 독서실/스터디카페를 운영하는 데 노하우(Know-how)가 있냐고. 필자의 생각으로는 창업하는 데는 어느 정도 노하우가 필요하지만, 운영하는 데는 그런 것이 전혀 없다고 생각한다. 독서실/스터디카페를 오랫동안 운영해 왔지만 무엇을 특별하게 알려 줄 게 없는 것이다. 물론 독서실 운영 프로그램 등에 대해서는 좀 배워야겠지만 그것은 노하우라기보다는 일하면서 그냥 배우면 되는 것이다. 다만, 운영주라면 학생들의 불편을 사전에 알아차릴 수 있는 예민함과 관심, 그리고 해결할 능력과 의지가 있으면 충분하다고 생각한다. 학생들이 불편을 호소해서 해결하는 것은 사실 한발 늦은 것이다. 대부분의 학생들은 불만을 쉽게 노출하지 않는다. 참고 참아 불만이 누적되어야 민원을 제기하는 것이다. 그런 측면에서 불편 사항을 사전에 인지하는 능력도 중요한 능력일 것이다.
 사장이 친화력이 있어 학생들과 친해질 수 있는 사람이면 좋겠지만 그게 큰 비중을 차지하는 것은 아니다. 학생 중에는 사람을 만나지 않고 일 처리하는 것을 오히려 좋아하는 경우가 많다. 특히, 고시 준비 등 장기적으로 공부하는 학생들의 경우 사업주가 자기의 존재 자체를 아는 것을 원하지 않는 경우도 있다.

4. 돈은 많이 버는 사업인가?

모든 사업이 그렇겠지만 돈을 버는 사람들도 있겠지만, 돈을 잃고 있는 사람도 많을 것이라고 본다. 그래도 7~8년 전에만 해도 꽤 괜찮은 사업이었다. 하지만 스터디카페가 여기저기 우후죽순처럼 생기면서 시장은 레드오션(Red Ocean)이 되었다. 지금은 위치에 따라서 그리고 주변의 경쟁업체 수에 따라서 돈을 버는 업체도 있겠지만 실상은 현상 유지만 하는 업체가 많다고 생각한다. 독서실/스터디카페 관련 유튜브를 보면 정말 황당한 매출을 올렸다는 말을 듣게 되는데 그걸 그대로 믿고 투자했다가는 큰일 날 것이라는 생각이 들었다. 그렇게 돈을 많이 벌 수 있다면 자기들끼리 조용히 돈을 벌 일이지 유튜브에 올려놓고 떠들어 대지는 않을 것이다. 그래서 필자의 결론은 독서실/스터디카페 사업은 깨끗하고 편한 사업일 뿐이지 투자 대비 돈을 많이 버는 사업은 아니라고 생각한다. 그리고 초기에 시설 투자비가 많이 들어가는 만큼 위험 부담도 그만큼 큰 사업이다.

CHAPTER 4
중고 독서실/스터디카페 거래

1. 매물에 대한 검토

　독서실과 스터디카페 매물을 찾기 위해 이 동네 저 동네 부동산중개사 사무실을 돌아다니다 보면 의외로 많은 정보를 얻게 될 수 있다. 그리고 어떤 경우에는 인터넷 사이트에는 없는 알짜 매물을 만날 수도 있을 것이다. 그러나 이런 방식으로 매물을 찾는 일은 너무 힘든 작업이 될 것이다. 그래서 요즘은 인터넷 사이트에서 먼저 매물을 찾아본다. 네이버에서 "독서실 거래" 또는 "스터디카페 거래"를 검색해 보면 거래 사이트마다 몇백 건에서 1천여 건 넘는 매물이 등록되어 있다. 매물이 이렇게 많다는 것은 그만큼 사업이 잘 안 되는 곳이 많은 것으로 보아도 될 것이다. 양도자 입장에서는 이런저런 이유를 대겠지만 결국에는 사업이 잘 안 되기 때문에 내놓는 것이라고 보면 된다. 만약 사업은 정말 잘되는데 본인이 운영을 계속 못 할 상황이라면 가족이나 친인척 등에게 먼저 양도/양수를 할 것이다.

그러나 그만큼 잘되는 사업이 아니기 때문에 인터넷 사이트에 매물로 등록하는 것으로 보는 것이 합리적일 것이다.

그리고 잘되고 있는데도 매물로 내놓은 경우라면 주변의 환경 변화가 예상되는 경우일 수도 있다. 이를테면 주변에 경쟁업체가 생긴다는 정보를 미리 알았다든지, 아니면 주변에 공공도서관 신축이 예정되어 있다거나, 독서실 주변 아파트단지의 재건축이 구체적으로 예정돼 있다거나 그런 것들이다. 따라서 기존 업체를 인수하더라도 주변 조사를 철저히 해야 할 필요가 있다.

물론 사업은 어느 정도 잘되는데 기존 사업주의 수익 목표 수준이 너무 높아서 매물로 내놓는 상황도 있을 것이다. 이런 경우에는 정년 퇴임을 해서 할 일도 없고, 연금이나 다른 수익이 어느 정도 확보되어 있으니 큰 수익이 아니라도 소일거리 삼아 해 보겠다는 사람에게는 괜찮은 선택일 것이다.

그러면 중고 사이트에 나와 있는 매물은 대부분 잘 안 되는 것이라고 전제한다면 우리는 어떻게 해야 할 것인가? 그렇다고 쳐다보지도 않을 일은 아니다. 우선 매입 대상을 찾아본다. 그리고 그 매물에 대해서 안 되는 원인을 나름대로 찾아본다. 주변에 독서실/스터디카페가 많아 경쟁이 심해서 안 될 수도 있고, 시설이 낙후되어 경쟁력이 떨어져 안 될 수도 있다. 흔하지는 않아도 운영을 잘못해서 안 되기도 하지만 대체로 이것저것 복합적인 문제로 안 되는 경우가 많을 것이다.

만약 사업 부진의 원인이 주변에 경쟁업체가 많아 그렇다고 판단

되면 이것은 쉽게 극복할 수 있는 문제가 아니다. 주변의 다른 업체들이 곧 폐업에 들어갈 거라는 그런 정보가 있다면 몰라도 인수해서는 안 된다고 본다. 시설이 낙후되어 사업이 잘 안 된다고 판단되면 해당 위치에 대해서 78페이지에서 소개하는 "3. 통계적 입지 분석 방법"에 따라 다시 검토해 본다. 입지 분석 결과 입지가 좋다고 판단되면 업체를 인수하여 철거하고 다시 공사할 수도 있고, 부분적으로 리모델링하여 오픈할 수도 있을 것이다. 어떤 경우에는 조금만 바꾸어도 큰 효과를 볼 수도 있다. 이를테면 휴게실 방음이 안 되어 떠드는 소리가 열람실까지 들리는데, 기존 사업주는 사업이 잘되던 시절부터 쭉 그래 왔기 때문에 무덤덤해져 그냥 둘 수도 있다. 또 다인실로 구성된 시설을 1인실로 변경하는 방안 등도 고려해 볼 수 있다. 어떤 경우에는 기존 사업주가 나이가 들어 리모델링을 하고 싶어도 못 할 수도 있다. 이런 곳은 협상만 잘하면 거래 대금은 없이 철거만 해 주는 조건으로 기존 업체를 인수할 수도 있을 것이다. 철거비도 사실 꽤 만만치 않은 비용이 든다. 이런 상황이라면 경쟁자가 새롭게 늘어나는 것도 아니면서 기존 시장을 오롯이 가져올 수 있기에 큰 장점이 될 수도 있다.

　시설은 괜찮은데 운영을 잘못하는 경우에는 어떻게 알아볼 것인가? 우선 네이버 플레이스에 리뷰나 평가글들을 보면서 웬만큼 감을 잡을 수 있을 것이다. 그리고 운영하는 분이 어떤 분인가? 젊은 분인가, 나이 드신 분인가? 남자인가, 여자인가? 그리고 드나드는 학생들에게도 운영 상태가 어떤지 물어볼 수도 있다. 특히, 나이 많은 어른이 운영하고 있다면 어린 학생들을 상대하는 데는 아무래도 나이 많은 것이 장애가 될 수도 있다. 학생들이 운영주를 피하기 때문이다. 또한, 주인이 직접 운영하는지, 총무를 두고 운영하는지 등을 살펴보고 총무를 두고 있다면 키오스크를 설치하여 무인화하여 인건비를 줄일 수는 없는지 등을 살펴봐야 할 것이다.

2. 매출 자료의 신뢰성

독서실/스터디카페를 인수하려면 무엇보다도 매출 실적이 어느 정도인지가 제일 궁금할 것이다. 양도하는 사람도 매출 수준을 보여줘야 할 텐데 이것을 함부로 보여 줄 수 없는 어려움이 있다. 정보를 보여 주고 나서 거래가 성사되면 문제 될 것이 없지만 거래가 안 되면 정보만 유출되는 꼴이 되고 만다. 가끔은 "ㅇㅇ공인중개사사무실"이라면서 그 지역에서 독서실/스터디카페를 찾는 고객이 있는데 중개해 주겠다며 이런저런 정보를 묻는 경우가 있다. 처음에는 정보를 상세하고 알려 주었는데 정보를 알고 나서는 대부분이 아무런 소식이 없다. 거래는 성사가 안 되면서 정보만 주변 경쟁업체에 노출되는 느낌이 들기도 한다. 그래서 이제는 직접 찾아오면 상세히 알려 주지만 전화상으로는 최소한의 정보만 제공하는 경우가 많다. 그만큼 인수자는 현장 방문하여 얻는 정보가 중요하다고 생각한다.

한편으로 양수인은 양도자 측에서 제시하는 매출을 그대로 믿을 수만은 없는 어려움이 있다. 중고 거래 사이트에 올라온 공고 내용을 보면 대부분 대략적인 매출 실적은 공개해 놓고, 현장을 방문하면 그 때 매출 내역을 확인해 줄 수 있다고 안내한다. 그래서 현장을 방문했는데 매출 실적 증거라고 보여 주는 것이 독서실/스터디카페 운영 프로그램상에 나와 있는 매출을 보여 준다면 그것을 그대로 믿기 어려운 점이 있다. 운영 프로그램에 나와 있는 매출은 너무나 쉽게 부풀릴 수 있기 때문이다. 그런데도 독서실/스터디카페 운영 프로그램을 처음 접하는 분들은 충분히 믿을 만한 자료로 생각할 것이다.

 좀 더 신뢰성이 있는 매출 정보를 받으려면 카드 VAN(Value Added Network)사 등을 통해 카드 매출 실적을 받으면 되는데, 이 자료는 양도자가 밴사 홈페이지에 로그인하고 들어가 엑셀로 내려받을 수 있는 자료이다. 그래도 이 자료는 어느 정도 믿을 수 있다. 하지만 100% 신뢰할 수 있는 것은 아니다. 왜냐면 이 자료도 양도자가 작심하고 사기 치려 한다면, 조작이 가능하기 때문이다. 양도자의 가족 카드나 지인 카드로 결제를 하면 매출액은 올릴 수 있지 않겠는가? 만약 양수인이 좀 더 확실하게 정보를 확인하고 싶다면 특정 기간 동안의 카드 매출 실적 리스트를 달라고 하여 동일한 카드 번호로 반복 결제 건이 있는지, 특히 큰 금액으로 결제한 것은 없는지 등에 대해서 검토해 볼 필요가 있다. 그리고 예금 이체로 한 것이 있다면 입금 계좌로 확인해 볼 수가 있다. 일반적으로 요즘은 현금 결제는 그리 많지 않다.

 그런데 문제는 이렇게 서로 믿지 못하는 상태에서 가장 내밀한 자료까지 내주면서 거래를 성사시키려는 양도자가 있을지 과연 궁금하기는 하다. 그리고 매출 자료가 정말 조작되었다면 자료 제출하기가 더욱 쉽지 않을 것이다. 업체를 양도하는 사람은 관리비 수준과 임차료를 알려 주지 않을 수 없고, 여기에 매출만 알면 순이익(매출-비용)은 금방 알 수 있기에 매출 자료 제공이 쉽지 않은 측면이 있다.

그리고 프랜차이즈 가맹점을 인수한다면 가맹본부에 지급하는 로열티가 어느 정도인지, 가맹비와 교육비는 얼마인지에 대해서 알아볼 필요가 있다. 일반적으로 프랜차이즈 가맹점을 양도/양수할 때는 가맹본부에서 일정액의 가맹비와 교육비 등을 요구하기 때문이다.

3. 양도/양수가액 협상

거래 금액은 그야말로 모든 것이 반영된 결과이다. 사업이 잘되는 정도는 물론이고 시설의 노후화 정도, 업체 주변의 환경, 그리고 양 당사자가 처한 입장까지 모두 반영되어 결정되는 것이다. 그러나 제일 중요한 것은 향후 얻을 예상이익이 얼마냐 하는 것인데, 그것은 양측의 각기 다른 정보와 각기 다른 계산 방법으로 결정될 것이다.

각 당사자 입장에서 예상이익이 결정되면 양도하는 사람은 향후 예상 이익의 1년분 또는 2년분 하는 식으로 금액을 산출하여 요구할 것이고, 양수하는 사람은 투자 금액을 1년 내 또는 2년 내 회수한다는 목표를 가지고 협상에 응할 것이다. 거래 금액은 그렇게 해서 결정될 것이다.

결론적으로 독서실/스터디카페를 중고로 매입한다는 것이 이런저런 함정도 있어 보이고 위험한 일처럼 보이지만, 그래도 신규 창업 보다는 위험이 훨씬 덜 하다고 생각한다. 왜냐면 중고 거래는 그래도 숨겨져 있는 정보보다는 노출되어 있는 정보가 훨씬 많기 때문이다. 잘만 고르면 적은 투자 비용으로 만족한 수준의 순이익을 얻을 수 있다. 고르는 과정에서 위험한 요소들은 위에 언급한 내용을 참고하면서 세세히 검증해 나가면 많은 도움이 될 것이다.

CHAPTER 5
관리형 독서실

　관리형 독서실이 현재 크게 활성화되어 있는 상태는 아니지만 관리형 독서실이라는 이름을 붙여 참 여러 가지 형태의 독서실이 생겨나고 있다. 사업 개념을 보면 공부에 대한 의지력이 약한 학생들을 대상으로 이런 방법 저런 방법을 쓰고 채찍질을 가해 공부하도록 독려하는 것이다. 한편으로 생각하면 공부하려는 의지조차도 남에게 맡겨서 공부하는 것이 성적 향상에 도움이 될까 하는 의구심이 든다. 하지만 자녀를 어떻게든지 공부시켜 보려는 학부모들의 마음, 집에서 빈둥대는 모습을 보면서 속 터져하는 학부모들에게는 어느 정도 먹히는 것 같다.

　현재 일반 독서실/스터디카페의 프로그램으로도 학생들이 입실하거나 퇴실하면 그때그때 학부모에게 문자로 알려 줄 수 있다. 그러나 정작 독서실/스터디카페 안에 들어와 있을 때 학생이 공부하는 것인지, 잠자는 것인지, 게임을 하는 것인지, 아니면 입실만 찍어 놓고 다른 곳에서 놀다 오는 것인지 학부모로서는 도무지 알 수가 없다.

예전에는 독서실에서 총무를 두고 운영했기 때문에 전화해서 학생이 자리에 있는지 없는지 확인도 하고, 잠자고 있으면 깨워 달라고 부탁을 하기도 했는데 요즘은 대부분의 독서실/스터디카페가 무인으로 운영하니까 어디 물어볼 곳조차도 없는 것이다. 그런저런 이유로 생겨난 것이 관리형 독서실이다.

관리형 독서실은 일반 독서실과 시설의 차이는 별로 없고, 단지 운영상의 문제이다. 따라서 기존의 독서실/스터디카페도 원하면 관리형 독서실로 전환할 수 있다. 관리형 독서실도 관리의 정도에 따라 크게 세 가지로 구분해 볼 수 있는데 그 내용은 아래와 같다. 실제로는 세 가지 형태를 그대로 따르는 것이 아니고 필요에 따라 혼합한 형태로 운영하는 곳도 많은 것 같다.

1. 학원식 관리형 독서실

가장 강력한 형태의 관리형 독서실은 학원 형태로 운영하는 독서실이다. 학원처럼 아침 일찍 시작 시간을 정하고 시간에 맞추어 독서실에 간다. 그리고 1교시, 2교시, 3교시 등으로 공부 시간과 쉬는 시간을 정하고 끝나는 시간도 정한다. 끝나는 시간은 대체로 밤 10시 전후해서 정하는 것 같다. 학생들은 독서실에 있는 긴 시간 동안 공부와 휴식을 반복하면서 시간을 보낸다. 학원이 아니기 때문에 강의는 없다. 독서실 측에서 해 주는 역할을 요약하면 체크와 소통이다. 아침에 독서실에 왔는지 출석 체크하고 각 교시마다 자리에 앉아 공부하고 있는지, 졸고 있는지, 자리를 비웠는지 등을 체크하고, 문제가 있으면 학부모와 소통한다. 공부 중에는 휴대폰을 보관토록 하고 수시로 관리자가 돌아다니면서 잠자면 깨워 주기도 한다. 결석이나 지각, 조퇴, 외출 등의 관리를 담당한다. 일부 대형 학원에서는 관리형 독서실 영역으로 사업을 확장하여 특정의 브랜드를 만들고, 일반 독서실을 대상으로 체인을 모집하기도 한다. 이런 독서실에서는 매일 또는 일정 기간을 정해 놓고 시험을 치르는 곳도 있고, 인강 이용권과 연계하여 운영하기도 한다.

그러니 관리형 독서실 요금은 비싸질 수밖에 없다. 관리 활동을 하려면 별도로 사람도 필요하고, 만약 체인 형태의 관리형 독서실에 가입되어 있으면 매출액의 일정 비율을 로열티로 지급도 해야 한다. 그래도 자녀가 공부만 할 수만 있다면 부담할 수 있다는 학부모는 꽤 있는 것 같다.

2. 자가형 관리 독서실

자가형 관리 독서실은 독서실 자체적으로 학생 관리의 방법과 관리 수준을 정하고 운영하는 독서실이다. 주로 전담 관리자를 두고 운영하는데, 학생별로 독서실에 오기로 계획된 시간에 독서실에 왔는지 안 왔는지를 확인하고, 와야 할 시간에 학생이 안 왔으면 학부모에게 연락한다. 공부하는 중에는 휴대폰을 보관토록 하고, 수시로 순회하면서 잠자면 깨워 주고, 게임을 하면 중단시키고, 외출할 때는 관리자의 허락을 받게 하는 등의 통제가 가해진다. 학원식 관리형 독서실처럼 같은 시간에 독서실에 오고 1교시, 2교시, 3교시처럼 공부 시간과 휴식 시간을 일률적으로 정해서 운영하면 운영자는 편하고 효율적일 텐데 자가형 관리 독서실은 그렇게까지 하지는 않는다. 각 학생을 개별적으로 관리한다. 그러다 보니 관리가 복잡해지고, 더 힘들어지는 측면이 있다. 학생마다 오는 시간, 공부하는 시간, 쉬는 시간, 끝나고 가는 시간이 모두 다르니까 관리가 비효율적일 수밖에 없다. 그리고 신경 쓰고 관리를 잘하는 총무가 있는가 하면 대충대충 하고 넘어가는 총무도 있다. 즉, 관리 활동이 균일하지 않은 것이다. 그래서인지 어떤 학부모는 관리형 독서실이라고 해서 비싼 돈 주고 먼 곳까지 가서 등록했는데 관리해 주는 것도 없다면서 불만을 토로하는 사람도 있다. 관리를 잘 하든 못 하든 간에 운영주는 총무를 별도로 고용해야 하니 일반 독서실 요금보다는 더 받을 수밖에 없다.

그래서 이런 형태의 관리형 독서실은 특정의 실이나 특정 좌석을 일부 골라 관리형 좌석으로 정하고 운영하기도 한다. 그 학생들에게는 요금을 더 받으면서 관리에 특별히 신경을 써 주고 학부모와 소통을 강화한다. 그렇게 해서 잘되면 점점 확대해 나가는 방법으로 도입하는 업체가 늘고 있다.

3. 영상기기를 이용한 관리형 독서실

　관리 활동을 하는 데 있어 CCTV 등 영상기기의 지원을 받아 관리하는 독서실이다. 각 좌석에 학생 관리를 위한 태블릿PC나 카메라 등을 설치하고, 관리자는 모니터를 통해 학생들의 공부하는 모습을 관찰할 수가 있다. 이렇게 되면 관리자가 열람실에 드나드는 횟수를 줄일 수 있고 관리의 효율을 높일 수 있을 것이다.

　카메라 화면을 각각 학생의 학부모에게도 열어 주면 학부모도 학생 관리에 직접 참여하는 효과를 볼 수 있을 것이다. 또한, 태블릿PC에는 매일매일의 수업 목표와 당일의 공부 성과를 입력하여 학업 성취도를 볼 수 있도록 하고 있다. 이런 자료는 학부모에게도 보낸다.

　이런 형태의 관리형 독서실을 도입하려면 인건비가 덜 들어가는 대신 초기에 어느 정도의 투자비가 들어간다. 일정 수량의 태블릿PC를 구해야 하고, CCTV 설치와 일정액의 가맹비를 부담해야 한다. 어쩌면 학부모를 참여시킬 수 있어서 좋은 방법이 될 수도 있지만, 그에 따른 부작용도 많아 아직은 학부모에게 카메라 화면을 노출시키지는 않는 것으로 알고 있다.

CHAPTER 6
독서실/스터디카페 프랜차이즈 현황

1. 프랜차이즈 본사(=가맹본부)

　가맹사업법에 따르면 가맹본부(프랜차이즈 본사)는 가맹점 사업자에게 가맹점운영권을 부여하는 자를 말하고 가맹점 사업자(프랜차이즈 점주)는 가맹본부로부터 가맹점 운영권을 부여받은 자를 말한다. 본서에서는 가맹본부와 프랜차이즈 본사, 가맹점 사업자와 프랜차이즈 점주를 혼용하여 사용한다.

　지난 7~8년간 독서실/스터디카페 프랜차이즈 본사가 급격하게 늘어났다. 이들이 공격적인 영업 활동을 하면서 스터디카페 또한 급격하게 늘어났다. 이들은 당초에 독서실/스터디카페를 대상으로 사업을 하던 업체도 있지만, 식당 공사를 하던 업체, 미용실 공사를 하던 업체 등등이 스터디카페 프랜차이즈 사업에 뛰어든 업체도 많다. 몇 군데 스터디카페 공사 실적이 쌓이고, 가맹점이 생기면서 운영에 대해서도 어느 정도 알게 된다. 그러면서 그들은 마치 독서실/스터디카페에 대한 전문가처럼 행세하는데 그들의 말을 그대로 믿기에는 어려운 점이 많다. 그들은 내담자가 방문하면 어떻게든지 창업을 유도하기 위해 수익을 부풀리고 이런저런 장점을 부각시킨다. 그래야 그들의 목적인 인테리어 공사를 수주할 수 있기 때문이다. 따라서 그들의 말을 곧이곧대로 믿지 말고 우선 참고만 하는 것이 좋다. 그리고 다른 업체들과 비교 평가하면서 본인의 안목을 높이는 것이 중요하고, 모든 정보를 내 것으로 소화한 다음에 창업에 나섰으면 좋겠다.

2. 프랜차이즈 본사 현황

프랜차이즈 본사에 대한 정보는 공정거래위원회 가맹사업정보제공시스템(https://franchise.ftc.go.kr/index.do)에서 "업무별 누리집"과 "가맹사업 누리집"으로 순차적으로 들어가면 찾아볼 수 있다. 회사 상호나 브랜드, 대표자명, 등록번호 등으로 검색해서 봐야 하는데, 제공되는 정보는 회사의 설립일, 대표자 등 기본 사항과 자산 현황과 손익 현황, 그리고 지역별 가맹점 수, 가맹점의 평균 매출액과 가맹비, 교육비, 3.3㎡당 인테리어 비용 등이 있다. 프랜차이즈 본사를 선택할 때는 반드시 확인해 볼 필요가 있다.

가맹사업 정보공개시스템에 공개된 자료는 프랜차이즈 본사에서 제출한 자료를 지방자치단체와 공정거래위원회 등 여러 단계에 거쳐 검토하고 확인하다 보니 자료 공개 시점은 상당히 늦다. 2025년 5

월 현재까지도 정보공개시스템에는 2023년도 자료가 올라와 있는 상태이다. 그래서 최신 자료를 받아 보려면 프랜차이즈 본사에 직접 요구하여 받아 보아야 한다. 조금 오래된 자료이긴 하지만 일정 규모 이상의 가맹본부 자료를 아래에 붙인다.

가맹사업 정보제공시스템에는 독서실/스터디카페 업종으로 따로 분류되어 있지 않아 프랜차이즈 본사의 수가 몇 개인지는 알 수가 없다. 단지, 스터디카페나 독서실로 검색해 보면 60개 업체에 못 미치게 검색된다. 아마도 공정거래위원회에 가맹사업자로 등록하지 않은 채 사업을 영위하고 있는 업체도 꽤 있을 것이다. 만약 그런 업체와 계약 체결 후 문제가 발생하면 가맹사업법에 따른 보호를 받기가 어려워진다. 그래서 가맹본부로 등록된 사업자인지 확인해 보는 것이 좋다. 추측건대 전국에 독서실/스터디카페 프랜차이즈 본사로 영업하고 있는 업체가 100여 개가 넘는다고 본다. 마이프차(https://myfranchise.kr)라는 상권 분석 사이트에 올라와 있는 독서실/스터디카페 프랜차이즈 본사만 해도 70여 개가 넘는다. 여기에는 빠져 있는 소규모 가맹본부가 꽤 있는 것으로 봐서 전체 프랜차이즈 수는 100개는 넘을 것이다.

〈가맹본부별 공개 정보〉

▷ 2023년도 기준 (단위 : 천원, 가맹점 수)

가맹본부명	가맹점 평균매출	가맹점수 (직영제외)	3.3㎡당 공사비	가맹비	교육비	보증금
공간샘스터디카페		87	1,749	3,300	2,200	0
공본스터디카페		80	2,970	6,600	5,500	0
공부인스터디카페		80	1,990	5,500	5,500	3,000
그루스터디카페		108	1,300	9,900	2,200	2,000
디딤스터디카페		34	1,870	3,300	0	0
르하임스터디카페 (2024년)		160	2,530	3,300	3,300	5,000
멘 토 즈		162	1,700	3,000	10,000	0
셀독24스터디카페		71	1,613	3,300	3,300	3,000
시작스터디카페		97	3,080	7,700	3,300	0
어라운드스터디카페		122	2,200	5,500	3,300	0
작심스터디카페		194	2,373	5,500	5,500	0
스터디카페포커스		19	2,300	3,300	2,200	3,000
초심(CHOSIM)		178	1,540	5,500	3,300	5,000
챌린지스터디카페		31	2,200	7,700	3,300	0
커피랑도서관		37	308	11,000	6,600	6,000
타임유스터디카페		81	3,238	11,000	3,300	0
포텐스터디카페		36	2,310	3,300	2,200	0
플랜A(2024년)		111	2,400	5,500	5,500	3,000
플랜트(2024년)		105	1,760	5,500	3,300	0
화이트팬슬		132	2,310	3,300	6,600	5,000
20개 업체평균		96	2,087	5,650	4,020	

1) 가맹점 평균 매출액은 표시 제외(공정거래위원회 홈피에서 각자 확인 가능)
2) 공정거래위원회 가맹사업 누리집에서 수집(2025. 05. 10. 검색)
3) 창업 의사결정에 활용할 경우 반드시 가맹본부에서 재확인 후 사용 바람.

☞ 독서실/스터디카페 창업하기

CHAPTER 1
입지 선택 방법

1. 입지 분석의 개요

1) 기존의 상권 분석 사이트

인터넷을 검색해 보면 시장 분석 정보를 제공하는 여러 개의 사이트가 있다. 그중에서도 소상공인시장진흥공단의 "소상공인 365"(https://bigdata.sbiz.or.kr)와 오픈업(www.openub.com), 서울시에서 제공하는 상권분석서비스(golmok.seoul.go.kr) 등이 그나마 도움이 되는데, 이는 모든 업종을 대상으로 개발된 사이트이기 때문에 독서실/스터디카페의 창업에 사용하기에는 부족한 부분이 많다. 또 아직은 정보 자체가 신뢰하기 어려운 부분도 있는 것 같다. 이를테면 기존 업체들의 특정 지역별, 업체별 매출 자료들이 나오기도 하는데 이런 매출 자료들은 일부 현금 매출 자료가 빠진 것도 있고, 카드 매출조차도 전체 카드 매출 자료를 가지고 산출한 것이 아니고, 일부 카드사들에서 제공한 자료들을 기초로 그 카드사들의 점유 비율로 조정하여 전체 매출액을 환산하여 산출한다는 것이다. 일반적으로 어떤 정보가 숫자로 나오게 되면 사람들은 그것을 믿게 되는 경향이 강한데 거기에 현혹되지 말아야 한다. 그래서 시장 분석 사이트에서 나온 특정 업체의 매출 자료는 참고는 할지언정 그것을 그대로 믿고 창업 의사 결정 하기에는 많은 위험이 따를 수 있다. 업종 분류에 있어서도 독서실/스터디카페가 어느 사이트에는 별도로 분류되어 있는가 하면 어느 사이트는 빠져 있거나 그중에 하나만 들어가 있기도 하다.

따라서 시장 분석 사이트는 업종을 정하지 않은 상태에서 어떤 업종을 선택할까 고민 중일 때, 이런저런 업종을 조망해 보기 위해서 매출 자료를 사용하거나, 아니면 해당 시도나 시군구 전체를 대상으로 시장을 조망하는 통계 자료로 이용하면 나름대로 도움이 될 수 있다고 생각한다. 하지만 특정 업종의 구체적인 위치에 대해 창업 의사 결정 자료로 사용하기에는 별로 도움도 안 되고 위험 부담이 좀 크지 않을까 생각한다. 아래에 주요 상권 분석 사이트를 붙인다.

〈주요 상권 분석 사이트〉

사이트명	인터넷 주소	주요 정보
소상공인 365 (시장진흥공단)	https://bigdata.sbiz.or.kr	위치별, 업종별 평균 매출, 인구, 점포수 등 제공
오픈업	https://www.openub.com	점포별 년간 최고/최저 매출, 주거 인구 등
서울시 상권분석서비스	https://golmok.seoul.go.kr	점포당 평균 매출액, 점포수, 인구수 등
마이프차	https://myfranchise.kr	프랜차이즈 본사 관련 정보 제공
나이스비즈맵	https://m.nicebizmap.co.kr	동종업종의 점포당 매출 규모, 점포수 등
KT 상권분석 솔루션(GrIP)	https://enterprise.kt.com	인구 중심의 정보 제공, Self 매출 예측

2) 입지 분석의 필요성

위에 소개한 시장 분석 사이트들이 있음에도 불구하고 예비 창업자가 별도로 입지 분석을 해야 하는 이유는 정작 본인의 입맛에 맞는 정보들이 없다는 점과 제공하는 정보가 정확하지 않다는 점 때문이다. 그리고 무엇보다도 중요한 것은 독서실/스터디카페 창업 검토 대상의 입지는 기존 업체와 최소 300~400m 정도는 떨어져 있어야 하는데, 정작 그 300~400m 안쪽의 정보는 없다는 것이다. 따라서 독서실/스터디카페만을 위한 입지 분석 방법이 필요함을 느꼈고, 그에 따라 필자 나름대로 입지 분석 방법을 개발하였다.

사실 독서실/스터디카페 입지 분석 방법은 책을 내면서 새롭게 개발한 것이 아니라 오래전부터 필자가 독서실/스터디카페를 창업할 때마다 입지 선정에 실제로 써 온 방식이다. 즉, 이론으로만 존재하는 것이 아니라는 것이다. 지금은 인터넷 시장분석 사이트에서도 웬만한 정보들은 나오는 시대인데 오래전에 써먹던 방법을 이제야 소개하는 것이 과연 얼마나 도움이 될까 싶기도 했다. 하지만 앞에서 제시한 상권분석시스템에서 얻지 못하는 정보를 얻을 수 있고, 또한 독서실/스터디카페만의 입지 분석 방법이기 때문에 창업에 많은 도움이 되리라 생각한다. 그리고 실제로 입지 분석을 위해 현장을 뛰어다니다 보면 어느덧 막연하던 것이 구체화되고, 남의 것 같던 것이 내 것처럼 느껴지기도 하면서 창업에 자신감이 생기기도 한다.

요즘 창업은 독서실보다는 스터디카페가 대세라고들 한다. 실제로 독서실보다는 스터디카페로 창업하는 곳이 월등히 많은 것도 사실이다. 독서실이든 스터디카페든 둘 다 모두 공부하는 사람을 대상으로 공간을 대여하는 것이 사업의 본질이다. 따라서 창업 위치를 정한다는 점에서 둘 간에 차이가 있을 수 없다. 약간의 차이가 있다면 스터디카페는 자투리 시간을 이용코자 하는 사람들이 많기에 역세권이나 유동 인구가 많은 곳, 사람들이 약속을 많이 잡는 위치에 있는 것도 괜찮은 선택일 것 같다는 정도이다.

3) 독서실/스터디카페 하기 좋은 지역

독서실이나 스터디카페는 목을 잘 잡는 것이 70~80% 이상 중요하다고 생각한다. 투자비용을 많이 들여 내부 시설을 잘하는 것이나, 운영에 공을 들여 잘 하는 것 등은 목을 잘 잡는 것에 비하면 미미한 것이라 볼 수 있다. 목을 잘 잡아 독서실/스터디카페 사업을 위한 저변이 충분하다면, 시설 수준이 좀 열악해도 또 서비스가 좀 부족하더라도 독서실/스터디카페는 잘될 수 있다. 그래서 창업 위치를 정하는 일에 온 힘을 기울일 필요가 있다.

(1) 주거밀집지역이 좋다

그러면 어떤 곳에 목을 잡아야 성공적인 창업을 할 수 있을까? 중·고등학교가 있는 지역? 대학교가 있는 지역? 주거가 밀집된 지역? 유동 인구가 많은 업무지구나 상업지역? 학원이 밀집된 지역? 등등. 이에 대해 필자가 직접 독서실에 온 학생들을 대상으로 160

여 건의 설문 조사를 해 본 적이 있다. 그 결과 학교 근처를 선호하는 학생이 10.3%, 집 근처를 선호하는 학생이 75.5%, 집과 학교 사이 10.4%, 기타 지역이 3.8%로 나와 있다. 즉, 집 근처를 선호하는 비율이 압도적으로 높게 나왔다. 그것은 구태여 설문 조사 결과가 아니라도 필자도 그렇게 생각하고 있었는데, 설문 조사 결과가 필자의 생각을 확인해 준 것이다. 주거밀집지역은 독서실/스터디카페 사업하기에 여러 가지 유리한 점이 있다. 그것은 학생들이 독서실/스터디카페의 이용 실태를 보면 확연히 알 수 있다. 독서실/스터디카페는 특성상 꽤 긴 시간을 그 내부에 있어야 한다. 그러다 보니 공부하다가 점심이나 저녁을 먹기 위해 집에 갔다 오기도 하고, 민감한 학생은 화장실조차도 집에서 보고 오는 경우가 있다. 그리고 독서실/스터디카페는 주간보다는 야간에 이용하는 비율이 월등히 높은데 어두운 밤거리를 걷는 것은 짧을수록 좋지 않겠는가? 그리고 밤늦은 시간에는 학부모들이 학생들을 데리러 오기도 하고, 비 오면 우산을 가지고 오는 등 집에서 가까우면 좋은 점이 한두 가지가 아니다. 그래서 아래에서는 주거밀집지역을 중심으로 좋은 입지를 찾아내고 입지 분석하는 방법을 소개하고자 한다.

　주거밀집지역 다음으로 좋은 위치라면 대형 학원들이 밀집된 지역이라고 생각한다. 대형 학원이 밀집된 학원가에 가 보면 독서실/스터디카페가 많이 몰려 있다. 건물마다 독서실/스터디카페가 들어서 있고 어떤 곳은 한 건물에 두 업체가 있는 곳도 있다. 그곳의 업체들은 주로 학원에 공부하러 온 학생들을 대상으로 사업을 벌인다. 학생들은 집에서 학원가 쪽으로 나와 학원 강의를 듣고, 수업이 끝나면 인근에 있는 독서실/스터디카페에 들러 공부하다가 다시 학원 강의를 듣고 하는 식으로 하루를 보낸다. 그래서 학원가 지역에서 독서실/스터디카페의 수요가 많이 생기는 것이다. 어쩌면 집에서 가까운 곳에 마땅한 독서실/스터디카페가 있다면 학원가 쪽의 독서실 수요는 줄어들지도 모르겠다. 전체적으로 보면 학원 밀집 지역에 독서실/스터디카페가 많은 것은 극히 일부 지역만의 특수한 현상이고, 또 학원가 안에서 어떤 특정 위치를 대상으로 입지 분석을 한다는 것도 별 의미가 없는 일이기 때문에 이 책에서는 학원가 지역 입지에 대해서는 논하지 않으려 한다.

(2) 기존 시장에 끼어드는 것은 위험하다

기존에 독서실/스터디카페가 많은 지역에 창업하여 다른 업체들과 경쟁하면서 운영해 나가고자 한다면 구태여 입지 분석이라는 것을 할 필요가 없을 것 같다. 그냥 그런 곳에 창업하면 된다. 이런 분들의 생각은 "장사가 잘되니까, 업체도 많겠지"라고 생각하면서 업체가 많은 곳이 곧 수요가 많은 곳이고 그래서 검증된 위치라고 생각하는 것 같다. 그리고 일부 프랜차이즈 본사에서는 "최소한 망하지는 않는 위치"라면서 그렇게 부추기기도 한다.

경쟁이 심한 위치에서의 창업이라면 그런 곳의 정보는 이미 어느 정도 나와 있다. 시장진흥공단 소상공인 365(bigdata.sbiz.or.kr)나 오픈업(www.openub.com) 그리고 서울시 상권분석

서비스(golmok.seoul.go.kr) 등에 들어가면 독서실/스터디카페의 평균 매출액 자료나 점포 수, 인구수 등의 정보를 찾을 수 있을 것이다.

입지 분석에 있어 기존 업체들의 매출 자료는 상당히 좋은 자료이다. 물론 상권정보시스템에서 나오는 자료가 100% 신뢰할 수 있는 자료는 아니라고 해도 참고는 될 것이다. 특정 업체에 대한 자료는 오차가 클 수도 있겠지만 시군(市郡) 단위, 시도(市道) 단위 등으로 확대해서 통계 자료를 보게 되면 플러스 오차 발생 업체와 마이너스 오차 발생 업체가 평균화되어 전체 오차는 크게 줄어들 거라고 생각한다.

어쨌든, 경쟁업체가 많은 그런 곳에 창업하려면 신규 수요를 창출하는 것이 아니라 기존 업체들과 매출을 나누어 먹겠다는 것이다. 그래서 본인이 창업한 후 매출이 더 분산되는 것이라던가, 기존 업체들의 시설 수준과 요금 수준, 운영 방법 등을 철저히 조사한 다음에 창업을 결정해야 할 것이다. 만약 기존의 경쟁 시장에서 매출 분산 효과를 반영하더라도 충분한 매출이 나온다면 그런 곳은 진입해도 좋을 것이다. 그러나 본인의 창업 이후 다른 사람의 창업이 계속 이어질 가능성도 고려해야 할 사항이다.

2. 입지 분석 대상 위치 찾기

입지 분석을 하려면 먼저 입지 분석 대상 위치를 찾아야 한다. 그래야 그 위치를 대상으로 입지 분석 작업에 들어갈 수 있기 때문이다. 필자는 위에서 주거밀집지역이 독서실/스터디카페를 하기에 가장 좋은 곳이라고 했다. 따라서 입지 분석 대상 위치를 찾는 방법은 주거밀집지역을 대상으로 찾아 나서는데 비교적 독서실/스터디카페가 없거나, 있더라도 가능한 한 멀리 떨어져 있는 위치를 찾고자 하는 것이다. 그래야 그 창업 대상 입지 안에서 새로운 수요를 창출해 낼 수 있고, 경쟁이 덜한 상황에서 운영해 나갈 수 있기 때문이다.

필자도 처음 독서실을 창업할 때 불안한 마음에 여기저기 정보를 찾아 돌아다니다가 서울에 있는 어느 독서실 컨설팅업체를 방문하게 되었다. 처음에는 몰랐는데 나중에 알고 보니 그곳은 독서실 공사를 전문으로 하는 시공업체였고, 컨설팅을 하면서 공사 수주를 목적으로 하는 곳이었다. 컨설팅하고 나서 공사 수주 가능성이 있어 보이면 무료로 해 주고 그럴 가능성이 없어 보이면 컨설팅 수수료를 받는 것 같았다. 필자는 3만 원을 지불하고 나왔는데 당시에는 꽤 큰 금액이었다.

거기에서 여러 가지 질문해 보았는데 지금까지도 생각나는 질문이 하나 있다. "독서실 위치로서 어디가 제일 좋은가요?"라는 질문이었는데, 답변은 "독서실이 많이 몰려 있는 지역이다."라는 답이었다. 그런 곳은 이미 수요자가 많다는 것이 증명된 곳이니 그런 곳이 좋다는 것이다. 거기에 덧붙인다면 그런 곳에 노후화된 독서실이 있다면 그 옆에 창업하는 것이 제일 좋다고 하였다. 그렇게 답하는 것을 보고 필자는 참으로 한심하다는 생각이 들었다. 전문가라는 사람이 그런 컨설팅을 하여 기존 업체 몫을 뺏어 먹으라고 하고, 오래된 업체는 죽이라는 컨설팅을 하면 공사업체는 수주해서 수익을 올릴 수 있을지 몰라도 기존의 독서실들은 어쩌란 말인가? 문제는 현재에도 그렇게 컨설팅을 하는 업체가 많다는 것이다. 적어도 전문가라면 학생들 수요는 많은데 독서실/스터디카페가 없어서 못 다니는 지역, 새로운 수요를 찾아내는 방법을 알려 줘야 하는 것 아닌가? 하는 생각이 들었다.

　실제 사례로 어떤 젊은 사람이 독서실을 창업하면서 노후화된 독서실 옆 건물에 창업하였다. 몇 개월은 잘되었다고 한다. 그런데 갑자기 "어떻게 해야 하냐?"며 필자에게 전화가 왔다. 내용을 들어 보니, 그 노후화된 독서실 주인이 건물주인데 기존 독서실을 철거하고 독서실 리모델링 공사를 시작했다는 것이다. 그러면서 본인은 창업 비용을 빼려면 아직도 멀었는데… 하면서 걱정을 하는 것이었다. 안타깝기는 하지만 필자로서도 별로 해 줄 말이 없었다. 여기서 참고로 할 점은 이렇게 역으로 당할 수도 있다는 점이다.

　어떤 사람들은 사업을 할 때 점집에 가서 물어보기도 하고, 진지하게 기도를 한 끝에 응답을 받은 듯이 얘기하기도 한다. 또는 꿈에 조상님이 나타나 계시를 준 것처럼 얘기하는 사람도 있다. 사업의 결과는 어차피 모르는 것이고, 재수나 운에 달려 있다고 생각하는 사람들도 많다. 그러나 필자는 "경영은 통계적으로 움직인다."라는 생각을 확고히 가지고 있었다. 경영과 회계를 공부하고 대기업에서 30여 년간 근무한 경험 때문에 생긴 신념인지도 모르겠다. 그래서인지 필자는 독서실/스터디카페 위치를 정하기 전에는 통계 자료를 수집하는 것에 아주 열성이었다. 정말 그게 필요할까 싶을 정도의 아주 미세한 사항이라도 통계 자료를 얻고 싶어 했다. 아래에서는 통계 자료를 수집하고 내 것으로 만드는 방법을 소개하고자 한다.

주거밀집지역 내에서 좋은 입지를 찾아낸다는 것은 우선 경쟁자가 없거나, 가능한 한 경쟁자 수가 적은 위치를 선택한다는 것인데 필자는 그 기준을 300~400m 이내에 다른 경쟁업체가 없는 것을 기준으로 삼고 있다. 요즘은 반경 300~400m 이내에 독서실/스터디 카페가 없는 곳을 찾기란 그렇게 쉽지는 않다. 하지만 넓은 범위를 대상으로 열심히 찾다 보면 그런 공백 지역을 찾을 수 있을 것이다. 문제는 그런 공백 지역을 찾았고, 그 안에서 적당한 빈 점포를 찾았다 해도 기존에 운영 중인 독서실이 없기에 창업에 도움이 될 만한 정보를 전혀 얻을 수도 없다. 이런 위치에 대해서는 소상공인시장진흥공단의 소상공인 365나 다른 상권 분석 사이트에 들어가 봐도 300~400m 외곽의 정보는 있을지 몰라도 그 내부의 정보는 없다. 그래서 꼭 필요한 것이 300~400m 내부의 입지 분석 작업이다. 입지 분석 작업을 통해 그 안에 고등학생 수는 몇 명인지, 공부할 수 있는 연령 계층의 인구수는 몇 명인지 등을 파악할 수 있는 것이다.

1) 지도 구입

입지 분석에 들어가기 전에 먼저 입지 분석 대상 위치를 찾아야 하는데 그러한 곳을 찾기 위해서는 가능한 한 넓은 범위를 대상으로 찾아봐야 한다. 그러려면 우선 1/5,000이나 1/10,000 척도의 해당 시군구(市郡區) 지역 지번 지도를 구매할 것을 권한다. 지번이 명확하게 나와 있고 작업하기 편하려면 아무래도 1/5,000 정도가 좋을 것이다. 1/5,000 척도의 지도는 일반적으로 부동산중개사 사무실 벽면에 붙어 있는 크기이다.

만약에 특정 위치를 정해 놓았다고 하면 구태여 지도를 살 필요가 없다. 그 위치에 대해서만 입지 분석을 하면 되기 때문이다. 물론 인터넷상에 나와 있는 지도에서도 많은 정보를 알 수 있지만, 그곳에는 현실과 다른 정보들이 꽤 많이 있다. 10년도 더 전에 이미 폐업했는데도 인터넷에는 여전히 영업하고 있는 업체처럼 나오기도 한다. 따라서 이것저것 스스로 파악하여 지도에 옮기면서 정보를 최신화하기 위해서는 지도가 필요하다. 지도는 네이버에서 "지도 판매"를 검색하면 지도를 판매하는 업체가 꽤 여러 곳이 나오고, 옥션이나 11번가, G마켓 등에서도 살 수 있다.

2) 지도의 활용

지도를 구했으면 먼저 해당 시군구의 지도를 보고 그 위에 모든 독서실/스터디카페의 주소를 찾아 스티커를 붙이는 방법이 있는데 독서실/스터디카페가 많은 지역이라면 작업량이 너무 많아질 수 있다. 그래서 지도상에서 대략적인 주거밀집지역을 찾아보고 그 구역에만 스티커를 붙이는 방식이다. 그중에서도 범위를 좁혀서 작업하려면 주거밀집지역 내에 상가 구역이 있는지 먼저 확인한다. 상가가 있어야 창업도 가능하기 때문이다. 그리고 상가 지역의 중심부로부터 대략 반경 400m 이내에 아파트 및 단독주택이 3,000여 세대가 넘게 있는지 확인하고, 그 지역을 중심으로 독서실/스터디카페의 주소를 찾아 스티커를 붙여 본다. 이렇게 해서 찾아 나가다 보면 주거밀집 지역에 대해서는 한 도시 전체를 빠짐없이 찾아볼 수 있을 것이다. 독서실/스터디카페 주소는 인터넷에서 "동네명+독서실 또는 스터디카페"로 검색하면 찾을 수 있다. 하지만 네이버나 다음 등 포털사이트에서 검색해서 나온 업체 정보를 그대로 믿으면 안 된다. 폐업했는데도 포털사이트에는 그대로 남아 있는 업체도 있고, 실제로 스터디카페가 영업을 하고 있는데도 네이버에 등록하지 않아 검색하면 노출이 안 되기도 하기 때문이다.

독서실 주소는 해당 지역 교육지원청 홈페이지에서 평생교육과에 들어가면 정보를 얻을 수 있다. 하지만 이 자료도 오류가 있을 수 있기 때문에 꼭 현장을 확인해야 한다. 독서실을 오래전에 폐업했는데도 교육지원청에 등록 말소 처리를 안 하면 교육청 자료에는 운영 중인 독서실로 나오기 때문이다. 그래도 독서실은 주무관청이 있어 자료를 받을 곳이 있지만 스터디카페는 별도의 주무관청이 없어 자료를 일괄적으로 받을 곳이 없다.

3) 창업 대상 위치 선택

지도에 그 지역의 스터디카페를 표시하다 보면 300~400m 이내에 스터디카페가 없거나 한 곳 정도 있는 공백 지역을 찾을 수 있을 것이다. 여기서 400m의 거리를 정한 것은 보통 성인이 1분당 80m를 걷고, 400m면 대충 5분 정도 소요되는 거리이다. 그 정도라면 독서실/스터디카페와 집을 무리 없이 오고 갈 수 있는 거리이기에 그렇게 정한 것이다. 그리고 거리를 잴 때는 길을 따라서 재는 것이 아니고 반경 거리로 측정하면 된다.

 사실 300~400m 이내에 경쟁업체가 없는 공백 지역을 찾는 것은 어려운 일이다. 그래서 그 거리는 그 지역의 주거밀집도나 인구수, 지형 등을 고려하면서 예비 창업자가 어느 정도 유연하게 적용해야 할 필요가 있다. 즉, 지역적 상황에 따라서 400m보다 더 넓게도 좁게도 분석 범위를 정할 수가 있다는 것이다. 만약 보도로 6분 거리라면 480m인데 6분 걸린다고 해서 독서실/스터디카페를 안 다니겠는가? 단지, 여기에서는 일반적으로 독서실/스터디카페에 다니기 딱 좋은 거리를 300~400m로 보고 그 거리를 기준으로 설명하고자 한다.

 일단 300~400m의 공백 지역을 찾았으면 현장에 직접 찾아가 지도상에 표시한 내용과 같은지, 그리고 독서실/스터디카페를 창업할 만한 면적의 임대 물건은 있는지, 임대료 및 기타 임대 조건 등은 적합한지, 주변 아파트에 단지 내 독서실은 없는지, 있다면 활성화되어 있는지 운영이 안 되고 있는지, 인근에 마을 도서관은 없는지 등을 알아보아야 한다. 그렇게 해서 적절한 임대 물건이 있다면 그 점포를 기점으로 구체적인 입지 분석 작업에 들어가야 한다. 그래야만 쓸데없는 위치를 대상으로 입지 분석 작업을 반복하는 노고를 줄일 수 있기 때문이다. 만약 본인의 점포에 창업하려 한다면 이것저것 볼 것 없이 본인 상가를 기점으로 입지 분석 작업을 하면 된다.

아파트 단지 내 독서실은 대체로 2000년대 중반에 주민편의시설 중 하나로 출현하여 새로운 아파트단지가 들어설 때마다 도입하는 단지가 하나둘 늘게 되었다. 그래서 대체로 2006년 이전에 준공된 아파트들은 단지 내 독서실이 없는 경우가 많다. 그 이후에 준공된 아파트들이 주민편의시설로 독서실을 많이 도입하기 시작했다. 그리고 1,000세대 이하의 아파트단지에는 독서실이 없는 경우가 많다. 있더라도 누군가 관리해야 할 입주민이 있어야 하는데 자원봉사자를 구하지 못해 결국 활성화되지 못하는 경우가 많다. 독서실은 대부분 어린 중고생들이 모이는 곳이고 그들만 모아 놓다 보면 끼리끼리 모여 담배를 피우는 등 우범지대로 변하는 경우가 있다. 그러면 학부모들이 단지 내 독서실에 보내길 꺼리게 되고 결국은 문을 닫게 되는 것이다. 그래서 학생을 관리해 줄 성인이 꼭 필요하다.

〈입지 분석 대상 위치 찾는 방법 요약〉

① 1/5,000 지도 구매 → 주거 지역 내 업체 위치 파악 → 공백 지역 파악(독서실/스터디카페가 없는 가능한 한 넓은 지역)
② 현장 방문 → 지도상 내용과 일치 여부 확인 → 주변 환경 파악
③ 빈 점포가 있는지 확인 → 임차료, 관리비 등 파악 → 위치 선택

3. 통계적 입지 분석 방법

1) 입지 분석 지리적 범위

입지 분석 대상 점포를 찾았으면 이제 지도상에 그 점포 위치를 기점으로 반경 400m를 다시 그린다. 척도가 1/5,000 지도라면, 지도상에서 1mm는 실제에서는 5m이다. 따라서, 지도상에서 6cm라면 실제에서는 300m가 되고, 8cm라면 실제에서는 400m가 된다는 점 참고하기 바란다. 요즘에는 인터넷에 나와 있는 지도에서도 반경 거리를 쉽게 잴 수 있다. 특정 거리 내에 학생 수나 세대수를 측정할 때 해당 아파트단지가 절반 이상 걸쳐 있으면 그 아파트단지 전체 세대수를 넣는다. 또 극히 일부만 걸쳐 있더라도 아파트단지 출입구가 입지 분석 대상 점포 방향으로 나 있는 구조라면 전체 세대수를 산입한다. 이처럼 세대수 산출이나 인구수 산출에 절대적 정답이 있는 것은 아니다. 해당 점포에 접근성 등을 고려하여 산출해야 한다. 아래에 제시한 "독서실/스터디카페 입지 분석(요약표)"는 필자가 수년 전에 입지 분석을 하면서 의사 결정에 실제로 사용했던 자료이다.

2) 입지 분석 항목별 설명

<독서실/스터디카페 입지 분석(요약표)/견본>

구분		기준위치 (성공위치)	분석위치1	분석위치2
① 고등학생수 (16세~18세)	반경 300M 학생수	523	588	308
	반경 400M 학생수	654	867	482
	우세시장 학생수	732	883	1,050
② 성인공부계층 (19세~30세)	반경 300M 학생수	2,394	1,661	1,393
	반경 400M 학생수	2,942	2,531	2,232
	우세시장 학생수	3,327	2,785	4,447
③ 인접세대수	300M 세대수	5,270	3,005	3,237
	400M 세대수	6,581	4,675	5,101
	우세시장 세대수	7,291	4,703	21,644
④ 경제력수준	소득금액(월/만원)	273	293	260
	Apt매매가(평균)	270백만원	230백만원	151백만원
	Apt평균 면적	102㎡	91㎡	69㎡
⑤ 주거밀집도	세대당 점유면적 (면적÷세대수)	49㎡	68㎡	56㎡
⑥ 인근고등학교 학업성취도	주요과목 평균점수 (202X. 0학기 기준)	63.5점 (AAA고)	64.0점 (BBB고)	62.7점 (CCC고)
⑦ 예상경쟁업체	최단이격거리	400m	340m	1,500m
	경쟁업체수	1개	4개	없음
⑧ 인근 독서실 요금조사(원)	지정석	130,000	130,000	130,000
	일일석	9,000	9,000	9,000
⑨ 빈 점포 확보의 용이성		*상가확보곤란	*상가확보곤란	*상가확보곤란
⑩ 인근업체 월평균 매출액(참고용)		N/A	N/A	N/A

※ 상기 자료는 이해를 위한 참고용 자료임.
※ 실제 입지 분석을 할 때는 대상 위치를 기점으로 자료를 확보하여 분석해야 함.
※ N/A(Not Available)는 자료 없음을 의미함.

① 고등학생 수 / ② 성인공부계층 인구수 확보

① 고등학생 수와 ② 성인공부계층 인구수는 어차피 동일한 인구통계자료를 가지고 같은 방식으로 작업하여 연령별로 분류하면 되기 때문에 함께 설명하고자 한다. 독서실/스터디카페를 창업하는 데 있어 고등학생 수를 파악하는 것은 굉장히 중요하다. 고등학생 수 관련 통계 자료를 접하지 못했던 한 지인은 아파트 수가 많은 것만 보고 창업했다가 나중에 알고 보니 사할린 동포를 위해 지어진 아파트라서 고등학생이 별로 없었다. 또 다른 사람은 신도시 지역에 아파트가 많은 것만 믿고 창업을 했는데, 나중에 알고 보니 고등학생은 별로 없고 초등학생만 우글거리는 작은 평수의 아파트들이 대부분이었다. 결국, 그 두 사례의 창업자들은 오래 버티지 못하고 폐업하였다. 그래서 아파트 수보다는 학생 수를 파악하는 것이 무엇보다도 중요하다.

여기에서 고등학생이라 하면 주민등록 인구통계자료에서 16세~18세 인구를 말하고, 성인공부계층 인구수는 19세~30세 인구수를 말한다. 구태여 이를 구분하는 것은 고등학생들이 독서실/스터디카페에 다니는 비율과 성인공부계층이 다니는 비율은 크게 다르기 때문이다. 이를테면, 고등학생의 20%가 독서실/스터디카페를 이용한다면 성인공부계층 인원은 5% 정도나 이용할까 하기 때문이다. 그래서 같은 인원수라도 성인보다는 고등학생 수가 많아야 독서실/스터디카페가 잘될 것이다. 31세 이상 인구 중에서도 독서실/스터디카페를 이용하는 사람들은 꽤 있다. 그러나 인구수 파악에서 제외하는 것은 31세 이상의 성인 이용 비율은 크게 저조하기 때문이다.

그리고 통계에 잡힌 고등학생 수에는 유학 간 학생도 있고, 또 진학을 안 한 학생도 있을 수 있지만, 그 인원수는 통계적으로 무시해도 좋을 만큼 미미한 수준일 것이다. 아래에서는 고등학생 수와 성인공부계층 인구수를 파악하는 방법을 소개하고자 한다.

(a) 통반별/년령별 주민등록인구통계 확보

뭐니 뭐니 해도 반경 300m나 400m 이내의 고등학생 수와, 성인 공부계층 인구수를 파악하려면 먼저 세부 단위인 통반(統班)별, 년령별 인구통계자료가 있어야 한다. 그래야 입지 분석 대상 점포 위치와 해당 통반(統班)과의 거리를 측정하고, 그 범위 내의 인원수를 파악할 수 있기 때문이다. 그런데 이러한 자료는 시군구(市郡區) 홈페이지에 들어가 봐도 나와 있지 않다. 최하 단위가 동(洞)별 단위로만 나와 있는 것이다.

그래서 통반(統班)별, 년령별 인구통계자료를 얻기 위해서는 먼저 정보공개청구를 해야 한다. 정보공개청구는 인터넷 사이트 정보공개(www.open.go.kr) 홈페이지에서도 할 수 있다. 정보공개청구를 하면서 신청 기관을 해당 시군구로 지정하면 시군구에서 해당 동(洞)으로 이송하여 자료를 만들고 정보공개사이트에 내용을 탑재한다. 그러면 청구자는 사이트에 들어가 내려받기를 하면 되는 것이다. 비회원으로도 업무 처리가 가능하지만 여러 위치를 대상으로 입지 분석을 하려면 가능한 한 회원 가입해서 하는 것이 좋다. 그리고 정보공개청구 할 때 "파일 첨부"란에 아예 받아야 할 "견본 양식"을 첨부해 주면 서로 이해하기가 편하다. 책 뒤쪽에 "붙임1", "붙임2", "붙임3"을 첨부하였으니 참고하기 바란다. 만약 인터넷에서 청구를 안 하려면 해당 동(洞) 행정복지센터에 가서 정보공개청구를 하면 된다. 그리고 수령 자료는 재편집해서 사용해야 하므로 반드시 엑셀 자료로 받아야 한다.

그리고 정보공개청구를 할 때 반(班)별까지 요청하면 자료량이 너무 많아서 오히려 불편하다. 통(統)별까지만 받아도 입지 분석하기에는 충분하다. 또한, 정보공개청구를 할 때 아예 한꺼번에 통(統)별 "세대수" 자료와 "통·반 명칭 및 관할 구역(=통·반 편성표)"도 함께 청구하여 받는 것이 좋다. 통·반 편성표는 나중에 입지 분석 대상 점포로부터 해당 통(統)까지의 거리를 측정할 때 꼭 필요한 자료이다.

(b) 통계 자료의 편집 방법

정보공개청구를 통해서 통(統)별, 연령별 주민등록인구 통계 자료를 받았으면 그대로 보기가 쉽지 않다. 즉, 1통(統)에서 0세~최고 연령까지 나이별 인원수가 나오고, 2통에서도, 3통에서도 그렇게 나오기 때문에 전체적 통계 자료로서 보기가 쉽지 않다. 그래서 이를 매트릭스 표로 정리해야 하는데 엑셀 작업으로 하면 쉽게 해결할 수 있다. 먼저 엑셀로 받은 인구통계자료 파일을 연다. 그리고 맨 위쪽에 있는 메뉴 중에서 "삽입"으로 들어가 왼쪽에 있는 메뉴 "피벗테이블"을 선택한다. 그러면 매트릭스 표로 만들 수 있는 양식이 나오는데 이 양식에 수직으로는 연령이 나오도록 하고, 수평 방향으로는 통(統)이 나오도록 매트릭스 표를 구성한 다음 중심부에 인원수 값을 끌어다 붙이면 통별, 연령별 인원수가 매트릭스 표로 나와서 보기에 아주 편하다. 수직으로 통(統)을 구성하고, 수평 방향으로는 연령별로 해도 문제 될 것은 없다. 본인이 보기 편하게 하면 되는 것이다. 편집 작업한 매트릭스 표를 참고로 아래에 붙인다.

〈○○시 ○○동 통별, 연령별 인구통계현황〉

(단위: 명)

통별	고등학생 수				성인공부계층 인원수											
	16세	17세	18세	합계	19세	20세	21세	22세	23세	24세	25세	26세	27세	28세	29세	30세	합계
1통	35	38	36	109	26	25	25	39	19	17	27	20	18	10	8	9	243
2통	30	41	39	110	37	22	26	24	21	13	13	10	16	8	7	8	205
3통	14	11	19	44	10	13	9	7	7	12	6	7	7	2	5	6	91
4통	38	44	40	122	28	38	34	17	23	21	18	12	15	4	6		231
5통	61	68	55	184	37	46	22	31	15	16	15	13	13	15	9	7	239
6통	48	44	42	134	32	26	19	9	21	12	18	21	17	12	8	8	213
7통	63	51	43	157	56	48	32	37	26	25	24	19	17	23	13	12	329
8통	22	22	25	69	32	15	21	14	11	10	15	6	9	4	6	5	148
9통	35	36	26	97	21	20	10	5	6	5	11	6	5	7	3	7	106
10통	49	50	52	151	32	28	15	19	10	16	7	11	7	7	11	9	172
11통	30	34	27	91	16	16	13	14	17	14	19	24	27	18	25	25	228
12통	28	46	21	95	23	21	15	21	15	19	19	12	15	20	18	7	205
총합계	453	485	425	1,363	350	318	241	247	191	180	189	161	166	141	117	109	2,410

위에 제시한 표는 정보공개청구를 통해서 받은 주민등록인구 통계자료를 통(統)별과 연령별로 정리한 표이다. 전체가 12통까지만 있는 조그만 동(洞)의 자료를 예시로 제시한 것인데, 이제 이 자료를 거리별로 정리해야 한다. 즉, 300m 이내에 고등학생 수가 몇 명인지,

400m 이내에는 몇 명인지, 그리고 성인공부계층 인원수는 각각 몇 명인지 알기 위해서이다. 이를 위해서는 먼저 입지 분석 기점과 해당 통(統)까지의 거리를 측정해야 하는데, 구체적인 방법은 아래에서 서술한다. 통(統)의 면적도 상당히 넓기 때문에 어느 위치를 찍느냐에 따라 거리가 크게 달라진다. 그래서 이런 때는 통의 중심부를 기점으로 측정하는 것을 원칙으로 한다. 이것은 단독주택 지역을 측정할 때도 마찬가지이다. 이해를 돕기 위해 아래에 산출한 표를 붙인다.

〈입지분석기점 300~400m 이내 학생수 산출/예시〉

(단위 : 명)

통별	apt명	해당 통의 중심 거리	16~18세 (고등학생수)	300m 이내	400m 이내	400m 초과	19~30세 (성인공부계층)	300m 이내	400m 이내	400m 초과
1통	동아apt	230m	109	109	109		243	243	243	
2통	건영3차	380m	110		110		205		205	
3통	건영2차	350m	44		44		91		91	
4통	우성apt	370m	122		122		231		231	
5통	라이프	290m	184	184	184		239	239	239	
6통	현대apt	640m	134			134	213			213
7통	한신apt	820m	157			157	329			329
8통	금호apt	810m	69			69	148			148
9통	현대1차	620m	97			97	106			106
10통	현대2차	700m	151			151	172			172
11통	대우5차	280m	91	91	91		228	228	228	
12통	대우6차	300m	95	95	95		205	205	205	
총합계			1,363	479	755	608	2,410	915	1,442	968

※ 위 표에는 300m와 400m 이내만 측정했지만, 필요에 따라서는 우세시장이나 목표시장을 설정하여 산출해 볼 수도 있다.

통(統)·반(班) 명칭 및 관할구역표(=통·반 편성표)에는 통별, 반별로 해당 지번과 건물명, 아파트명, 아파트단지 내에서도 아파트 동별로 구분되어 나온다. 이를 바탕으로 입지 분석 대상 점포로부터 거리를 측정하여 어떤 아파트는 인원수에 넣고 어떤 아파트는 제외하는 작업을 한다. 같은 아파트단지에서도 300m 또는 400m 이내에 있는 동은 넣고, 그 밖에 있는 동은 제외한다. 거리 측정은 네이버나 다음 등 인터넷 지도에서 하면 되는데 원칙적으로 직선거리 중심으로 측정하면 된다. 아주 예외적으로 입지 분석 대상 상가 방향으로는 길이 막혀 있어 멀리 돌아다녀야 한다면 길을 따라서 거리를 측정하면 된다. 그렇게 해서 300m와, 400m의 범위를 정하고 그 범위 안의 고등학생 수와 성인공부계층 인구수를 산출하는데, 이는 창업 의사결정을 하는 데 가장 중요한 자료이다.

300~400m 이내의 인원수와 관계없이 창업자가 나름대로 일정 기준을 설정하여 산출해 볼 수도 있다. 이를테면, 창업자 스스로 목표로 하는 시장 범위를 설정해 놓고 그 안의 인원수가 몇 명인지 파악해 보는 것일 수도 있고, 경쟁 독서실/스터디카페와의 이격 거리와 접근성 등을 고려하여 본인의 점포가 지리적으로 우세한 범위가 어디까지인지, 그리고 그 우세 지역 안의 고등학생 수와 성인공부계층 인원수는 몇 명인지 등을 파악해 보는 것이다. 우세시장의 범위를 정할 때는 단순하게 물리적 거리보다도 그 지역의 지리적 특성을 살펴야 한다. 큰 도로나 개천, 담벼락, 철도, 큰 건물 등으로 가로막혀 있는 것은 아닌지 접근성 측면에서 검토하여 우세시장 범위를 정하여야 한다. 과거에 검토했던 300m 이내의 지도와 우세시장을 구분하는 지도를 참고로 붙인다.

〈 입지 분석 대상 점포 기점 300m 범위 〉

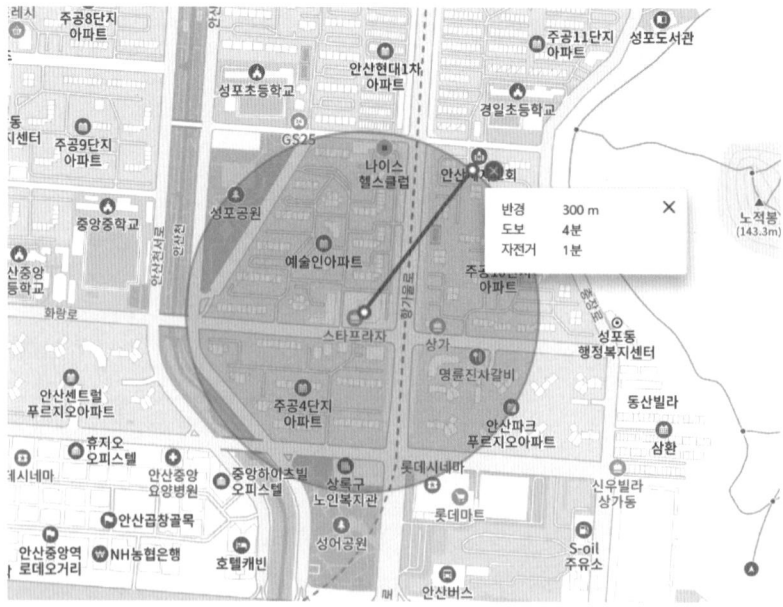

※ 해당 범위 내에 있는 학생수, 세대수 등을 파악하는 것이다.

〈 ○○ 지역 우세시장 구분지도 〉

※ ● 표시는 기존에 있는 다른 독서실/스터디카페 위치 표시
※ ★ 표시는 현재 검토 중인 독서실/스터디카페 점포 위치

이렇게 해서 산출한 고등학생 수, 성인공부계층 인원수 등 중요한 정보는 1/5,000 지도 위에 아파트단지별로 표시해 놓으면 한눈에 보여 의사 결정 하기가 편하다.

오래전 필자가 독서실을 처음 창업할 때의 일이다. 그때 고등학생들을 대상으로 240여 건의 설문 조사를 직접 해 본 적이 있다. 그때 설문 조사의 결과는 고등학생의 16.4%는 1년 내내 독서실에 다닌다는 분석 결과가 나왔다. 그 결과에 따르면 100석짜리 독서실이 1년 내내 만석이 되려면 주변에 고등학생 610명(100석÷16.4%)이 있어야 하고, 전체 인구 중에서 고등학생 연령(16세~18세) 인구 비율이 4.8% 정도이니 그 지역의 전체 인구는 12,708명(610명÷4.8%)이 되어야 한다. 한발 더 나아가 세대수로 환산해 보면 당시 1세대당 3.2명이 산다는 통계가 있었으니까, 이 통계를 적용해 보면 주변에 3,971세대(12,708명÷3.2명)가 있으면 100석짜리 독서실 좌석이 1년 내내 만석일 수 있다는 계산이 나왔다. 그 당시에는 통(統) 단위로 나온 통계 자료도 없었고, 연령별로 나온 인구통계 자료도 없으니 아파트 세대수를 보고 전체 인구수를 추론하고, 전체 인구수에서 고등학생 수를 추론하는 방식으로 통계 자료를 산출하여 사용하였다. 이러한 분석에 기초하여 창업한 독서실은 그야말로 5일 만에 92석을 모두 채우고 다음부터는 예약을 받아야 하는 성공적인 창업이 되었다. 이 분석에서는 고등학생으로만 100석을 채우는 것으로 가정하고 창업을 진행했지만 실제로는 중학생과 성인 이용자들도 있어 더 성황을 이루게 되지 않았나 싶다.

만약에 그때 당시 창업 위치에 다른 경쟁자가 있었다면 분석은 다르게 했을 것이다. 시장을 나누어야 하기 때문이다.

③ 인접 세대수 파악

세대수 자료는 두 가지가 있다. 하나는 정보공개청구를 통해서 받은 행정적 세대수 자료와 다른 하나는 인터넷에서 아파트단지 정보 등을 검색하여 얻은 건축물상의 세대수이다. 인접 세대수를 파악할 때는 정보공개청구를 통해서 받은 세대수를 사용하는 것이 편하다. 왜냐하면 통(統)별로 세대수 자료가 있고 통별 주소가 있기 때문에 위에서 고등학생 수, 성인공부계층 인원수를 파악할 때의 방법 그대로 작업하면 된다. 300m든 400m든 거리의 범위도 같이해야 한다. 엄밀히 말해 행정적 세대수와 건축물상의 세대수는 차이가 있다. 건축물상의 세대수는 그야말로 단순히 아파트 수를 말하지만, 행정적 세대수는 주민등록지로 전입한 세대수를 말한다. 만약 한 아파트에 두 세대가 주민등록지로 전입되어 있다면 행정적 세대수는 두 세대로 나오지만, 주민등록지로 전입한 세대가 없다면 세대수는 없는 것으로 나온다. 그래서 건축물상의 세대수와 행정적 세대수는 약간 차이가 있기는 하지만 그 차이는 미미한 수준이라서 어떤 자료를 사용하더라도 문제가 없다고 본다.

④ 경제력 수준 파악

고기가 있는 곳에 그물을 쳐야 고기를 잡을 수 있고, 돈이 있는 곳에서 사업을 해야 돈을 벌 수 있다고 한다. 경제력을 파악하고자 하는 이유는 독서실/스터디카페를 이용하는 것도 경제력이 어느 정도 영향을 미치기 때문이다. 경제력이라 하면 정확히는 모르더라도 그 동네는 부유한 동네라거나 아니면 못 사는 동네라거나 어느 정도 짐작들은 하고 있다. 그러나 필자는 그 짐작을 넘어 좀 더 확실하게 계량적으로 파악하고 싶어 아파트 평수와 평균 가격을 산출하여 의사결정에 사용하고자 한다.

경제력을 나타내는 정보는 공식적으로 나오는 통계 자료도 있고 여러 가지 방법이 있지만, 필자가 측정하고자 하는 경제력은 특정 시군이나 동(洞) 단위가 아니라 일반적 행정단위보다도 작은 특정 구역을 측정하고자 하는 것이기 때문에 이에 대한 통계 자료는 어디에도 없다. 그래서 필자는 주로 아파트와 주택을 중심으로 아파트 평균 평수와 평균 가격, 전세가 평균 가액을 파악하여 의사 결정에 활용했다. 300m, 400m, 또는 필요에 따라 정한 범위 내의 모든 아파트단지를 대상으로 평수별 세대수를 파악하여 전체 평균 평수를 산출했고 또 매매가와 전세가액도 평균 금액을 산출하여 참고했다.

동일 시군구 내에서는 아무래도 아파트 평수가 큰 곳이, 그리고 가격이 높은 곳이 경제력이 좋을 것이고 자녀를 독서실/스터디카페에 보내는 데 부담이 없을 것이다. 그뿐만 아니라 평수가 작은 평수로 구성된 지역은 아무래도 초등학생 수가 많을 것이고, 큰 평수로 구성된 지역일수록 고등학생 수와 성인공부계층 인원수가 많을 것이다.

아파트 가격 정보는 네이버 부동산 정보나 국민은행의 KB부동산, 국토교통부 실거래가 공개시스템 등 여러 곳에 있는데 어느 한 곳의 정보를 같은 평형대 기준으로 파악하면 된다. 아파트에 대한 가격 정보는 구하기 쉽지만, 연립과 다세대 주택은 인터넷을 뒤져도 별로 없다. 그래서 연립과 다세대 주택은 국토교통부 실거래가 공개시스템에 들어가면 자료를 내려받을 수 있다. 엑셀로 내려받아야 분석 작업하기 좋고 지번과 면적, 거래 시점, 거래 금액 등의 정보를 확보할 수 있다.

소상공인시장진흥공단의 "소상공인 365"에는 지역별 소득 정보와 지출 정보가 나오는데 그 자료가 맞고 틀리고를 떠나 창업 의사 결정을 하는 데 별 도움이 안 된다고 생각한다. 다만, 다른 검토 위치와의 소득을 비교하는 정보로는 활용할 수 있을 것 같다.

언젠가 시장 조사를 하려고 연립과 다세대 주택이 밀집된 지역에 간 적이 있었다. 그런데 그곳의 빵집과 편의점, 식당 등의 사장님들 말에 따르면 그 지역 사람들의 소비 수준이 높다는 말을 했다. 그러면서 그들은 대체로 좋은 집을 사거나 좋은 차를 사려는 욕심은 포기해서인지 그저 그날그날 번 돈을 필요한 만큼 쓰면서 나름대로 풍족하게 살고 있다고 했다. 그러다 보니 그 지역의 소비는 대체로 활발하고 장사도 잘 된다고 했다. 그 지역의 주택 가격은 조사를 해 보지 않아도 짐작할 수 있을 만큼 낮은 수준이었다. 따라서 가난한 동네라고 해서 창업 대상에서 무조건 제외할 것은 아니라고 본다.

⑤ 주거밀집도 계산

나는 고층 아파트 밀집 지역과 4층~5층의 연립이나 다세대 주택들이 밀집된 구역 중에서 어느 쪽이 주거밀집도가 더 높을까? 하는 궁금증이 늘 있었다. 즉, 독서실/스터디카페에 오가는 거리를 생각할 때 아파트 밀집 지역보다는 연립과 다세대 주택 밀집 지역이 훨씬 더 먼 거리를 이동해야 하는 것 아닌가? 하고 생각했다. 그래서 "주거밀집도"라는 개념을 생각하여 계산해 보게 되었다. 그런데, 필자가 밀집도를 계산해 본 결과 연립과 다세대 밀집 지역이라고 해서 아파트 밀집 지역보다 더 먼 거리를 이동해야 하는 것은 아니었다.

아파트 밀집 지역은 고층인 대신 건물 동과 동 간의 거리가 넓고, 또 아파트단지와 단지 사이에 있는 도로의 폭도 넓다. 반면에 연립과 다세대 주택 밀집 지역은 주택과 주택 사이의 거리는 밀착되어 있고 그런 지역은 도로도 좁아서 결과적으로 일정 면적 내에 사는 세대수는 아파트 밀집 지역이나 연립/다세대 주택 지역이나 비슷한 것 같다.

결론적으로 말하면 연립과 다세대 밀집 지역에도 독서실/스터디카페를 창업하면 적어도 거리상의 문제는 없다고 생각한다. 그리고 그런 지역은 의외로 독서실/스터디카페 창업이 상대적으로 적고, 또 일정 규모 이상의 면적을 가진 빈 점포를 찾기가 쉽지 않을 수 있다. 왜냐하면 그런 지역은 건설 당시부터 대규모의 상가나 넓은 면적의 점포 비율은 줄였을 가능성이 있기 때문이다. 따라서 그런 곳에서 창업 위치를 잘만 찾으면 다른 경쟁자를 배제한 상태에서 운영할 기회를 잡을 수도 있을 것이다.

　주거밀집도 계산은 그렇게 어렵지 않다. 먼저 네이버나 다음 사이트 등 면적을 계산할 수 있는 지도를 찾아 들어간다. 그리고 입지 분석 대상 점포를 기점으로 향후 시장으로 예상되는 구역의 면적을 측정한다. 동그란 원이 될 수도 있고, 정사각형이 될 수도 있고, 선을 꺾으면서 범위를 정하다 보면 부정형 모양이 될 수도 있다. 일부 방향이 임야지대나 공장지대, 또는 산이나 도로, 공지 등 주거와 무관한 지역이 있다면 이 부분은 면적에서 제외해야 한다. 그러나 세대수에 포함되는 주거 지역 내부에 위와 같은 비주거시설이 있다면 그것은 모두 면적에 포함해야 한다. 그렇게 해서 해당 범위의 면적이 나오면 다음에는 해당 범위 안에 있는 세대수를 산출해야 한다. 아파트 지역 세대수는 앞에서 산출한 아파트단지별 세대수 자료를 사용하고, 연립 및 다세대 주택 지역은 정보공개청구를 통해서 확보한 통(統)별 세대수 자료를 사용한다. 그렇게 해서 나온 면적과 세대수를 가지고 주거밀집도를 계산한다. 주거밀집도=면적÷세대수이다. 즉, 한세대 당 평균 몇m^2 면적을 점유하고 있는지 파악하는 것이다. 한 세대당 점유 면적이 넓으면 주거밀집도가 낮은 것이고 점유 면적이 작으면 주거밀집도가 높은 것이다. 다시 말해 주거밀집도가 높으면 집이 빽빽하게 들어서서 많은 세대가 살고 있고 따라서 주택 간의 거리는 짧다는 것이다. 아래에 임의로 선택한 아파트 밀집 지역과 연립/다세대 밀집 지역의 주거밀집도를 계산한 사례를 붙인다.

〈AA지역 밀집도 계산사례(아파트 밀집지역)〉

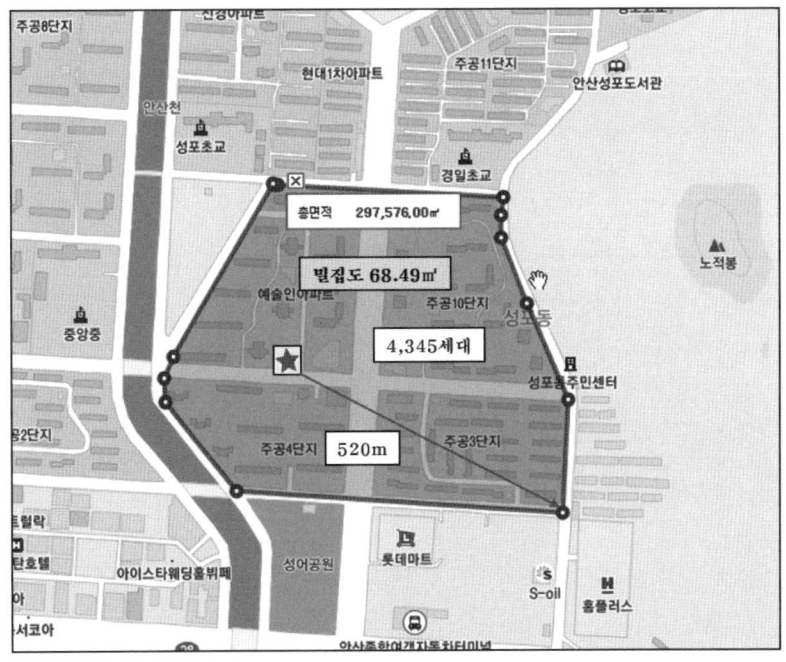

★ 표는 입지 분석 대상 위치임.
▷ 주거밀집도 계산을 위한 범위 선정 → 면적 측정(297,576㎡)
▷ 해당 범위 내 세대수 파악(4,345세대)
▷ 주거밀집도 계산=68.49㎡(297,576㎡÷4,345세대)

입지 선택 방법

〈BB지역 밀집도 계산 사례(연립과 다세대 주택 밀집 지역)〉

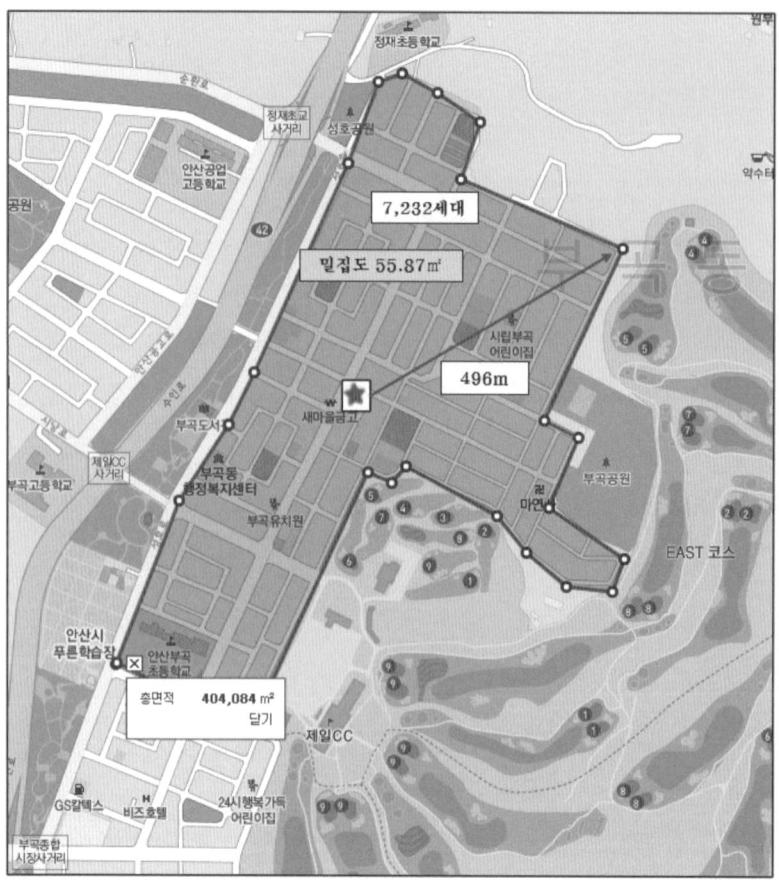

⭐ 표는 입지 분석 대상 위치임.
※ 주거밀집도 계산=55.87㎡=404,084㎡÷7,232세대

    위에서 아파트 밀집 지역과 연립 및 다세대 밀집 지역의 주거밀집도를 계산한 사례로는 아파트 밀집 지역의 주거밀집도는 68.49㎡, 연립 및 다세대 밀집 지역의 주거밀집도는 55.8㎡이다. 아파트 밀

집 지역의 주거밀집도는 낮고 연립 및 다세대 밀집 지역의 주거밀집도가 오히려 높다. 따라서 독서실/스터디카페에 오가는 이동 거리를 생각할 때 아파트 밀집 지역에 비해 연립 및 다세대 주택지역이 짧을 수 있다는 것이다. 우리가 오해하는 것은 아파트 밀집 지역은 건물이 위로 높게 뻗어 있으니까 왠지 물리적 이동 거리는 짧을 것 같고, 저층의 주택들이 있는 곳은 옆으로 넓게 퍼져 있으니까 먼 거리를 이동해야만 할 것으로 착각하게 되는 것 같다.

위 그림에서 화살표 표시는 입지 분석 대상 위치에서 주거밀집도 계산을 위해 정한 범위 중 가장 먼 지점을 찍어서 직선거리를 잰 것이다. 아파트 밀집 지역은 520m, 연립/다세대 밀집 지역은 496m이다. 아파트 밀집 지역이 24m 더 멀게 나온다. 하지만 큰 의미가 있다고 보진 않는다. 24m 정도의 차이는 찍는 지점에 따라 발생할 수 있는 오차이기 때문이다. 단지 여기에서 말하고자 하는 것은 연립/다세대 밀집 지역이라고 해서 먼 거리를 이동해야 하고 그래서 독서실/스터디카페 창업 입지로서 나쁜 지역이라고 생각할 문제는 아니라는 것이다. 단, 연립/다세대 밀집 지역에서 창업 시 주의할 것은 독서실/스터디카페에 오가는 거리에 유흥가는 없는지, 거리가 너무 음침하지는 않은지, 가로등이나 상가의 간판들은 거리를 밝히고 있는지 등에 대해서는 고려해야 할 점이다.

ⓒ 인근 고등학교 학업성취도 파악

창업 예상 지역의 학생들이 많이 다니는 고등학교나 또는 창업 예상 위치로부터 가까운 고등학교 2~3곳을 대상으로 학업 성취도를 알아본다. 아무래도 그 지역 학생들이 공부를 잘해야 독서실/스터디카페를 이용할 가능성도 높아지기 때문이다. 학업 성취도(즉, 시험 평가점수)는 한국교육학술정보원에서 운영하는 학교알리미(www.schoolinfo.go.kr)에 들어가서 해당 고등학교를 검색하고 공시정보 → 학업성취사항 → 교과별 학업성취 사항을 찾아보면 학생들의 과목별 성적 현황을 볼 수 있다. 이 자료를 보면 전 과목에 대한 학생들 평균 점수 자료가 공개되어 있는데 전체 과목을 대상으로 할 필요는 없다. 전체 과목 속에는 체육 과목이나 음악, 미술 과목 등의 점수가 포함되어 있는데 예체능 과목 등은 제외하고 국어, 영어, 수학 등 주요 과목 중심으로 평균 점수를 산출하여 비교한다. 그렇게 몇 개 고등학교를 비교해 보면 해당 고등학교의 학업성취도 수준을 알 수 있을 것이다.

좀 더 정확하게 하기 위해서는 1, 2, 3학년에 대해 1학기, 2학기를 모두 다 비교 평가해 볼 수도 있겠지만 2학년이나 3학년만을 대상으로 한 학기만 평가해 봐도 해당 고등학교의 학업 성취도 수준을 평가하는 데는 문제가 없을 것이다. 2017년 이전에는 국가 수준 학업 성취도라는 자료를 공개해서 이 자료를 기초로 고등학교 학업 성취도를 비교 평가 했는데 지금은 공개하지 않고 있어 자료를 구할 수가 없다. 국가 수준 학업 성취도는 수능 시험처럼 국가에서 문제를 출제하고 국가 주도로 시험을 치르기 때문에 각 고등학교별 학업 성취도를 평가하는 데 아주 적합한 자료로 사용하였다. 그러나 지금 학교알리미에 공개되어 있는 학교별 학업 성취도는 해당 고등학교에서 출제한 시험 문제를 치르고 나온 결과이다. 따라서 각 고등학교의 시험 문제에는 난이도 차이가 있을 수 있고 학업 성취도 역시 다르게 나올 수 있다. 하지만, 그것이 학생들의 실력 수준을 평가하는 데 별로 문제가 되지는 않을 것이다. 왜냐하면 선생님들도 문제를 마냥 쉽게 또는 마냥 어렵게 낼 수 없기 때문이다.

⑦ 예상 경쟁업체 이격 거리

우선 창업 후에 예상 경쟁업체에 대한 정보를 알아야 한다. 당연한 일이지만 지금 입지 분석하는 위치에 창업했을 경우 예상 경쟁업체 수가 몇인지, 위치는 어디인지, 거리는 얼마나 떨어져 있는지, 그 업체는 최근에 생겨난 것인지 오래된 시설인지 등등을 확인해 보고 나름대로 위험성을 평가해 봐야 할 것이다. 만약, 거리가 가깝고 시설도 최근에 한 시설이라면 그런 곳은 피하는 게 좋을 것이다. 그리고 창업을 검토하고 있는 위치가 여러 곳이고 다른 조건이 비슷비슷하다면 이격 거리가 먼 곳이 좋지 않겠는가?

⑧ 인근 독서실 요금 조사

그리고 주변 업체들이 요금을 얼마나 받고 있는지 미리 조사해야 한다. 인테리어 공사를 모두 하고 나서 오픈 시점에 맞추어 조사하면 된다고 생각하는 사람도 있는데, 그것보다는 미리 조사하여 창업 의사 결정에 반영해야 한다. 즉, 주변 업체의 요금을 보고 그 요금을 기초로 본인 업체의 요금을 결정하고 그 요금을 기초로 사업 계획을 수립해 보아야 한다. 사업 계획을 수립해 보았는데 만약 적정 이윤이 나오지 않는다면 어떻게 할 것인가? 창업을 포기할 것인가? 아니면 요금을 올려서 적정 이윤을 맞출 것인가? 이러한 것들에 대한 고민이 있어야 한다.

⑨ 빈 점포 확보의 용이성

창업하고 나서 사업이 잘되다 보면 가장 우려스러운 것이 주변에 경쟁업체가 생기지 않을까 하는 걱정이다. 주변에 공실이 많으면 누군가 주의 깊게 지켜보고 있다가 새롭게 차릴 가능성이 있기 때문이다. 그래서 여기에서 "빈 점포 확보의 용이성"이란 현재 입지 분석하고 있는 점포 이외의 점포를 다른 사람들이 쉽게 확보할 수 있을지, 없을지를 알아보고자 하는 것이다. 공실이 많은 곳은 가능한 한 피하는 것이 좋다. 공실이라 해도 1층에 있는 공실이나 2층 이상에 있어도 35평대 이하의 작은 평수의 공실은 크게 우려할 사항은 아니다. 그리고 주변이 소란한 환경이거나 냄새나는 환경, 극히 노후화된 건물에 있는 공실 등은 학생들이 이용하는 공간으로서 적합하지 않기 때문에 크게 신경 쓰지 않아도 될 것이다.

사실 창업할 때는 주변에 공실이 없었다고 해도 1년, 2년 세월이 지나다 보면 주변에 이런저런 업체들이 폐업하게 되고 공실이 생겨 독서실/스터디카페가 생기기도 한다. 1~2년 후 공실을 고려하면서까지 창업을 결정할 수는 없다 하더라도 적어도 지금의 공실은 고려

해야 한다. 사실 필자는 공실뿐만이 아니라 공터만 있어도 피한 적
이 있다. 독서실 차릴 곳이 많았던 시절의 이야기이긴 하다. 경험상
상가 지역에 공터가 있으면 언젠가는 그곳에 상가건물이 신축되고,
그러면 그 상가에 어떤 업체가 입점하게 될지, 혹시 독서실/스터디
카페가 들어오지 않을까 하고 빈 점포가 없어질 때까지 무척이나 신
경 쓰이기 때문이다.

⑩ 인근 업체 월평균 매출액

　인근 업체의 월평균 매출액은 과거에는 전혀 나오지 않던 정보이
다. 그래서 위의 "입지 분석 요약표"에서도 공란으로 두었다. 매출
정보는 위에서 소개했듯이 소상공인시장진흥공단의 소상공인 365
나 오픈업 사이트에서 매출 자료를 구하여 반영한다. 검색할 업종
과 지역적 범위를 정하여 검색하면 매출 정보가 나오는데 소상공인
365에서는 그 지역 동일 업종의 월평균 매출액이 나오고, 오픈업
에서는 해당 업체의 매출액이 나오는데 최고 매출액과 최저 매출액
으로 매출액 범위가 나온다. 오픈업에서는 특정 업체의 매출 정보
가 나오기 때문에 해당 업체에서 노출 제외 요청을 하면 제외하고 있
고, 또 어떤 경우는 업체 정보 자체가 아예 탑재되지 않은 곳도 있
다. 그로 인해 검색해도 안 나오는 업체가 있다. 서울시 상권분석서
비스에서도 정보를 제공하니 참고하기 바란다. "소상공인 365"에서
는 특정 카드사들의 카드 결제 실적을 바탕으로 산출하는데 정보제
공 카드사들의 점유 비율과 현금 수수 비율까지 보정하여 전체 매출

액을 추정하여 제공한다. 그리고 오픈업에서는 AI 기술, 빅데이터와 딥러닝 기술 등을 활용하여 매출액을 추정하는데 현금이나 지역화폐 사용량, 매출 통계 데이터의 양에 따라 오차가 크게 생기기도 한다. 따라서 매출의 절댓값보다는 매출의 추이를 파악하는 데 더 유용할 것 같다. 그리고 그렇게 확보한 매출액은 입지 분석 대상 위치를 기점으로 한 매출액이 아니고, 300~400m 밖에서 일어난 타 업체의 매출이라는 점을 알아야 한다. 즉, 300~400m 내부에서 일어난 매출은 아직 전혀 알 수가 없고, 그 내부의 환경에 따라 매출이 커질 수도 작아질 수도 있다는 것이다. 그러다 보니 매출과 밀접하게 관련이 있는 고등학생 수와 성인공부계층 인구수 등을 파악하여 매출액 수준을 미루어 짐작해 보려는 것이다. 또한, 매출 정보는 동일한 사이트의 매출 정보를 사용해야 서로 비교하는 데 유용할 것이다. 이를테면, 위 양식에서 "기준위치"와 "분석위치1", "분석위치2"의 자료를 소상공인진흥공단의 소상공인 365 자료를 쓰던 오픈업 자료를 쓰던 같은 사이트의 매출 정보를 써야 한다는 것이다.

그리고 위에서도 여러 번 거론 했지만 특정 독서실/스터디카페의 매출 정보를 그대로 믿기는 어려운 점이 있다는 것을 이해하기 바란다.

3) 공부 연령층 장기 인구 분석 추이

독서실/스터디카페를 창업하게 되면 1~2년 하고 말 것은 아니다. 향후 5년, 10년을 내다보면서 창업하기 때문에 주 고객층의 인구가 장기적으로 어떻게 변하는지 알아보는 것도 중요하다. 위 79페이지에서 제시한 "독서실/스터디카페 입지 분석(요약표)"의 분석 항목은 모두 현재 시점에 대한 통계일 뿐 미래에 대한 자료는 아무것도 없다. 그래서 아래에 붙인 "10년간 고등학생 인원수 변화 추이"는 분석 항목 중에서도 가장 중요한 인구수에 대해서 5년, 10년 후에 어떻게 변화하는지 보고자 하는 것이다.

〈10년간 고등학생 인원수 변화추이/예시〉

현재 나이	현재 인구수	고등학생(16세~18세)수										
		현재	1년후	2년후	3년후	4년후	5년후	6년후	7년후	8년후	9년후	10년후
6세	173											
7세	156											487
8세	158										485	
9세	171									494		
10세	165								502			
11세	166							483				
12세	152						482					
13세	164					511						
14세	195				548							
15세	189			580								
16세	196		637									
17세	252	760										
18세	312											
현재대비 감소인원		0	-123	-180	-212	-249	-278	-277	-258	-266	-275	-273
현재대비 감소비율		0.0%	-16.2%	-23.7%	-27.9%	-32.8%	-36.6%	-36.4%	-33.9%	-35.0%	-36.2%	-35.9%

※ 현재 인원이 10년간 전입과 전출 없이 그대로 유지된다는 가정하에 산출.

위 표에서 제시한 장기적 인구 자료는 창업 의사 결정에도 도움이 되지만 창업 이후에도 운영 중인 독서실/스터디카페를 매각하는 등 의사 결정을 하는 데도 필요한 자료이다. 지금은 사업이 잘 된다고 해도 몇 년 후에 주 고객층의 인구가 어떻게 변화하고 있는지, 또 급속히 감소하고 있는 것은 아닌지 미리미리 파악해 보는 것은 아주 중요하다.

위 표에서는 고등학생 수만 예시적으로 작성했으나 실제 의사 결정에 활용하기 위해서는 성인공부계층 인구수나 300~400m 이내 인구수 등으로 자료를 좀 더 세부적으로 파악하여 의사 결정에 활용해야 할 것이다. 자료를 추정하는 것은 어렵지 않다. 지금 6살짜리 인구수는 10년 후에는 16살짜리 고등학생 1학년 인구수가 되고, 7살짜리는 17살 고등학교 2학년 인구수가 되는 것이다. 전입이나 전출이 전혀 없는 것으로 가정하고 단순하게 계산을 한다. 물론, 그 지역의 전입률이나 전출률을 반영하여 산출할 수도 있으나 그렇게까지 할 필요는 없을 것 같다.

요즘같이 출산율이 낮은 상황에서는 20%~30% 감소하는 것은 일반적인 현상인 것 같다. 위 표는 2018년을 현재 시점으로 작성된 자료인데 5년 후 32.8%, 10년 후에는 35.9% 감소하는 것으로 나타나고 있다.

4. 입지 분석 자료의 해석

위에 나온 입지 분석 항목별 정보를 어렵게 수집해 놓고도 사실 이러한 정보가 어떤 의미가 있는지 잘 알 수가 없을 것이다. 도대체 고등학생 수가 몇 명이 있어야 좋은 것인지, 성인공부계층 인원수는 몇 명 이상이어야 하는지 등에 대한 판단 근거가 없는 것이다. 필자는 여러 개의 독서실을 해 보았고, 그때마다 입지 분석을 했기 때문에 그중에서 가장 잘되는 독서실의 입지 분석 자료와 비교 평가 하면서 이 위치는 좋다든가 또는 나쁘다든가 하는 평가를 할 수 있었다. 그런데 독자들은 아직 그렇게 비교 기준으로 삼을 만한 독서실/스터디카페의 통계 자료를 갖고 있지 않다. 그렇다고 필자가 예전에 사용하던 통계 자료를 기준으로 제시할 수도 없다. 왜냐하면 그때와는 상황이 너무나 많이 바뀌었기 때문이다. 그래도 만약 위 분석 항목 중에서 딱 하나만 찍어서 말하라고 한다면 400m 이내의 고등학생 수(16세~18세 인구)와 우세시장 내의 고등학생 수가 각각 500명이 넘는 수준이면 좋은 위치라고 생각한다.

그러나 필자가 하나의 좋은 위치 기준을 제시하기보다는 조금 번거롭더라도 예비 창업자의 창업 시점과 창업 지역에서 잘되는 독서실/스터디카페를 하나 찾아서 그 업체를 기준 업체로 삼고 통계 자료를 모으고 비교 분석하여 의사 결정을 하는 것이 좀 더 합리적이라고 생각한다. 그래서, 아래에서는 그 기준업체를 찾는 방법을 소개하고자 한다.

1) 기준 독서실/스터디카페를 찾는 방법

 간단하게 말해서 잘되는 독서실/스터디카페를 찾는 것이다. 찾은 다음에는 그 독서실/스터디카페를 대상으로 위에서 제시한 방법대로 입지 분석 작업을 실행한다. 그러면 잘되는 독서실/스터디카페의 통계 자료가 어떤 모습을 하고 있는지 알 수 있을 것이고, 본인의 창업 대상 점포의 통계 자료와 비교 분석해 보면서 창업 의사 결정을 하는 것이다.

 기준으로 삼고자 하는 독서실/스터디카페의 위치가 반드시 인근에 있을 필요는 없다. 대체로 비슷한 경제적 수준이나 비슷한 생활권 내에서 찾는다면 시군구(市郡區)가 다르더라도 큰 문제가 없을 것으로 본다. 잘되는 독서실/스터디카페야 누구에게 들어서 알 수도 있고, 관심이 있으면 오고 가면서 분위기상 알 수도 있을 것이다. 하지만 필자는 잘되는 독서실/스터디카페 찾는 방법을 나름대로 설명해 보고자 한다.

 먼저 네이버나 다음에 들어가서 해당 지역 동명과 함께 독서실 또는 스터디카페를 검색하면 플레이스 영역에 그 지역의 독서실과 스터디카페들이 검색될 것이다. 그러면 해당 독서실/스터디카페 들어가서 내용을 샅샅이 뒤져 본다. 대체로 예약과 관련된 내용이 많으면 잘되는 곳이고, 할인 행사를 한다거나 이런저런 이벤트가 많으면 잘되는 곳은 아니라고 보는 게 맞다.

 다음에는 전화를 걸어 궁금한 사항을 물어보면서 좌석을 예약해야 하는지, 언제라도 가면 좌석은 있는지, 할인은 되는지 등등에 대해 알아본다. 그렇게 해서 좀 더 알아봐야 할 대상 독서실/스터디카페가 정해지면 그 독서실/스터디카페를 직접 방문해 본다. 요즘은 대부분 무인으로 되어 있어서 키오스크에서 휴대폰 번호와 생년월일 정도 입력한 다음 몇천 원 결제하면 들어갈 수 있다. 들어가서 분위기나 학생들이 얼마나 많이 눈에 띄는지 등을 보면서 내부 시설도 유심히 관찰해 본다. 처음에는 아무런 느낌도 없을 것이다. 하지만 이 업체 저 업체 다니다 보면 어느 곳이 활성화되어 있는지, 침체되어 있는지 정도는 감이 올 것이다.

그렇게 해서 독서실/스터디카페를 한 번이라도 이용하면 자동으로 회원가입이 된 것인데, 많은 독서실/스터디카페들이 스마트폰에 앱을 설치할 수 있도록 개발해 놓았다. 이 앱을 설치하면 예약도 할 수 있고, 언제 어디에서나 그 독서실/스터디카페의 좌석 이용 현황을 볼 수가 있다. 그리고 프로그램 개발 업체마다 조금씩 다르겠지만 현재 좌석을 이용하고 있는 학생이 고정석인지, 시간권인지, 기간권이나 정액권인지 등을 알 수 있도록 해 놓았다. 고정석 같은 경우는 전체 좌석 수 중에서 몇 석이 등록되어 있고 몇 석이 비어 있는지 알 수 있다. 비어 있는 좌석은 다른 사람이 등록할 수 있도록 색깔로 표시되어 있기 때문이다. 시간권, 기간권, 정액권 등은 전체 등록자 수는 알 수가 없고, 단지 앱을 보고 있는 그 시점에 독서실/스터디카페에 들어와서 공부하고 있는 이용 인원은 알 수 있다. 그래서 볼 때마다 다른 업체와 비교하여 이용 인원이 많다면 그곳은 잘되는 곳으로 보면 된다.

처음에는 잘 모르겠지만 반복적으로 보다 보면 어디가 잘되고, 어디가 안 되는지 정도는 감을 잡을 수가 있을 것이다. 대체로 독서실/스터디카페는 낮에 이용하는 사람은 많지 않다. 낮에는 대부분 좌석이 비어 있는 것처럼 보일 것이다. 물론 지정석 중심으로 운영하는 독서실에서는 현재 좌석을 이용하고 있지 않더라도 누군가 그 좌석에 등록되어 있다면 이용 중인 좌석으로 나온다. 그래서 독서실은 휴대폰 앱이나 키오스크에서 보면 학생들이 많이 있는 것처럼 보일 것이다. 현재 이 순간은 이용하지는 않고 있어도 실제로는 돈을 받고 판매한 좌석이기 때문에 그렇게 표시하는 것이다. 대신 지정석 요금을 시간당으로 환산해 보면 무척이나 싸다. 만약 월 180,000원을 받는 독서실이 있다고 하면 시간당 요금은 250원(180,000÷720시간/월)이다. 스터디카페에 비해 무척이나 싼 요금이다. 반면에 스터디카페는 휴대폰 앱이나 키오스크에서 보면 이용 인원이 매우 적은 것으로 보일 것이다. 이런 점을 고려하면서 그 독서실/스터디카페가 잘되는지 안 되는지 판단해야 할 것이다. 만약 시간권 중심으로 운영하는 스터디카페에서 좌석이 70석이고, 시간당 1,200원을 받는다면 1시간 매출액은 84,000원이고 하루 매출액은 2,016,000원, 한 달이면 60,480,000원이 된다. 이론적으로는 가능한 매출액이지만 실제로는 있을 수가 없다. 만약 실제 매출액이 12,096,000원이라면 어떤가? 꽤 잘되는 스터디카페로 인정받지 않겠는가? 그런데도 좌석은 20%만 이용하고 80%는 비어 있는 것처럼 보일 것이다. 만약 어떤 업체가 갈 때마다 평균 20% 정도 차 있는 정도로 보인다면 그곳은 잘되는 스터디카페로 보면 될 것이다. 물론 요금 수준에 따라, 그리고 스터디카페 규모에 따라 다르기는 할 것이다.

일반적으로 독서실/스터디카페는 저녁을 먹고 나서 공부하러 오는 경우가 많다. 저녁 시간대에 이용 인원이 30~40% 이상이면 잘 되는 곳으로 보면 되지 않을까 싶다. 물론 중·고등학교 학생들 시험 기간에는 그보다 훨씬 많은 학생이 몰려든다. 그런 예외적인 기간은 제외하고 보아야 한다. 스마트폰에 앱을 설치하지 않는 독서실/스터디카페의 경우에는 그 독서실/스터디카페를 자주 방문하여 키오스크를 보면 몇 자리가 차 있고 몇 자리가 비어 있는지 등을 색상으로 구분하여 쉽게 알 수 있다. 이렇게 시차를 두고 반복해서 조사해 나가다 보면 그곳이 잘되는 업체인지 안 되는 업체인지 감을 잡을 수 있을 것이다.

그렇게 해서 선택된 업체에 대해서 좀 더 확인해 보고 싶다면 시장조사 사이트인 오픈업(www.openub.com)에 들어가서 원하는 지역과 원하는 업종, 원하는 업체를 검색하면 최저 매출액과 최고 매출액을 확인할 수 있다. 그뿐만 아니라 소상공인시장진흥공단의 소상공인 365에 들어가면 특정 범위 내에 있는 업체들의 월평균 매출액 자료가 나온다. 두 사이트 간에 매출은 일치하지 않는다. 매출을 추정하는 기준 차이도 있을 것이고, 오류도 있을 것이다. 따라서 이 자료들을 믿을 수는 없지만 적어도 앞서의 다른 방법으로 조사한 결과와 같은지 여부는 확인할 수 있을 것이다.

따라서 이런저런 자료들을 모아 분석해 나가다 보면 어느 정도 진실에 가까운 매출 정보를 알 수 있지 않을까 생각한다. 만약 매출은 모를지라도 그 독서실/스터디카페가 잘되고 있는지, 안 되는지는 어느 정도 확신할 수 있다고 생각한다. 그렇게 해서 기준 업체를 찾았으면 그 기준 업체를 대상으로 입지 분석 항목별 통계 자료를 만들고 본인의 창업 위치에 대한 입지 분석 통계 자료와 비교 분석을 해 본다.

2) 분석 항목 간 중요도 문제

기준업체를 찾아서 입지 분석 항목별 통계 자료를 작성하고, 창업 예정 점포에 대한 입지 분석도 완료하여 통계 자료를 상호 비교해 봤는데, 어떤 항목은 기준 업체가 좋고 어떤 항목은 본인 점포 위치의 통계 자료가 좋은데 이를 어떻게 해석할 것인가?

그런 경우 분석 항목 간에 중요도를 따지면서 결정해야 할 것이다. 중요도를 결정하는 핵심 요인은 어디까지나 어떤 입지 분석 항목이 독서실/스터디카페에 공부하러 오는 학생들과 연관성이 높을 것인가 하는 관점에서 결정해야 한다. 그렇다고 해도 사람마다 중요하다고 생각하는 입지 분석 항목은 다를 수 있다. 어떤 사람은 고등학생 수가 제일 중요하다고 생각하는 반면, 어떤 사람은 성인공부계층 인원수나 학업 성취도가 제일 중요하다고 생각하는 사람도 있을 것이다. 그래서 아래에는 필자가 생각하고 이제까지 해석해 온 관점에서 중요도를 설명해 보고자 한다.

첫 번째로 중요한 분석 항목은 고등학생 수(16~18세)이다. 그중에서도 400m보다는 300m 이내의 학생 수 즉, 가까운 지역의 통계일수록 더 중요하다고 생각한다. 아무래도 고등학생은 독서실/스터디카페 이용의 주류를 이루고 있기 때문에 고등학생 수가 제일 중요하다고 생각한다.

두 번째 중요한 항목은 성인공부계층 인구수(19~30세)인데, 이것도 역시 가까운 지역의 통계 숫자가 더 중요하다. 대부분 고등학생 수와 성인공부계층 인구수는 기준 업체와 비교해 보면 같은 방향으로 조사 결과가 나오는 경우가 많다.

세 번째는 경제력을 꼽고 싶다. 아무래도 경제력이 바탕이 되어야 독서실/스터디카페도 쉽게 등록하지 않겠는가. 그뿐만이 아니라 교육열도 경제력과 비례한다고 본다.

네 번째는 인근 고등학교의 학업성취도 수준을 꼽고 싶다. 아무래도 공부 잘하는 학생들이 많아야 독서실/스터디카페에도 많이 다닐 것이기 때문이다. 대체로 보면 특수목적고나 외고가 아니라면 일반고는 수준이 비슷한 것 같다. 학업 성취도가 중요한 항목이긴 하지만 일반적으로 고등학교 간에 차이는 크지 않다는 것이다.

다섯 번째는 주거밀집도를 꼽고 싶다. 주거가 밀집되어 있다는 것은 결국, 가까운 거리에서 독서실/스터디카페에 올 수 인원이 많다는 것이다. 가까우면 아무래도 더 많이 다니지 않겠는가? 이는 아파트 밀집 지역과 연립 및 다세대 밀집 지역을 비교하면서 선택할 때 유용하리라고 본다.

다음은 경쟁업체 수와 이격 거리, 요금 수준, 빈 점포 확보의 용이성 등의 해석이다. 이것들은 통계 숫자는 아니나 창업 의사 결정에 꼭 필요한 정보이다. 통계상으로 아무리 좋은 위치라 해도 주변에 빈 점포가 많아 누군가 쉽게 따라서 창업할 것 같은 위치라면 결정하기가 쉽지 않다. 따라서 위 세 가지 정보는 해석의 문제라기보다는 판단의 문제이다. 이격 거리는 실제 몇 m인지, 지형과는 관련이 없는지, 경쟁업체의 요금 수준이 낮더라도 그 업체가 너무 낡지는 않았는지, 빈 점포가 많아도 독서실/스터디카페를 창업할 만한 점포들인지 등등에 대해 예비 창업자가 스스로 판단해야 한다.

 만약, 중요도가 높은 분석 항목은 기준 업체와 비교하여 통계 숫자가 좋은데, 중요도가 낮은 항목은 나쁘다면 크게 신경 쓰지 않아도 될 것이다. 그러나 그 반대의 경우라면 신경을 쓰고 봐야 한다. 그것도 통계 숫자의 차이가 미미한 정도라면 문제가 없겠지만, 만약 차이가 크다면 그게 어떤 분석 항목인지, 300m 이내는 어떤지, 400m 이내는 어떤지, 또 우세시장은 어떤지 등을 구분하여 보아야 한다. 만약 모든 통계 숫자가 나쁘게 나온다면 그곳은 창업할 위치가 아니라고 보는 것이 타당할 것이다.

 만약 그런 점포가 창업자 본인의 점포라서 임대료도 안 나가고, 또 점포가 계속 공실로 있어 무엇이라도 해 보겠다는 것이라면, 입지 분석 결과와 관계없이 창업할 수도 있을 것이다.

 결론적으로 위의 모든 통계 자료에도 불구하고 결국은 사람이 결정해야 한다. 아무리 좋은 통계 자료가 나왔다고 하더라도 결정하기가 좀 수월할 뿐이지 결정해 주는 것은 아니다. 자료를 보고 또 보고 고민하고 생각하다 보면 분석 항목에 나와 있는 통계 자료는 물론 시장 조사 하면서 이것저것 알게 된 정보까지 모든 것을 우리 두뇌 속에서 종합하여 훌륭한 결정을 내리게 할 것이다.

사실 예전에 가까운 친척이 독서실 창업 입지를 잡아 달라고 해서 잡아 준 적이 있었다. 그곳은 통계 자료상 상당히 좋은 위치였는데, 주변에 독서실을 창업할 만한 크기의 공실이 두 군데가 있어 적극적으로 권하지 못하고 있었다. 그러던 터에 그 친척은 마음이 급했던지 입지 분석 했던 그 상가를 계약 체결했다는 연락을 받았다. 그래서 그곳에 독서실을 창업하게 되었고, 사업도 10여 일이 지나기도 전에 좌석을 모두 채울 만큼 아주 잘되었다. 그 덕분에 필자는 친척들로부터 좋은 평가를 받게 되었고, 산삼 등 귀한 선물을 받기도 했다. 그런데 1년이 되기도 전에 주변의 공실 점포에 경쟁 독서실이 생기는 바람에 매출이 많이 떨어졌다. 그래도 다행인 것은 워낙 좋은 위치였기에 매출이 반 토막까지 떨어지진 않아 그런대로 수익을 내면서 운영할 수 있었다는 것이다.

5. 시장의 반응을 미리 알아보기

위에서 제시한 방법에 따라 그대로 입지 분석을 하였다. 그리고 통계 자료도 꽤 만족스럽게 나왔다. 그런데도 무언가 찜찜하여 망설여지고 쉽사리 결정을 내릴 수가 없다. 이럴 때 한 번 더 시도해 볼 것이 있다. 아래에서 설명하는 현수막을 걸어 보는 것과 설문 조사를 해 보는 것이다. 필자도 그런 때가 있어 설문 조사를 해 본 적이 있

었는데, 인근에 독서실이 생기면 "다닐 것이다"라는 응답이 71.0%
가 나왔었다. 그러다 보니 갑자기 자신감이 생기고 창업하는데 동력
이 생기는 것을 느꼈다.

1) 현수막 걸어 보기

위에서 제시한 방법으로 입지 분석 작업을 했든 안 했든 관계없이 그 위치에 대해 수요자들의 반응을 알아보는 방법이 있다. 임대차 계약을 체결하기 전에 현수막을 붙여 보는 것이다. 건물주에게 양해를 구할 수만 있다면 해당 건물에 부착하면 좋겠지만 그럴 수 없다면 인근의 다른 곳에 부착해 보는 것이다. 현수막에는 독서실/스터디 카페를 오픈한다는 내용과 예약 접수 전화번호, 건물의 위치 정도만 표시한다. 계약도 안 했는데 건물의 호실까지 표시하는 것은 좀 곤란하지 않겠는가?

그렇게 해서 시장의 반응을 살펴보는 것이다. 어떤 사람은 언제 오픈하냐고 물을 것이고, 어떤 학생은 예약해 달라고 하기도 할 것이고, 독서실/스터디카페가 멀어서 불편했는데 잘되었다고 하는 사람도 있을 것이다. 그중에는 다른 독서실/스터디카페의 사장이 전화할 수도 있다. 아무튼, 이런저런 반응을 살펴보고자 하는 것이다. 필자가 생각할 때 가장 안 좋은 징조는 아무런 반응이 없는 것이라고 생각한다.

그러면 현수막을 붙여 시장의 반응을 알아는 보았는데, 대체 어느 정도의 예약을 받아야 하고 어떤 반응이 나와야 좋은지 그 기준을 묻

는다면 필자도 잘 모른다. 단지, 예약 건수, 전화 받는 횟수, 상대방의 질문과 반응 등을 보면서 이제까지 모르던 정보를 알게 될 것이고 그러면서 예비 창업자는 창업 성공 여부를 느낄 수 있다고 본다.

그리고 현수막을 붙이는 시점에도 유념해야 한다. 일반적으로 매년 11월에는 수학능력시험도 끝나고 12월은 크리스마스와 신년 분위기 때문에 젊은 층들은 들뜬 분위기 속에 휩쓸려가는 시기이다. 그런 시점에는 현수막을 붙여 본들 반응이 신통치 않을 수 있기 때문이다.

필자는 사실 상가를 계약하기 전에 현수막을 걸어 본 적은 없다. 그때는 그런 아이디어가 없었다. 다만 상가를 계약하고 나서 공사를 시작하기 전부터 오픈할 때까지 약 2개월 정도 내 걸었는데 전화 온 건수는 모르겠고 예약은 평균 50~60명쯤은 받았다. 그런데 그 예약은 일단 해 놓고 보자는 식의 예약이 많았던 터라 허수가 꽤 있었던 것으로 기억한다. 요즘은 어디에나 독서실/스터디카페가 많이 있는 편이고, 분위기상 그렇게 많은 예약을 받기는 힘들 것 같다는 생각이다.

2) 설문 조사 해 보기

입지 분석 대상 점포를 기점으로 인근에 있는 학생들을 대상으로 설문 조사를 해 보는 것이다. 길거리에서 설문 조사를 해야 하기 때문에 설문 항목은 간단하게 준비하는 것이 좋다. 여러 항목 중에서 제일 중요한 항목은 "근처에 독서실/스터디카페가 생긴다면, 다닐 것인가?, 안 다닐 것인가?"하고 묻는 것이다. 그 근처에 독서실이 없어서 불편한 지역이라면 "다닐 것이다"라는 응답이 많을 것이고, 없어도 별로 불편하지 않은 지역이라면 "안 다닐 것이다"라는 응답이 많을 것이다. 설문 조사를 해도 좀 애매한 구석은 있다. "다닐 것이다"라고 응답은 했는데, 매월 지정석으로 다닌다는 것인지, 아니면 어쩌다 한번 시간권을 끊고 다닌다는 것인지 알 수 없기 때문이다. 그래서 설문서를 설계할 때 이런 부분까지 고려하여 설계하면 좋지 않을까 싶다.

그리고 설문 조사 결과에서 "다닐 것이다"라고 응답한 비율이 나왔으면 이를 300~400m 이내 학생 수에 반영해 보면 개업한 후에 등록 가능한 고등학생 수가 대충 어느 정도일지 예측해 볼 수가 있을 것이다.

설문 조사를 하다 보면 학생들로부터 예기치 않은 정보를 얻는 때도 있다. 이 동네 학생들은 주로 버스를 타고 어디 독서실을 다닌다거나, 동네에 갈 곳이 없다 보니 학교 도서관에서 공부하고 늦게 온다는 등 그런 정보들이다. 학생들은 순수해서 그런지 길거리에서 잠깐 불러 세우고 설문 조사를 하는데도 대부분 서로 상의도 하면서 적극적으로 설문에 응해 준다.

그리고 요즘은 구태여 길거리에서 설문 조사를 하지 않더라도 인근에 사는 고등학생 몇 명 정도를 설득해서 부탁하면 카카오톡 등 설문 조사 앱을 통해서도 조사 결과를 받아 볼 수 있을 것이다.

사실, 설문 조사 항목은 위 "입지 분석 요약표"의 한 분석 항목으로 들어갈 만큼 중요한 사항이라고 본다. 그런데 입지 분석 항목에서 제외한 것은, 웬만한 위치라면 기준 "독서실/스터디카페" 인근에서 설문 조사한 결과보다는 좋을 것이기 때문이다. 그 이유는 기준 독서실 인근은 이미 기준 독서실로 인해 불편한 점이 해소된 상태이지만 지금 입지 분석을 하고 있는 위치는 그런 불편한 점들이 내재된 상태에서 조사하기 때문이다. 그래서 무의미한 것을 비교하는 것 같아 "입지 분석 요약표" 분석 항목에서는 제외하였다.

6. 상가 계약 전 검토 사항

입지 분석 결과도 좋고 다른 여건도 만족하여 위치를 최종적으로 결정하였다. 그러면 다음 단계는 건물주와 상가임대차 계약을 체결해야 하는데 그 전에 몇 가지 더 점검해 보아야 할 사항이 있다.

1) 독서실 인가 저해 요인 확인

독서실로 한다면 교육지원청에서 인가를 받아야 하고 인가를 받으려면 몇 가지 요건을 갖추어야 한다. 일부 내용은 34페이지 "1. 행정적인 측면"에서 다루었으니 참고하기 바란다.

요즘은 동일한 점포에서 일부는 독서실로 하고, 일부는 스터디카페로 하는 경우가 꽤 있다. 그렇게 하면 유리한 점도 있고, 불리한 점도 있다. 유리한 점은 홍보 측면에서 유리하다. 네이버나 다음의 플레이스 영역에 업체명을 올려서 홍보하게 되는데, 독서실과 스터디카페로 각각 사업자 등록을 하니까 각각의 업체로 따로 올릴 수가 있다. 그러면 두 배로 노출되는 효과가 있는 것이다. 그리고 사람마다 독서실에 대해서 가지고 있는 이미지가 있고 스터디카페에 대해서 가지고 있는 이미지가 있는데, 어느 쪽을 선호하는 사람이든 모두를 다 수용할 수 있는 장점이 있다. 불리한 점은 행정적으로 일이 번거롭다. 사업자 등록도 두 번 해야 하고, 세무 신고도 각각 해야 하는 번거로움이 있다. 한편으로 사업자 등록을 각각 다른 사람 이름으로 하게 되면 매출도 나누어지고 이익도 분산되기 때문에 세무상 유리한 측면도 있다.

건축물의 용도가 근린생활시설 2종이 아닌데 구태여 독서실로 하겠다면 용도를 변경하면 된다. 그런데 용도변경을 하려면 주차 면적 등 건물 사정에 따라 그것이 가능할 수도 있고 불가능할 수도 있다. 그리고 다른 점포 건물주들의 동의를 받아야 하는 어려움이 있고, 이 모든 행정 작업을 건축사를 통해서 해야 하기에 비용도 꽤 많이 든다. 궁극적으로는 건물주가 그것을 원하지 않을 수도 있다. 그런 어려움 때문에 아무런 제한 사항이 없는 스터디카페로 하기도 한다.

그리고 독서실 주변에는 교육환경 유해업소가 없어야 하는 점도 고려해야 한다. 교육환경 유해업소는 단란주점, 유흥주점, 담배 자동판매기, 노래연습장, 성기구 취급업소, 성인 컴퓨터 게임장 등등 그 외에도 여러 시설이 있는데 이 중에서도 특히 노래방 때문에 독서실을 차리지 못하는 경우가 종종 있다. 같은 건물에 노래연습장이 있으면 반드시 거리를 측정해 보아야 한다.

〈동일 건물 내 인가 불가능 범위〉

〈위 층〉	6m		6m	
〈동일층〉	20m	독서실(학원)	20m	
〈아래층〉	6m		6m	

※ 위 표에서 음영이 칠해진 부분 이내에 유해시설이 있으면 인가 불가.
※ 자료 출처 : 교육지원청의 학원(독서실 포함) 설립 안내문.
※ 이런 것들을 자세히 확인하려면 계약서에 도장을 찍기 전에 교육지원청에 미리 방문하여 상담을 받아 보는 것이 좋다.

2) 유틸리티(Utility) 확인

첫째는 해당 점포에서 사용할 수 있는 전기용량을 반드시 확인해야 한다. 전기용량이 부족하면 시스템에어컨 등, 전기용품 사용에 문제가 생길 수 있기 때문이다. 전기용량은 평당 1.5~2.5kw 정도로 확보하는 것이 보통인데, 스터디카페는 2.0~2.5kw는 되어야 한다. 이는 해당 상가의 관리사무소에 가 보면 해당 점포의 전기용량이 몇 kw인지 알 수 있을 것이다. 그리고 그 정도 전기용량이면 문제가 없는지 전기전문업체에 물어보는 것이 좋다. 물어보기 전에는 사용할 전기 제품을 큰 것 중심으로 메모해 두는 것이 좋다. 전기용량 부족 문제가 어떤 경우에는 건물 자체적으로 쉽게 해결될 수도 있지만 그렇지 않으면 한전까지 동원해야만 해결되는 문제도 있다. 이런 경우에는 비용도 상당한 금액이 들어간다. 그 점포를 꼭 계약하겠다면 건물주와 협의하여 전기문제를 해결해 주는 조건으로 계약하는 것이 좋다. 전기용량 증설 문제는 언젠가는 건물주가 해결해야 할 문제이기도 하기 때문이다.

둘째는 수도와 도시가스 인입 문제와 하수도 문제를 확인해야 한다. 요즘은 난방을 시스템 냉난방기로 하거나 전기난방으로 하는 경우가 많아 도시가스는 필요 없을지 몰라도 상하수도시설은 필요하다. 계약하기 전에 이런 것들을 챙겨서 건물주에게 요구할 수 있어야 하는데 나중에 이런 문제를 해결하려면 창업자 본인의 비용을 들여 해결할 수밖에 없는 것이다.

셋째는 스프링클러가 있는지도 확인해야 한다. 소방법상 스프링클러가 있어야 할 곳에 없다면 건물주에게 요구해야 한다. 스프링클러가 없으면 소방서 안점 점검을 통과하지 못하고, 결국 독서실 인가가 거절될 수 있기 때문이다.

3) 누수 여부 확인

점포에 누수 흔적이 있는지 꼼꼼히 살펴야 한다. 누수 흔적이 있으면 건물주에게 해결해 달라고 해야 한다. 인테리어 공사를 완료한 후에 누수가 발생하면 정말 일이 커질 수도 있다.

4) 등기부 등본 확인

해당 점포에 대한 등기부 등본을 떼어 보고 경매가 진행되고 있는 것은 아닌지, 근저당은 얼마나 설정되어 있는지 등을 검토해 보아야 한다. 점포의 가치에 비해 근저당이 지나치게 많이 설정되어 있으면 그것도 위험 요인이 될 수도 있다. 그리고 나중에라도 일정 금액 이상 근저당을 설정하지 않는다는 내용을 특약사항으로 넣는 것도 좋다. 그리고 계약이 끝나면 보증금의 안전을 담보하기 위해 세무서에 가서 확정일자를 받아 두는 것도 잊지 말아야 할 일이다.

5) 공사 기간 중의 임대료 협상

공사를 시작하고 나서 오픈할 때까지 약 2~3개월 정도는 임대료를 받지 않는 조건으로 건물주와 협상해야 한다. 이런 문제들은 계약 체결 전에 해결하는 것이 좋다. 대부분 건물주는 임대료는 낮춰주지 않아도 영업 개시 전까지는 임대료를 받지 않는 것에는 쉽게 용인하는 경향이 있다.

CHAPTER 2
사업계획수립

1. 자금 계획 수립

1) 창업 투자비 산출

이제 창업 위치가 결정되었다면 본격적인 창업 작업에 들어가야 할 터인데 맨 먼저 해야 할 일이 창업 자금 계획을 수립하는 일이다. 사실, 창업하겠다고 마음을 먹었다면 이미 창업자금에 대한 계획은 어느 정도 가지고 있을 것이다. 아무 자금도 없이 무조건 창업하겠다고 할 수는 없지 않은가? 그것을 다시 확인하고, 정리하고, 구체화하면서 계획서로 만드는 작업이다.

자금 계획이라고 하니까 뭐 거창한 거 같지만 그렇지 않다. 간단하게 말해서 창업에 필요한 자금이 얼마인지 가능한 한 구체적으로 확인하고, 이 자금을 어디에서 어떻게 조달할 것인지 정리해 보는 것이다. 자금에 여유가 없는 경우라면 더더구나 이런 작업을 구체적으로 해야 실수를 줄일 수 있다.

창업 자금은 크게 점포 임대보증금과 시설투자비로 구분된다. 점포 임대보증금은 따로 설명할 것이 없지만 시설투자비는 좀 검토할 것이 많다. 프랜차이즈 본사를 통해서 창업하게 되면 프랜차이즈 본사와 상담하면서 견적을 뽑기 때문에 어렵지 않을 것이다. 다만, 공사비에 빠진 것은 없는지, 추가 비용이 예상되는 것은 없는지 끊임없이 질문하고 답변을 구해 제대로 된 견적을 받아 내야 한다. 프랜차이즈 본사를 통한 창업은 시설 공사비 외에도 가맹금과 교육비 등이 지출된다.

창업 인테리어 공사를 직접 하는 사람은 독서실/스터디카페 시설 공사에 필요한 공종(=공사 종류)을 구분하고 각 공종별로 견적을 받아야 한다. 상가의 환경에 따라 어떤 공사는 들어가기도 하고, 어떤 공사는 빠지기도 하는데 이런 부분을 잘 검토하여야 한다. 필요한 집기비품도 일일이 종류와 수량을 열거하여 빠짐없이 견적을 받아야 한다. 이렇게 해서 받은 견적액을 총 집계하면 그것이 곧 총 인테리어 비용이 된다. 물론 간단한 방법으로 3.3㎡당 230만 원 하는 식으로 산출할 수도 있으나 오차는 각오해야 한다. 시설 공사비 산출에 있어서는 136페이지 "chapter 3 : 독서실/스터디카페 인테리어 방법"을 참고하면 많은 도움이 될 것이다. 필자가 수년 전 창업하면서 정리했던 비용 목록과 금액을 281페이지 "(붙임4) : ○○독서실/스터디카페 창업비용 집계표(사례)"에 붙인다. 더 구체적인 자료가 있으나 책에서는 요약하여 붙였다. 위 사례를 참고하면 창업 비용을 산출하는 데 도움이 될 것이다.

2) 창업 자금 확보 계획

창업에 소요될 투자비용을 산출하였으니 이제 이 계획을 뒷받침할 만한 자금 확보 계획이 있어야 한다. 물론, 본인이 보유하고 자금이 충분하여 언제든지 사용할 수 있다면 자금 확보 계획이고 뭐고 구태여 할 필요 없다. 그러나 일반적으로 그런 창업자가 몇 명이나 되겠는가? 본인이 보유하고 있는 자금이라도 빌려준 돈을 받아야 한다거나, 주식이나 채권 등으로 보유하고 있거나, 은행이나 타인에게 빌려서 자금을 마련해야 한다면, 이를 충분히 확보한 상태에서 시작하라고 권하고 싶다. 창업하다 보면 정말 엉뚱한 곳에서 일이 어긋나는 경우가 많기 때문이다. 만일 창업 작업은 많이 진행되었는데 자금이 부족하여 줘야 할 돈을 못 주고 그러다 보면 신뢰 관계가 깨지고 창업이 난항을 겪을 수도 있다. 하여튼 자금을 어떻게 조달할 것인지 확실히 해 두는 것이 중요하다.

그리고 또 하나 권하고 싶은 것은 소상공인진흥공단이나 중소기업청, 시군구청 지역경제과에 창업자금 지원 사항이 없는지 확인해 볼 필요가 있다. 시기에 따라, 예산에 따라 다르기는 하지만 재수가 좋으면 정부의 지원을 받을 수도 있기 때문이다. 요건만 맞으면 창업 자금 자체를 일정액 지원해 줄 때도 있고, 저리로 융자를 받을 수 있는 때도 있다.

2. 손익 계획 수립

　손익 계획의 핵심은 매출을 어떻게 잡을 것인가 하는 것이다. 매출에서 비용을 공제한 금액이 순이익인데 이른바 사업을 해서 실제로 남긴 금액이다. 여기에서 비용은 어느 정도 정확한 추정이 가능하다. 그러나 매출은 추정하기가 쉽지 않다. 더구나 스터디카페는 지정석, 정액권, 기간권, 시간권 등으로 요금제가 복잡하여 더욱 추정이 어려워진다. 그래서 본서에서는 이를 단순화하여 좌석 전체를 지정석으로 운영했을 때의 손익계획과 좌석 전체를 시간권으로 운영했을 때의 손익 계획을 수립해 보고자 한다.

　우선 매출 계획을 세우려면 좌석 수를 알아야 한다. 그런데 좌석 수를 모르는 예비 창업자들은 어떻게 할 것인가? 우선 필자가 아래에 간단한 방법을 소개하면 창업하고자 하는 점포의 실제 면적에 1.2를 곱하여 좌석 수를 산출하는 방식이다. 즉, 3.3㎡당 1.2석 정도 나온다고 보고 계산하는 것이다. 70평이면 84석(70평×1.2석)이 나온다. 100% 정확한 것은 아니지만 대체로 맞아떨어진다. 좀 더 자세하게 알고 싶은 분은 162페이지 "3. 직영으로 인테리어 하기" 부분을 참고해서 산출하기 바란다. 여기에는 점포 내부에서의 공용면적인 복도나 휴게실, 사무실 등이 포함된 개념이다. 만일 스터디룸(토론실)을 만든다면 스터디룸의 좌석 수도, 면적도 모두 1.2에 포함된 개념으로 보면 된다.

　물론 개인실을 얼마나 많이 만들고 카페석을 얼마나 만드느냐에 따라 다르고, 복도와 휴게실을 얼마나 넓게 빼느냐에 따라 많이 달라지긴 한다. 그러나 기존 시설들을 보면 대체로 3.3㎡당 1.2석 정도로 하는 것이 일반적이라 그렇게 반영한 것이다. 옛날 독서실은 보통 3.3㎡당 2.5석 정도로 보았다. 그때는 책상도, 복도도, 휴게실도 모두 작게 뽑았다. 그러나 지금은 책상도 커지고, 복도나 휴게실도 넓게 빼다 보니 3.3㎡당 들어가는 좌석 수도 많이 줄었다. 그러면 어떤 방식으로 좌석 수를 산출하였든 그 좌석 수를 기초로 손익 계획을 수립해 보자. 좌석 수는 84석(70평×1.2석)이 나왔다고 가정하고, 먼저 84석 전체를 지정석으로 운영했을 때의 손익계획표와 시간권으로 운영했을 때의 손익계획표를 나누어 설명하려고 한다.

1) 매출 계획 수립

(1) 전체를 지정석으로 운영 시 매출 계획

지정석으로 운영 시 손익계획표를 작성하려면 먼저 지정석 요금을 결정해야 하는데 특별한 이유가 없으면 인근 독서실에서 받는 수준의 요금을 반영하는 것이 좋다. 만약 근처 독서실이 너무 낙후되어 해당 교육지원청에서 정한 요금조차도 받지 못하는 경우라면 해당 지역 교육지원청에서 정한 요금을 반영하여 산출한다. 여기서는 180,000원이라고 가정하고 계산해 보려 한다. 이때 1일석 매출액도 반영해야 하는데 오랜 기간 누적된 통계를 보니 1일석 매출액은 대략 지정석 매출액의 6.5% 수준이 되므로 그렇게 반영한다.

  계산해 보면 지정석이 총 84석이니 84석을 다 채웠을 경우 지정석 매출액이 15,120,000원(84석×180,000)이고 1일석 매출액은 지정석 매출액에 6.5%를 곱해서 982,800원이 된다. 합해서 총 16,102,800원이 되는데 이는 84석이 100%로 만석일 때의 매출액이 된다. 이런 방식으로 계산하면, 80% 채웠을 경우 12,882,240원, 60% 채웠을 경우 9,661,680원이 나온다. 위 표에서는 표현할 칸이 제한적이라서 100%, 80% 등 20% 단위로 계산했지만 실제로는 10% 단위나 더 세밀하게 계산해 볼 수도 있다. 손익 계획을 수립하는 데 있어 참고할 수 있도록 아래에 손익계획표(예시)를 붙인다.

< ○○독서실/스터디카페 손익계획표(예시) >

▶전체 지정석(84석) 운영 시   (단위: 월 단위/천원)

구 분	월손익				
	100%	80%	60%	40%	20%
매 출 금 액	16,103	12,882	9,662	6,441	3,221
지정석매출(84석×월180천원)	15,120	12,096	9,072	6,048	3,024
일일석매출(지정석매출×6.5%)	983	786	590	393	197
비 용	4,658	4,598	4,537	4,477	4,416
1. 관리비(전기료 등 포함)	950	950	950	950	950
2. 임차료(VAT포함)	2,530	2,530	2,530	2,530	2,530
상가임차료	2,500	2,500	2,500	2,500	2,500
정수기임차	30	30	30	30	30
3. 통 신 비	66	66	66	66	66
일반전화료	10	10	10	10	10
인 터 넷	56	56	56	56	56
4. 난 방 비(도시가스)	80	80	80	80	80
5. 총무인건비	0	0	0	0	0
6. 지급이자비	0	0	0	0	0
7. 세금과공과	30	30	30	30	30
8. 카드수수료(카드×2.0%)	302	242	181	121	60
9. 차량유지비	0	0	0	0	0
10. 집기비품	0	0	0	0	0
11. 수리보수비	100	100	100	100	100
12. 기타잡화품	600	600	600	600	600
13. 감가상각비	0	0	0	0	0
순 이 익(월간)	11,444	8,284	5,124	1,964	-1,196
순 이 익(년간)	137,333	99,412	61,491	23,570	-14,351

총투자비용(보증금+시설비)	250,000천원(보증금 50,000+시설비 200,000)				
연 간 순 이 익	137,333	99,412	61,491	23,570	-14,351
투자수익율(보증금 포함)	54.9%	39.8%	24.6%	9.4%	적자
시 설 비 회 수 기 간(년)	1.5년	2.0년	3.3년	8.5년	회수불가

※ 위 자료는 현금흐름 중심으로 보기 위해 감가상각비를 제외하고 계산.

위 표에서는 매출 40%만 달성해도 월 1,964천 원의 순이익이 발생하고, 20%를 달성하면 1,196천 원이 적자로 나온다. 표에는 손익분기점(BEP : Break Even Point) 매출액이 나오지 않았지만, 손익분기점(BEP)은 4,445천 원이고 만석 매출액의 27.1% 수준이다. 손익분기점이란 매출액과 총비용이 일치하는 지점의 매출액을 말하는데 손익분기점을 초과하는 매출을 달성하면 이익이 발생하고 미달하는 매출을 달성하면 적자가 발생한다. 손익분기점 매출액 산출 공식은 "손익분기점 매출액=고정비÷(1-변동비 비율)"이다. 고정비는 매출액의 많고 적음과 관계없이 일정액이 지출되는 비용이다. 그래서 고정비는 매출이 100%일 때나 40%일 때나 비용은 같다. 위 표에서는 고정비가 4,356천 원인데, 비용 총계에서 카드 수수료만 빼면 나오는 금액이다. 변동비는 매출액과 비례적으로 발생하는 비용을 말하는데 위 비용 중에서는 유일하게 카드 수수료가 변동비이다. 매출액의 2%를 반영했다. 그 비율은 업체의 매출 규모와 사업 기간, 신용도 등에 따라 다를 수 있다. "기타 잡화품"이 어느 정도 변동비 성격을 갖고 있으나 금액이 작아 이를 무시하고 고정비로 계산했다.

(2) 전체를 비지정/시간권 운영 시 매출 계획

　스터디카페의 경우에는 지정되지 않은 좌석권, 이를테면 정액권이나 기간권, 시간권 등이 많은데 이처럼 비지정석 좌석권은 좌석 이용 효율을 크게 높일 수 있다. 왜냐하면 고정석(=지정석)은 좌석을 일정 기간 등록하면, 그 좌석을 이용하고 있지 않더라도 다른 사람이 등록할 수 없다. 그에 비해 비지정석은 좌석만 비어 있으면 언제 누구라도 등록하고 사용할 수 있기에 매출 확장성이 있다. 그렇다고 해서 아무런 제한 없이 무한정 등록시킬 수는 없다. 왜냐하면 정액권이나 기간권으로 이미 구매했던 사람들이 왔을 때 빈 좌석이 없으면 이용할 수 없기 때문이다. 그래서 어느 정도 여유 좌석을 확보할 수 있도록 등록자 수를 제한해야 한다. 그래서 운영 프로그램에는 좌석권 종류별로 등록 인원수 한계를 설정하게 되어 있다. 그런데 등록자 수를 제한할 정도가 되면 그 스터디카페는 상당히 잘되는 것으로 보면 되는데, 시험 기간 등 특정 기간을 제외하면 현실에서 그런 곳은 별로 없을 것이다.

　이러한 좌석 운영 상황에서 손익 계획 수립을 위한 만석은 어떻게 볼 것인가? 만일 84석 전체를 시간권으로 운영한다고 가정하고 계산해 보자. 시간당 요금은 1,200원이라 가정하고, 월 운영시간은 720시간(24시간×30일), 84석이면 월 매출은 72,576,000원이 된다. 84석을 30일 동안 24시간 내내 이용한다면 가능한 매출액이다. 그렇게 만석 매출액을 정해 놓고 만석 매출액의 30%, 20%, 10%, 5%를 달성했을 경우의 손익계획표(예시)를 아래에 붙인다.

〈○○독서실/스터디카페 손익계획표(예시)〉

▶ 전체 시간권(84석)으로 운영 시 (단위: 월 단위/천원)

구 분	월손익				
	100%	30%	20%	10%	5%
매 출 금 액 (84석×1,200×24h×30일)	72,576	21,773	14,515	7,258	3,629
비 용	5,808	4,791	4,646	4,501	4,429
1. 관 리 비(전기료 등 포함)	950	950	950	950	950
2. 임차료(VAT포함)	2,530	2,530	2,530	2,530	2,530
상가임차료	2,500	2,500	2,500	2,500	2,500
정수기임차	30	30	30	30	30
3. 통 신 비	66	66	66	66	66
일반전화료	10	10	10	10	10
인 터 넷	56	56	56	56	56
4. 난 방 비(도시가스)	80	80	80	80	80
5. 총무인건비	0	0	0	0	0
6. 지급이자비	0	0	0	0	0
7. 세금과공과	30	30	30	30	30
8. 카드수수료(카드×2.0%)	1,452	435	290	145	73
9. 차량유지비	0	0	0	0	0
10. 집기비품	0	0	0	0	0
11. 수리보수비	100	100	100	100	100
12. 기타잡화품	600	600	600	600	600
13. 감가상각비	0	0	0	0	0
순 이 익(월간)	66,768	16,981	9,869	2,756	-800
순 이 익(년간)	801,222	203,776	118,427	33,077	-9,597

총투자비용(보증금+시설비)	250,000천원(보증금 50,000+시설비 200,000)				
연 간 순 이 익	801,222	203,776	118,427	33,077	-9,597
투자수익율(보증금 포함)	320.5%	81.5%	47.4%	13.2%	적자
시 설 비 회 수 기 간(년)	3개월	1년	1.7년	6.0년	회수불가

※ 위 자료는 현금흐름 중심으로 보기 위해 감가상각비를 제외하고 계산.

위 표에서는 만석 매출액의 10%만 달성해도 월 2,756천 원의 순이익이 발생한다. 표에는 손익분기점(BEP) 매출액이 나오지 않았지만, 손익분기점(BEP)은 4,445천 원이고 100% 매출액의 6.1%면 달성 가능한 매출액이다. 그러나 10%의 매출조차도 달성이 어려운 업체가 꽤 많은 것이 현실이기도 하다.

위에서 84석 전체를 지정석으로 운영했을 때와 시간권으로 운영했을 때의 순이익을 비교해 봤는데 표를 보고 나서 자칫, 오해가 생기지 않을까 걱정이 된다. 왜냐하면 지정석으로 운영했을 때는 매출 100%를 달성해도 순이익이 월 11,444천 원인 데 비해, 시간권으로 운영하면 월 66,768천 원의 순이익이 나오고 그뿐만 아니라 지정석으로 운영해서 매출 20%를 달성하면 1,196천 원이 적자 상태인데, 시간권으로 운영해서 20%를 달성하면 9,869천 원의 순이익이 발생하기 때문이다. 그러나 각각 100% 매출액의 달성 가능성과 난이도를 봐야 한다. 지정석으로 운영할 경우 100% 매출은 달성 가능한 매출이다. 잘되는 독서실은 수시로 달성하기도 하고, 그렇게 잘되는 독서실이 아니더라도 최고 성수기에는 달성 가능한 매출이다. 그러나 전체를 시간권으로 운영 시 100% 매출은 달성 불가능한 수준이다. 그것은 이론적이고 계산상 나오는 숫자일 뿐이다. 여기서는 단지 시간권으로 운영할 경우에는 매출 확장성이 상당히 크다는 정도로 이해하고 넘어갔으면 좋겠다. 필자의 판단으로는 지정석으로 40% 매출을 올리는 것보다 시간권으로 10% 매출을 달성하는 것이 더 어렵지 않을까 생각한다.

그리고 위에서는 계산을 단순화하기 위해 좌석 종류를 한 가지로 계산했지만 실제로는 지정석의 경우 개인실, 다인실, 고급실, 일반실 등이 있고, 비지정석은 시간권, 정액권, 기간권 등 다양한 좌석 종류가 있다. 각 좌석 종류에 따라 요금도 다르다. 따라서 실제 손익계획 수립 시에는 각각 좌석 수와 요금을 조합하여 계획을 수립할 수도 있고, 너무 복잡하다면 대표적 좌석과 요금을 선정하여 매출 계획을 수립할 수도 있다.

(3) 순이익 목표를 기준으로 매출 계획 수립

만약 위와 같은 방식으로 매출 계획을 수립하는 것이 복잡하다면 조금 간단한 방법으로 매출 계획 수립 방법을 제시하고자 한다. 그 방법은 월 순이익 목표를 먼저 잡고 그에 따른 매출 목표를 설정하자고 제안한다. 순이익=매출액-운영비용이다. 즉, 매출액=운영비용+순이익이 된다. 여기서 운영비용은 대체로 정확하게 산출할 수 있다. 그러나 순이익은 정해진 게 없다. 그래서 예비 창업자 본인이 최소 어느 정도의 순이익이 나와야 이 창업을 하겠다 하는 수준에서 정하면 된다. 그렇게 해서 순이익을 정하면 운영비용을 합산하여 매출목표를 정하게 된다. 매출목표가 정해지면 이제 그 매출 목표를 어떻게 달성할 수 있을 것인지 고민해 봐야 할 것이다.

2) 운영비용 계획

위 손익계획표에 표시한 금액들은 몇 년 전에 필자가 손익 계획을 수립하면서 실제로 반영했던 금액들인데 그중에서 인건비만 제외하였다. 그 당시만 해도 낮에 1명, 밤에 1명 해서 총무를 두 명이나 쓰던 시절이었다. 그런데 요즘은 거의 무인으로 운영하기 때문에 제외했다. 난방비처럼 특정 시점에만 발생하는 비용은 연간 금액을 12개월로 나누어 월평균 금액을 반영했다. 따라서 위 금액은 아마 지금도 비슷한 수준일 것이다.

위 표에 있는 비용 항목들은 독서실/스터디카페에서 발생할 수 있는 대부분의 비용 항목들이 들어가 있는데, 그 항목들을 보면 대부분 고정비 성격을 갖고 있다. 비용 중에서 가장 큰 비중을 차지하는 것이 임차료와 관리비일 터인데, 임차료는 계약 금액이나 건물주가 제시한 금액이 있을 것이고, 관리비는 상가 관리사무실에 가 보면 어느 정도 알 수 있다. 관리사무실이 있는 상가라면 대부분 전기료와 수도료는 관리비에 합산되어 나온다.

지급이자는 본 창업과 관련하여 대출받은 금액이 있다면 그에 대한 이자는 반영해야 한다. 단, 원금 상환액까지 포함해서는 안 된다. 그리고 특기할 사항은 감가상각비이다. 감가상각비를 산출하려면 내용년수를 정해야 한다. 내용년수란 그 시설을 얼마 동안 사용할 수 있느냐 하는 것인데 해당 기간 동안 나누어 감가상각비를 반영한다. 대부분 내용년수는 5년~10년 사이에서 정한다.

만약 창업에 소요된 투자비가 200,000천 원이고, 내용년수를 7

년, 정액법으로 상각한다면 월 감가상각비는 2,381천 원이다. 시설투자비 200,000천 원을 84개월(7년×12월)로 나눈 금액이다. 그러나 위 표에서는 제외하였다. 왜냐하면, 감가상각비는 분명히 비용이긴 하지만 이미 창업 시점에 한꺼번에 지출된 투자비용이고 창업 이후에는 현금이 지출되지 않으니까 제외하였다. 큰 기업이라면 당연히 감가상각비를 포함하여 비용 처리를 해야 하겠지만, 소규모 자영업자는 매월 현금으로 얼마를 벌었는지 현금흐름을 아는 것이 중요하다. 감가상각비를 비용에 넣고 계산하면 자칫 현금 흐름을 왜곡시킬 수도 있기에 제외한 것이다. 그리고 감가상각비는 실제로 반영하기 곤란한 부분이 있다. 만약 사업체를 중간에 매각했는데 매각 대금을 투자비 2억 원보다 더 받았다고 하면 그동안 감가상각비는 하나도 없었던 것이 된다. 그처럼 미래 매각 대금에 따라 매월 반영해야 할 감가상각비가 바뀌게 되는데 구태여 매각 대금을 예측하여 감가상각비를 반영해야 할 필요가 있을까? 하지만 연말에 세무서에 사업소득 신고를 할 때는 감가상각비를 반영해서 신고해야 한다.

  차량 유지비도 해당 사업을 유지하기 위해 비용이 지출된다면 당연히 포함해야 한다. 필자의 경우는 추가로 비용 지출이 없어 제외하였다. 다음에 지출 사항은 기타 잡화품인데 그야말로 이것저것 다 들어간다. 과자류, 커피류, 음료류, 휴지류, 문구류, 기타 소모품류 등등. 그 비용을 대략 60만 원 정도로 잡았다.

  위에서 손익분기점 매출액은 4,445천 원이라고 했다. 매출액과 총비용이 일치하는 지점의 매출액을 말한다. 그래서 손익분기점은 나름대로 중요한 의미를 지닌다. 아무리 사업이 부진해도 매출액이 손익분기점 밑으로 떨어지지만 않으면 그런대로 버틸 수가 있다. 하지만 이 밑으로 떨어지면 다른 돈을 가져다 매월 독서실/스터디카페 운영비에 충당해야 하기 때문에 더는 버티기가 힘들어진다. 일반적으로 독서실/스터디카페는 인건비와 재료비 지출이 별로 없는 업종이기 때문에 수익이 빈약해도 웬만하면 폐업하지 않고 버티어 나간다. 만약 인건비 지출이 계속 발생하는 업종 같으면 그야말로 버티기가 힘들 것이다.

손익계획표가 이해되었고, 장기 계획을 세울 여유가 된다면 3년, 5년 등 장기 계획을 수립해 보는 것도 좋다. 위 표에서 가장 현실적으로 달성 가능한 매출 목표를 첫 년도 매출액으로 잡고 매년 독서실 요금 인상 계획이나 학생 유치 계획 등을 반영하여 연도별 매출 목표를 수립해 나간다.

그리고 운영비도 임차료 등 계약서에 의해 매년 별도로 정해진 금액이 있으면 그것을 반영하고 그런 것이 없다면 매년 물가상승률만큼 비용을 증가시켜 나가면 된다. 장기 물가상승률 자료는 기획재정부, 한국은행, 민간 경제연구소 등에 들어가면 미래 연도의 물가상승률 예측치를 확보할 수 있는데 이를 반영해도 좋다.

3) 투자수익률과 회수 기간

투자수익률은 창업 투자를 통해 연간 몇 % 수익률을 올렸는지 보는 것인데 보통 안전한 투자처인 은행 정기예금 이자율과 비교해서 본다. 즉, 은행에 예금한 것보다 얼마나 더 많은 수익을 올렸는지 비교해 보는 것이다. 위에 전체를 지정석으로 운영했을 때의 손익계획표에서 보면 매출 목표 100%를 달성한 경우 투자수익률은 54.9%이고, 60%를 달성한 경우에는 투자수익률은 24.6%이다. 투자수익률을 계산할 때 임대보증금은 포함하여 계산한다. 임대보증금도 엄연한 투자 자금이기 때문이다. 그리고 여기에서는 감가상각비를 빼고 투자수익률을 산출했는데, 구태여 빼고 계산한 것은 사업체를 중간에 매각하게 되면 매도 금액에 따라 감가상각비를 반영했던 것이 무의미하게 될 수도 있기 때문이다. 만약, 감가상각비를 반영하여 투자수익률을 계산해 보면 많이 떨어질 것이다.

한 가지 더 유의해야 하는 것은 시설투자비를 얼마 후에 모두 회수할 수 있는지 알아보는 것이다. 시설투자비 회수 기간을 계산할 때는 시설비가 아닌 임대보증금은 제외하고 계산한다. 왜냐면 임대보증금은 나중에 회수할 수 있는 금액이기 때문이다. 시설투자비 회수 기간 산출 공식은 시설투자비÷연간 순이익이다. 위의 표에서 전체 지정석으로 운영했을 때, 매출 100% 달성하면 시설투자비 회수 기간은 1.5년이 걸리고 매출 60% 달성하면 회수 기간은 3.3년이 걸린다는 의미이다.

CHAPTER 3
독서실/스터디카페 인테리어 방법

 일반적으로 독서실/스터디카페 창업 인테리어 공사를 할 때는 아래 세 가지 방법으로 한다.
 첫째는 입지 선정 외에는 모두를 프랜차이즈 본사에 맡기는 형태이다. 시설 공사는 물론이고 각종 집기 비품 종류, 운영 프로그램, 인허가가 필요한 경우에는 인허가까지도 프랜차이즈 본사에서 담당한다. 상황에 따라서는 입지조차도 프랜차이즈 본사에서 알선해 주는 경우가 있다. 가끔은 프랜차이즈 본사에서도 인테리어 공사만 해주는 업체도 있다. 이런 때 업체 명칭은 창업자가 정한 명칭을 사용할 수 있고 계약하기에 따라 프랜차이즈 본사 명칭도 사용할 수 있을 것이다.
 둘째는 인테리어 공사만을 맡기는 방식이다. 프랜차이즈 업체는 아니지만 독서실/스터디카페 공사를 전문으로 하는 업체가 있는데 그들에게 맡기는 방식이다. 필자는 이런 업체를 턴키베이스(Turn-key base system) 공사업체라고 부르려 한다. 한글로 표현하자면 일괄수주업체 정도로 표현될 것이다. 이런 턴키베이스 공사업체에 맡기면 창업주가 원하는 바를 많이 반영할 수 있다. 과거에는 대부분 이런 방식의 창업이었는데 지금은 이런 업체들이 대부분 프랜차이즈 본사를 만들었기 때문에 창업 인테리어 공사만 하는 업체가 그렇게 많지는 않은 것 같다.

셋째는 창업자 본인이 직접 공사를 하는 방법이다. 그렇다고 해서 본인이 현장에서 직접 망치와 톱을 들고 공사하는 것을 말하는 것이 아니다. 전체적인 공사 일정을 조율하고 공사 전반을 지휘 감독한다는 의미이다. 배치도면을 본인이 설계하고 내부 인테리어 디자인 형태를 결정하고, 공사에 필요한 목공 기술자나 전기기술자 페인트나 도배 기술자 등도 섭외해야 한다. 책상과 의자 등 집기 비품의 결정, 에어컨과 각종 전자제품류 구입, 운영 프로그램과 키오스크 선택 등 모든 것을 본인의 주도하에 해야 한다. 좀 번거롭기는 하지만 독서실/스터디카페에 대해 웬만큼 아는 사람이라면 자기가 원하는 바대로 인테리어를 구현할 수 있고 투자비도 줄일 수 있어 이 방식을 제일 권하고 싶다.

사실, 프랜차이즈 본사나 턴키베이스 공사업체에 맡겨서 일을 하다 보면 마음에 안 드는 부분이 있어도 수정 요구가 쉽지 않고, 또 변경을 요구하면 추가 요금을 청구한다. 그렇게 갈등을 겪으면서 한두 달 동안 진행하다 보면 정작 오픈 시점에 가서는 인테리어도 안 좋아 보이고 맥이 빠지는 경우가 있다. 특히, 프랜차이즈 본사에 맡기면 어느 부분의 색상조차 바꾸기가 어려운 것이 현실이다.

위에서 독서실/스터디카페 인테리어 공사하는 방법을 크게 세 가지로 분류하여 설명했지만, 실질적으로는 계약과 협상 내용에 따라 어떤 것은 넣고 어떤 것은 빼는 등 다양한 방식으로 진행할 수 있다. 아래에서는 창업 인테리어 공사 관련하여 세 가지 형태에 대해 좀 더 자세히 다루고자 한다.

1. 프랜차이즈 본사를 통한 인테리어 공사

　독서실/스터디카페에 대해 잘 모르는 예비 창업자 입장에서는 프랜차이즈 본사를 통해서 창업하는 게 그나마 제일 쉽고 편하기는 할 것이다. 그러나 창업비용이 많이 들고 운영 과정에서도 지속적으로 가맹수수료 등이 발생한다는 점을 고려하면 쉽게 결정할 문제는 아닌 것 같다.

　현재 활동 중인 크고 작은 프랜차이즈 본사 중에서 20여 개 업체를 뽑아 61페이지에 정리해 놓았다. 공정거래위원회에서 운영하는 가맹본부 정보공개시스템에 있는 내용을 발췌한 것으로 2023년도 기준의 가맹점 수, 가맹점 평균 매출액, 3.3㎡당 공사비, 가맹비, 교육비, 보증금 등을 확인할 수 있다. 공정거래위원회 사이트에 들어가 보면 이외에도 다른 업체가 많이 있으니 참고하기 바란다.

　독서실/스터디카페 프랜차이즈 본사라고 표방하고 나선 업체 중에는 실제로 독서실/스터디카페에 대해서 잘 모르는 업체도 있다. 여타의 다른 업종 공사를 해 본 경험으로 갑자기 이쪽 분야로 뛰어든 것이다. 그래서 인테리어 공사 외에 입지가 좋은지 나쁜지, 독서실의 경우 교육청 인가가 나올 수 있는 곳인지 아닌지, 주변에 아파트가 몇 세대 정도가 있어야 하고 학생은 몇백 명 이상이 있어야 좋은 위치인지 등에 대해서는 전혀 감이 없는 업체들이 많다. 그러면서 그들은 독서실/스터디카페 예비 창업자들을 상대로 전문가 행세를 한다.

그래서 그들에게 기대어 창업하더라도 최소한 입지만큼은 스스로 분석하고, 분석 결과 자료를 보면서 결정해야 한다. 설령 프랜차이즈 업체에서 알선한 위치라고 하더라도 그것은 마찬가지이다. 그리고 공사를 시작하기 전에는 프랜차이즈 본사에서 배치도면(Layout)을 그리는데, 이때 프랜차이즈에만 전적으로 의존하지 말고 창업자 본인도 공간 활용에 대해 연구를 하는 것이 좋다. 왜냐면 그들은 좌석 수를 늘리는 것이라든가, 공간의 효율적인 운영 등에 대해서는 창업자만큼 고민하지 않기 때문이다. 나중에 공사가 끝나고 보니 어떤 곳은 필요 없이 너무 넓게 설계되어 있고 어떤 곳은 너무 좁아서 불편한 그런 문제를 미리 예방해야 하기 때문이다.

인테리어 공사가 끝나고 막상 영업이 시작되면 그 이후로는 프랜차이즈 본사에서 별로 해 줄 것이 없다. 프랜차이즈 본사의 대부분 수익은 인테리어 공사에서 나온다. 보통 총공사비의 20%~30% 정도는 수익이 발생하는 것으로 알고 있다. 어떤 프랜차이즈 업체는 공사가 끝나고 잔금을 치르고 나면 관계가 끝나는 업체가 있는가 하면 어떤 프랜차이즈 업체는 계속 로열티를 주어야 하는 업체도 있다. 로열티는 매출액의 몇 퍼센트를 주거나 고정 금액으로 얼마를 주는 방식으로 계약을 한다. 처음에는 모르겠지만 어느 정도 시간이 지나다 보면 별로 도움받을 것도 없는데 공연히 비용만 지출되고 있다는 느낌이 들 것이다.

그래도 어떤 프랜차이즈 본사는 꽤 괜찮은 인터넷 강의 업체와 교육 콘텐츠 공급 계약을 맺고 독서실/스터디카페 이용자들에게 무료로 인터넷 강의를 들을 수 있게 한다. 이런 경우라면 수수료가 별로 아깝지 않을 것이다. 그런데 문제는 이런 무료 인강 서비스를 언제까지 계속할 수 있을까? 그리고 인강의 품질은 떨어지지 않을까? 하는 불안감은 있을 수 있다. 왜냐면 프랜차이즈 본사에서도 대금을 주고 콘텐츠 제작업체로부터 이용권을 구매해서 공급하기 때문이다.

모든 독서실/스터디카페는 운영 프로그램을 설치하는데 이 프로그램은 결제 장치인 키오스크와 연계되어 있고, 또 책상의 스탠드 ON/OFF 기능과도 연계되어 있어 독서실/스터디카페 관리의 중심이 되는 프로그램이다. 그런데 프랜차이즈 형태로 창업을 한다는 것은 이 프로그램을 프랜차이즈 본사에서도 실시간으로 볼 수 있고 통제할 수 있다는 것을 의미한다. 그러다 보니 알게 모르게 이 프로그램으로 인해 본사에 매이게 되는 측면이 있다. 이를테면 매출, 등록자 수, 학생들의 개인정보 등 독서실의 모든 정보를 프랜차이즈 본사에서는 속속들이 볼 수 있는 것인데 가맹점 사업자 입장에서는 이것이 부담스러울 수 있다는 것이다.

그리고 프랜차이즈 업체에 공사를 맡기면 그들은 붕어빵 뽑아내듯이 모든 인테리어를 똑같이 한다. 목재라든가 석고보드, 흡음제 등 공사 재료나, 책상이나 의자 등 집기 비품들도 정해진 곳으로부터 계속 공급받아 쓴다. 그래야 좀 저렴한 가격으로 구매할 수 있는 장점도 있고, 물건의 품질에 대해서도 어느 정도 검증된 물건을 공급받을 수 있기 때문이다. 거기다가 공사하는 기술자들도 대부분 같은 사람들이 작업하다 보니 프랜차이즈 독서실/스터디카페의 인테리어는 모두가 다 똑같다. 새로운 디자인이나 아이디어를 생각하며 이를 반영하는 것이 아니라 기존에 만들어 놓은 디자인을 이곳에도 저곳에도 써먹는 것이다. 예비 창업자 입장에서는 마음에 안 드는 부분이 있어도 그대로 받아들일 수밖에 없는 것이다. 이러한 부분들을 충분히 검토하고 프랜차이즈 업체를 선택해야 한다.

하나의 사례로 필자의 경험을 말하고자 한다. 점포는 모두 정해 놓고 좀 편하게 인테리어 공사를 하려고 국내에서 최상위권에 있는 프랜차이즈 업체와 계약을 진행했다. 그런데 이들이 제공하는 평면 도면을 보니 영 마음에 들지 않았다. 내가 시장 조사 차 해당 프랜차이즈 가맹점에 가 보면 매번 거의 놀리다시피 하는 공간이 있었다. 나는 그런 공간은 최소화하고 싶었는데 그게 필자의 마음대로 할 수 없었다. 그뿐만이 아니라 사방에 칸막이가 되어 있는 좁디좁은 개인실에 네 바퀴가 달린 의자를 들여 놓으니 학생들이 조금만 의자를 굴려도 벽에 부딪히는 소리가 쿵쿵하고 나는 것이다. 필자는 그런 문제를 미리 알아채고 앞에만 바퀴가 있고 뒤에는 없는 의자(일명 서울대의자)로 바꾸어 줄 수 있냐고 타진해 보았다. 그런데 답은 안 된다는 것이었다. 변경해 달라는 의자가 오히려 싼 가격이었는데도 말이다.

그 외에도 에어컨 설치 방식이나 간판 사이즈 등등 부딪히는 부분이 많아 결국 필자가 직접 시공하게 되었다.

프랜차이즈 본사는 그들이 나름대로 정해 놓은 일정한 틀이 있고, 가맹점주들이 그 틀을 벗어나는 요구를 하게 되면 수용하기 어려워한다. 막상, 공사를 하다 보면 이런 부분에서 갈등이 많이 발생한다. 상황에 따라서는 추가 비용을 받고 나서야 수용하기도 한다. 따라서 가능한 한 계약 전에 아주 세세한 부분까지 꼼꼼하게 정해 놓는 것이 좋다. 하지만 현실에서는 알면서도 못하는 부분도 있고, 몰라서 못 하는 부분도 있다. 아무튼, 모르면 당하고서도 당한 줄 모르는 경우가 있기에 계약을 체결하기 전에 공부를 많이 해 두는 것이 좋다. 그리고 공사 과정에서도 공부한 것이 많이 도움이 될 것이다.

또한, 계약서를 쓸 때 특약 사항에는 공사 중에 발생한 안전사고에 대해서는 그 책임이 프랜차이즈 본사에 있다는 것을 꼭 명시할 필요가 있다. 사실 공사 현장에는 많은 위험이 도사리고 있다. 만일 조그만 사고라도 발생하면 서로 책임을 떠넘기면서 공사 진행은 안 되고 난감한 상황이 될 수도 있다. 일반적으로 계약을 하기 전에는 창업주가 "갑"의 위치에 서지만 막상 도장을 찍고 계약금을 결제하고 나면 창업주는 "을"의 위치로 바뀐다는 점을 명심해야 한다. 그때부터는 그들과 함부로 다투지도 못하고 기분 상하게 할 수도 없다. 그로 인해 공사가 늦어져도, 또는 알게 모르게 어딘가 공사가 부실해지는 부분이 있어도 모두 창업주의 손해로 이어지기 때문이다.

프랜차이즈 본사는 일반적으로 계약 시에 거리 제한을 둔다. 반경 500m, 또는 1,000m 이런 식으로 일정 거리 이내에는 자기들 가맹점을 개설하지 않겠다는 약속이다. 그런데 필자는 큰 의미는 없다고 본다. 파리바게뜨나 배스킨라빈스 등 뭐 이런 것처럼 독점적 지위에 있거나 브랜드 가치가 큰 업종이라면 의미가 있겠지만 독서실/스터디카페는 고객들이 구태여 브랜드를 보고 가는 것도 아니고, 또 프랜차이즈 본사가 100여 개 이상 난립해 있는 상황에서 다른 프랜차이즈 업체나 또는 개인이 창업하는 것은 막을 방법이 없기 때문이다.

그리고 어떤 프랜차이즈 본사는 가맹점 사업주가 나중에 타인에게 독서실/스터디카페를 매도할 경우 프랜차이즈 본사의 승인을 받게 하고, 새로운 가맹점주는 다시 가맹비와 교육비를 납부해야 한다. 이런 경우 독서실/스터디카페 매수자 입장에서는 매수 대금이 그만큼 더 들기 때문에 가맹점 사업자는 매각에 어려움을 겪을 수도 있다. 그나마 프랜차이즈 본사의 브랜드 가치가 어느 정도 있고, 제공받을 수 있는 서비스가 있다면 모르지만 그렇지 않다면 누가 그것을 인수하려 하겠는가? 모든 가맹점 사업주는 독서실/스터디카페 운영 프로그램을 프랜차이즈 본사에서 제공하는 프로그램을 사용하기 때문에 이를 무시하고 매도를 진행할 수도 없다. 기존 사업자는 폐업 신고를 해야 하고 새로 인수한 사업자는 세무서에서 사업자 등록을 해야 한다. 그리고 새로운 사업자 등록번호로 신용카드사에 변경 등록해야 비로소 키오스크에서 새로운 사업자 명의로 된 카드 매출 전표가 발급된다. 이러한 변경 작업은 모두 프랜차이즈 본사에서 해줘야 하고, 그러면서 로열티나 관리비 등의 납부 주체도 변경된다.

2. 턴키베이스 업체를 통한 인테리어 공사

 이 부분은 주로 인테리어 공사와 관련하여 업체 선정 방법, 견적서 수령과 계약서 작성하는 방법, 인테리어 디자인의 선택 등에 대해서 설명하고자 한다. 프랜차이즈 본사를 통해 창업하는 경우에는 이 단원은 참고하는 정도로 보면 좋을 것 같다. 그렇지만 턴키베이스 공사업체에 맡겨 창업하는 사람이거나 직영으로 인테리어 공사를 하는 사람은 꼼꼼히 읽어 볼 필요가 있다.

 그렇다고 해서 필자가 인테리어 공사 전문가는 아니다. 인테리어 공사를 하려면 여러 분야의 전문 공사들이 있다. 이를테면 목공 작업이라든가 페인트 공사, 타일 공사, 전기공사 등등 이런 것들을 공종이라고 하는데 필자는 어떤 공종의 기술자도 아니다. 단지 인테리어 공사를 전체적으로 주도해 본 입장에서 그리고 독서실/스터디카페 인테리어 공사를 여러 번 해 본 경험의 범위 내에서 예비 창업자들이 알아야 하는 정도의 특기 사항과 경험을 전달하고자 한다.

1) 턴키베이스 공사업체

 턴키베이스(Turn-key base system) 공사업체는 프랜차이즈 사업 형태를 갖추지는 않았지만 주로 독서실/스터디카페 인테리어 공사를 도맡아 하면서 각종 집기 비품까지 납품하는 업체들이다. 그들은 인테리어 공사업체로서 나름대로 오랜 기간 신뢰를 쌓아 온 거래 업체들을 가지고 있다. 책상, 의자, 인테리어 자재, 공종별 전문

공사업체 등과 지속적으로 관계를 유지하면서 사업을 영위해 온 것이다. 그들은 수많은 반복 거래를 통해서 어디에 좋은 자재가 있고, 어디에 유능한 기술자가 있는지를 안다.

턴키베이스 업체라고 해서 그들에게 모두를 다 맡길 필요는 없다. 이를테면 간판 제작이나 에어컨 설치 업체 등은 창업자가 직접 선정할 수도 있는 것이다. 독서실/스터디카페 운영 프로그램이나 집기비품도 마찬가지로 창업자가 직접 구매할 수 있다. 즉, 이것저것 견적을 받아 보고 비교 분석하면서 창업자가 유리한 대로 하면 되는 것이다.

턴키베이스 공사업체가 알고 있는 거래 업체들도 상품은 좋은데 가격은 비싼 업체, 상품은 쓸 만한 정도인데 가격은 낮은 업체 등등 다양한 거래처를 갖고 있을 것이다. 그래서 그들 중에서 어떤 물품을 골라야 할 것인지에 대해서는 창업자의 고민이 있어야 한다. 창업자의 그런 역할은 누가 대신해 주지 않는다. 창업자는 창업 과정에서 필요한 제반 물품에 대해서 어느 정도 연구하고 지식을 가지고 있는 것이 좋다.

하여튼 턴키베이스 업체를 선택함에 있어 신중에 신중을 기해야 한다. 인테리어 공사에 있어 프랜차이즈 업체의 역할이 100%라고 한다면, 턴키베이스 공사업체의 역할도 그에 버금가는 정도로 중요하기 때문이다. 그런데 이런 업체들을 예비 창업자들이 찾기가 쉽지 않다. 인터넷을 검색해 봐도 주로 프랜차이즈 본사만 나올 뿐 턴키베이스 공사업체라고 할 만한 곳을 찾기가 쉽지 않다. 그래서 필자가 알고 있는 일부 업체 리스트를 책에 올리려 했지만, 공개되지 않은 개별 업체 정보를 올리는 것은 문제의 소지가 있어 제외하였다. 물론 업체 중에는 홍보가 되어 좋다는 업체도 있었지만, 그중 한 업체라도 이의를 제기할 경우 귀찮아질 수도 있기에 제외한 것이다.

2) 턴키베이스 업체 선정 방법

어떻게든 턴키베이스 공사업체를 찾았으면 그런 업체 중에서 하나를 선택해야 할 텐데 어떻게 선택할 것인가? 먼저 업체로서 갖춰야 할 기본적인 사항을 확인해 보아야 한다. 시공 실적은 많이 있는지, 사무실은 제대로 갖추고 있는지, 3D 도면은 제공해 줄 수 있는지, 추가로 하나 더 보자면 실내건축공사업 면허는 갖추고 있는지 정도는 확인해 볼 필요가 있다.

3D 도면 제공이나 실내건축공사업 면허를 보유하고 있는 것이 절대적 요건은 아니다. 3D 도면이 있으면 보기 좋고, 이해하기 편한 면은 있지만, 업체에서는 3D 도면 제작을 외부 업체에 의뢰해서 제작하는 경우가 많기 때문에 공사비 상승의 원인이 되기도 한다. 실내공사업 면허 보유 여부 확인은 인터넷에서 "키스콘"을 검색해서 업체명이나 대표자명 또는 법인등록번호나 사업자등록번호를 입력하면 면허가 있는 업체인지, 아닌지를 확인할 수 있다. 규정상으로는 1,500만 원 이상 초과하는 실내건축공사를 하려면 면허를 보유해야만 가능하다. 그러나 관공서나 공공기관, 대기업의 발주 공사에서는 이를 지키고 있지만, 민간에서는 잘 지켜지지 않는다. 따라서 다른 요건들은 마음에 쏙 드는데 단지 실내건축공사업 면허가 없다

는 이유만으로 배제할 필요는 없다고 본다.

 그래서 무엇보다도 그들의 시공 실적을 반드시 현장에서 확인하라고 권하고 싶다. 그들이 앞서 시공했던 독서실/스터디카페를 여러 곳 추천받아 직접 방문해 보는 것이다. 아마도 한두 곳은 자기들이 안내할 테니 같이 가 보자고 할 수도 있다. 그러면 같이 가서 인테리어도 보고 설명도 들어 본다. 턴키베이스 업체 중에는 나름대로 자기들만의 디자인을 정해 놓고 여러 곳에 인테리어 공사를 완성해 놓은 업체도 있다. 그리고 그곳을 마치 자신들의 모델 하우스처럼 활용하는 것이다. 만약 그런 인테리어가 마음에 든다면 비교적 편하게 인테리어 공사를 마칠 수 있을 것이다. 그러나 마음에 안 든다면 다른 모양과 디자인으로 해 달라고 요구하면 된다.

 턴키베이스 업체에서 안내한 곳을 가 보았으면 이번에는 안내 없이 다른 곳을 찾아가 볼 필요가 있다. 그렇게까지 해야 하는 이유는 턴키베이스 업체에서 안내한 곳은 분명 시설이 잘된 곳이거나 그쪽 사장과의 관계가 좋은 곳일 가능성이 있다. 그래서는 그 업체의 본모습을 제대로 볼 수 없기 때문이다. 이때는 가능한 한 본인의 창업 위치로부터 먼 곳을 택하여 찾아가는 것이 좋다. 그래야 서로 영업상 부딪칠 부분이 없을 것이고, 그곳 업주로부터 허심탄회한 얘기를 들을 수 있기 때문이다.

 찾아가서 내부 시설도 보지만 그쪽 사장과도 만나서 인테리어의 취약점이나 방음 문제 등은 없는지, 그리고 집기나 비품 등에 대해서 문제점은 없는지, A/S는 신속하게 잘 처리되고 있는지, 업체는 신뢰할 만한 업체인지 등에 대해서 알아보는 것이다.

그리고 예비 창업주와 턴키베이스 공사업체 간에는 계속 협의하면서 일을 진행해야 하기에 이왕이면 소통이 잘되는 업체를 선택하는 것도 중요하다. 공사 현장에서 소통이 잘 안 되어 쉽게 끝낼 일도 어렵게 하는 경우가 종종 있다. 기술자들이 자기 안목과 기술만 믿고 공사를 한참 진행했다가 창업주의 생각과 달라 뜯어 내고 재작업을 하는 일도 있다. 이런 일이 반복되다 보면 작업도 진행도 늦어지지만 인테리어 결과물에 대해서도 만족하지 못할 수 있다.

여기에서 하나의 사례를 소개하고자 한다. 필자도 턴키베이스 업체를 물색하던 중에 한 업체를 만났고, 그 업체의 사장이 안내하는 독서실에 방문했다. 인테리어 시설은 나름대로 깔끔하고 좋아 보였다. 그런데 의자가 푹신하고 편하게는 보이는데 영 엉성하고 부실한 느낌이 들었다. 그래서 독서실 실장에게 의자가 괜찮냐고 물었더니 괜찮다고 하면서 이제까지 1년 이상 사용하고 있는데 아무런 하자가 없다고 답하였다. 옆에 서 있던 턴키베이스 업체 사장은 한술 더 떠서 자기가 몇 년째 독서실 시설 공사를 하면서 그때마다 이 의자를 납품했는데 아직 한 건의 문제도 발생한 적이 없다고 장담했다. 그래서 보기와 다르게 괜찮나 보다 생각하게 되었다. 그리고 얼마 후에 그 업체와 계약을 체결하였고, 그 의자가 납품되었다.

오픈한 지 5~6개월이 지났을까? 그때부터 의자에 대한 문제가 튀어나오기 시작했다. 그래서 의자 메이커에 A/S 좀 요청하려고 의자를 뒤집어 놓고 아무리 뒤져도 제조업체나 상표와 같은 것이 아무것도 붙어 있지 않았다. 완전 출처 불명이었다. 추정컨대 중국제품을 싸구려로 들여온 제품이 아닌가 싶었다. 턴키베이스 업체는 다른 A/S건 문제 때문에 언성을 높여 싸운 뒤로 필자의 전화는 받지 않아 알아볼 곳도 없었다. 그 사람은 전화를 두 대 들고 다녔는데 A/S 같은 귀찮은 문제는 전화를 안 받고 영업상의 전화는 다른 전화로 받고 그러는 것 같았다.

처음에는 의자가 삐걱대는 소리가 난다고 하여 WD40을 뿌리면서 그런대로 견디었다. 그런데 시간이 지나면서 점점 소리 나는 빈도수도 많아지고 다른 문제가 나오기 시작했다. 가운데 유압봉이 터져 의자가 푹 주저앉은 채로 높낮이 조절이 안 되는 것이다. 그래서 유압봉도 별도로 구매하여 직접 몇 개 교체하였다. 그런데 그뿐이 아니었다. 의자가 한쪽으로 기울었다고 하는 학생들이 나오기 시작하였다. 그래서 고장의 원인을 알아보기 위해 의자 앉는 부분의 외피를 모두 벗겨 내고 뜯어 보니 마지막으로 합판이 나오는데, 그 합판이 반쯤 쪼개져 있는 것도 있고 완전히 쪼개진 것도 있었다. 꼭 고물상에서 주워다 쓴 합판으로 의자를 만든 것은 아닌지 의심이 들 정도였다.

체중을 온전히 지탱해 줘야 할 합판이 그런 상태이니 앉아 있으면 허리가 아프다는 말이 나올 만도 했다. 그동안 그 의자를 이용해 준 학생들에게 정말 많이 미안하다는 생각이 들었다. 필자의 독서실을 시공했던 그 턴키베이스 업체에서는 A/S 기간이 지났으니 아무것도 해 줄 수 없다며 도리어 큰소리였다. 그래서 필자는 더는 견디지 못하고 창업한 지 약 4년 만에 의자를 모두 교체하였다.

3) 견적서 수령 방법

 턴키베이스 업체들에 대해서 몇 군데 알아봤으면 그중에서 거래해도 괜찮을 것 같다고 여겨지는 업체들을 대상으로 견적을 받아 본다. 견적을 요청할 때는 가능한 한 명확하게 하는 것이 좋다. 명확하게 요청하려면 먼저 배치도면이 나와야 하는데 배치도면은 턴키베이스 업체에 부탁해 볼 수도 있다. 어떤 업체는 상담 과정에서 그려 주기도 하고 또는 공사 계약을 체결하게 되면 빼 주는 조건으로 일정 비용을 요구하기도 한다.

 본인이 직접 그리고 싶다면 162페이지 "3. 직영으로 인테리어 하기" 부분을 참고하기 바란다. 본인이 직접 그리다 보면 효율적인 공간 이용에 대해 여러 가지 고민을 하게 되고, 그래서 업체에서 제시한 안보다 더 좋은 방안이 나오는 경우가 많다. 업체들은 기계적으로 도면을 만들 뿐 예비 창업자만큼 깊이 있게 생각을 안 한다. 업체에서 제시한 도면이 있다 해도 적극적으로 창업자가 연구하고 고민하여 이를 도면에 반영해야 한다.

 견적은 크게 두 가지로 구분된다. 하나는 인테리어 공사와 관련된 견적이고 다른 하나는 집기 비품에 대한 견적이다. 견적서는 인테리어 공사든, 집기 비품이든 가능한 한 구체적으로 받을수록 좋다.

(1) 인테리어 공사 견적

 ① 공사 시방서 작성

인테리어 공사와 관련하여 맨 처음 견적서를 받아 보면 어떤 업체는 목공사 "1식" 4,000만 원/페인트공사 "1식" 1,000만 원/바닥타일공사 "1식" 1,000만 원/전기공사 "1식" 1,000만 원 합계 7,000만 원 이런 식으로 견적서를 보내오기도 한다. 공사 종류만 분류되어 있을 뿐 모든 것을 "1식"이라는 단위로 묶었기 때문에 어떤 물품이 들어가고, 어느 정도의 물량이 필요한 것인지, 인건비는 어떤 급의 기술 인력으로 몇 명의 인원이 며칠간 작업하는 것인지에 대해서 전혀 알 수가 없다. 이런 업체는 성의도 없거니와 본 공사를 수주할 생각이 별로 없을 수도 있다. 그래서 견적서를 좀 더 구체적으로 받으려면 예비 창업자 나름대로 공사 시방서(示方書)를 작성하라고 권한다. 공사 시방서에는 비교적 구체적인 내용이 들어가기 때문에 견적서도 거기에 맞추어 구체적으로 받을 수 있다.

 공사 시방서 작성이야 메모 형식도 좋고, 낙서 형태도 좋지만, 그것이 하나둘 누적되고 정리하다 보면 쓸 만한 공사 시방서가 되는 것이다. 공사 시방서는 견적서에 표시한 물품이나 규격, 메이커 등도 표시할 수 있지만, 견적서나 배치도 등에서는 표시할 수 없는 내용을 포함하기도 한다. 즉, 각 위치별 공사 방법이나 해당 작업장에서만 특히 필요한 사항 등을 기록한 일종의 작업기준서이다. 그리고 시방서를 작성하다 보면 모르는 것이 많을 것이다. 모르는 것은 인터넷 검색이나 챗GPT 검색 등을 통해 충분히 작성할 수가 있다. 공사 시방서(示方書)는 필요한 것 중심으로 문구상으로 표시하는 것이기 때문에 구태여 전문가가 아니라도 작성할 수 있다.

그리고 모든 공사 종류에 대해 작성하면 좋겠지만 목공사, 에어컨 설치 공사, 페인트 공사 등 비교적 비용이 많이 들고 중요한 종류에 대해서만 작성해도 된다. 사실 그것도 쉽지 않은 일이라 참고할 수 있도록 책 뒷면에 "(붙임5) : ○○독서실 공사시방서(참고용)"를 붙여 놓았다.

② 견적서 수령

기초적인 공사 시방서가 작성되었다면 시방서를 턴키베이스 공사업체에 보내 그에 맞추어 견적서를 제출해 달라고 요청한다. 사실 견적을 제출해 달라고 요청하고 나서 많은 부분이 수정될 수도 있다. 공사 시방서에 이해 안 되는 부분이 있으면 견적을 작성하다가 질문해 올 것이고 그러면 내용을 들어 보면서 수정할 부분이 있으면 수정해 나간다. 그렇게 계속 수정은 하더라도 공사 시방서가 있으면 견적서는 상당히 구체적으로 받을 수 있을 것이다.

구체적인 견적서의 예를 보면 벽체 구성은 목재로 할 것인지, 스터드(철재)로 할 것인지, 흡음재는 몇 mm 두께로 어느 회사 제품을 쓸 것인지, 석고는 몇 mm 두께로 몇 겹을 칠 것인지, 문짝은 어느 회사의 어느 제품을 쓸 것인지 등등에 대해 구체화할수록 좋다. 사실 견적을 요청할 때는 견적서 양식에 맞추어 면적, 물량, 수량, 규격, 메이커 등을 표시하여 견적을 요청하면 모두가 같은 조건으로 견적을 제출하기 때문에 견적을 받고 나서도 비교하기가 훨씬 편하다. 요청한 대로 견적이 왔는지만 확인하고 금액만 비교하면 되기 때문이다. 그러나 일반적으로 예비 창업자가 견적을 구체적으로 요청하기는 쉽지 않다. 그래서 어떻게 하냐 하면 일단 초기의 공사 시방서에 기초한 견적서를 받았으면 이번에는 업체의 견적서를 서로 비교 분석하면서 동일한 물품에 대해 물량이 다르면 견적 업체에 내용을 물어 가면서 차이도 규명하고, 물품도 업체마다 다른 메이커 제품으로 견적을 냈으면 어느 제품이 더 좋은지 알아봐서 선택을 한다. 그렇게 해서 예비 창업자 본인이 견적서 양식 형태로 통일된 견적요청서를 서류로 만든다. 견적서 양식에는 물량, 수량, 면적, 규격, 제품 종류 등을 표시하게 되어 있는데 이러한 자료를 모두 양식에 표시해 주고 이것을 견적 업체에 보낸다. 그러면 견적 업체에서는 해당 물량, 규격, 면적 등에 맞추어 견적 금액을 낼 것이다. 그렇게 해서 받은 견적서는 모두 동일한 조건으로 견적서를 제출한 것이기 때문에 업체 간에 비교해서 보기가 쉽다. 그러고 나면 처음에 만들었던 초기 공사 시방서의 내용과는 많이 바뀌었을 수 있다. 이를 최종적인 견적요청서의 물량, 규격, 제품명 등과 일치하도록 수정해서 시방서를 작성해 놓으면 실제 작업 과정에서 혼선을 줄일 수 있을 것이다. 그리고 모든 것을 다 구체적으로 할 필요는 없다. 그렇게 하려면 너무나 많은 노력이 들어갈 것이기 때문이다. 금액적으로 중요하지 않은 자질구레한 품목들은 기타로 묶어 견적을 내도록 하고 일정 규모 이상의 공사만 구체적으로 하면 되는 것이다.

또 하나는 인건비인데 인건비는 위에 물품들과는 따로 구분하여 인건비 견적을 내도록 하고, 인부들의 기술등급별 일당과 작업 일수 등을 표시하도록 한다. 기술등급은 목공 기술자를 예로 들면 반장급이 있고 반원, 그리고 허드렛일 정도 돕는 잡부가 있는데 각각 품삯이 다르기 때문이다.

　물론 공사 시방서든, 견적요청서든 예비 창업자가 작성하지 않더라도 공사 진행하는 데는 문제가 없다. 단지, 공사비용을 높게 지출하게 되거나, 공사의 책임 소재가 불분명하여 분쟁이 발생하거나, 공사의 어느 부분이 부실하게 되거나 할 위험을 방지하기 위해 작성하는 것이다.

　그리고 최종 단계인 계약서를 작성할 때는 공사 시방서와 견적서도 계약서의 일부로서 첨부하는 것이 좋다. 책 뒷면에 첨부한 "(붙임 5) : ○○독서실 공사시방서(참고용)"는 필자가 작성했는데 현재의 공사 방식과는 맞지 않는 부분도 있고, 부실하게 작성한 부분도 있을 것이다. 따라서 예비 창업자들은 참고하여 현실에 맞고, 본인의 사업장에 맞는 시방서를 작성하여 사용하기 바란다.

(2) 집기비품 견적

　집기 비품의 종류를 보면 책상류, 스탠드, 의자류, 에어컨, 백색소음기, 키오스크, 간판, 사물함, 신발장, 싱크대, 전자레인지, 냉장고, 커피 머신, 공기청정기, CCTV, 컴퓨터, 프린터, 진공청소기, 제빙기, 정수기 등등이 있다. 물론 이 외에도 잡다한 품목들이 있지만 큰 품목은 대부분 포함되었다. 특히, 책상류는 중요한 부분이고 인테리어의 역할도 하기 때문에 색상이나 모양, 규격 등을 미리 정해 놓고, 사진 등을 확보해 놓는 것이 좋다.

위 집기 비품 중에서 창업자가 직접 조달하는 품목은 제외하고 나머지 부분에 대해서는 턴키베이스 공사업체에 견적을 요청한다. 견적을 받는 품목은 상품명, 수량, 규격, 메이커 등을 구체적으로 받아야 한다. 창업자가 직접 조달하더라도 공사성이 있는 품목은 시공업체와 협의하면서 진행해야 한다. 에어컨, 백색 소음기, 자동문, 싱크대, 간판 설치 등은 모두 공사 과정에서 서로 부딪히지 않게 일정을 조율해야 하고 작업 내용도 협의하면서 진행해야 한다.

사실 위에서 설명한 대로 쉽지만은 않은 작업이다. 하지만 대부분의 턴키베이스 업체에서는 자기들의 고정 거래처가 있으니 가능하면 턴키베이스 업체에서 많은 부분을 포함하여 견적을 내도록 하는 것이 편할 것이다. 인테리어 공사견적서를 받고 공사 시방서까지 협의가 완료되면 이제 모든 계약 조건들은 명확해진 것이고, 남은 일은 이제 업체 선정과 금액 확정, 그리고 계약서에 서명·날인하는 것이다. 견적서가 나왔다고 해서 금액이 확정된 것은 아니다. 대부분 여기에서 한 번 더 가격 협상을 벌인다. 어차피 금액 결정은 쌍방이 협의하여 정할 수밖에 없다.

4) 계약서 작성하기

프랜차이즈로 창업하는 경우에는 프랜차이즈 본사에서 준비한 표준계약서가 있으니 그에 따라 계약을 하면 신경을 조금 덜 써도 되지만 턴키베이스 공사업체를 통해 창업하는 경우에는 계약서 작성이 중요 해진다. 그래서 이 책에서는 계약의 일반적인 사항이 아니라 독서실/스터디카페 인테리어 공사를 하면서 특기할 만한 사항을 몇 가지 서술하고자 한다.

첫째, 계약서는 가능한 한 창업자가 직접 준비하는 것이 좋다. 턴키베이스 업체에서 준비해 오면 그 계약서는 조문이나 문구 하나라도 그들에게 유리하게 작성해 온다는 것을 알아야 한다. 본인이 직접 작성해야 문구 하나라도 정확히 음미할 수 있고, 본인에게 유리하게 작성할 수 있기 때문이다.

둘째, 공사 기간은 꼭 표시해야 한다. 언제 시작해서 언제까지 끝낸다는 문구를 넣고 지체되었을 경우 지체일수 하루당 얼마씩을 잔금에서 공제 후 지급한다는 문구를 넣는 것이 좋다. 하루당 공제 금액은 월간 임차료와 관리비, 이자 비용, 인건비 등 고정비성 비용과 월간 예상 순이익을 모두 합한 금액을 30일로 나누어 산출하는 것이 합리적이지 않을까 생각한다. 턴키베이스 업체들은 3~4개 사업장 공사를 동시에 진행하는 때도 있다. 이런 경우 공사 기간에 대한 제한이 없다면 자꾸 인력을 다른 사업장으로 **빼**내거나 물품 납품이 지연되어 정작 본인의 사업장은 뒷전으로 밀리는 상황이 될 수도 있다. 이런 상황을 방지하기 위해서이다.

셋째, 공사 중에 발생한 안전의 책임이 누구에게 있는지를 명확하게 해 두는 것이 좋다. 만약에 화재라도 나거나 작업 인부가 다치기라도 하면 예비 창업자는 실질적으로 한 일도 없는데 온갖 책임을 모두 뒤집어쓸 수가 있다. 창업자 본인의 책임은 면한다고 하더라도 서로 책임을 전가하느라 작업 진행이 멈춰버리는 답답한 상황이 될 수도 있다. 그래서 안전의 책임은 턴키베이스 업체 측에 있음을 분명히 할 필요가 있다. 그리고 어떤 이유에서건 공사가 하릴없이 지연되고 멈춰 있는 것을 막기 위해 일정 기간 공사 진행이 안 되면 계약은 해지되고 다른 업체에 나머지 공사를 맡겨서 진행할 수 있다는 조문을 넣는 것이 필요하다.

넷째, 하자보증보험과 관련된 내용인데 하자(이행)보증보험증권을 발행해 준다는 내용을 계약서에 넣고 보험증서를 받으라는 것이다. 하자(이행)보증보험증권은 독서실/스터디카페를 오픈한 후 하자가 발생했을 때 이를 턴키베이스 업체 측에서 처리를 안 해 줄 경우, 그 손해를 보증보험회사로부터 보상받는 시스템이다. 보상 한도는 보험 가입금액 한도 내에서만 받을 수 있다. 보험료율은 업체 신용도 등에 따라 다르지만 보통 소규모 공사의 경우 0.3%~0.7% 정도라고 한다. 이를테면, 계약총액 2억 원짜리를 약 10%인 2,000만 원을 1년 가입한다면 보험료율은 0.5% 정도이고 이를 반영하면 보험료는 10만 원이 된다. 보증기간은 길면 길수록 좋겠지만 일반적으로 계약서상의 하자 보증기간과 보증 보험 증권의 가입 기간은 같게 한다.

하자(이행)보증보험과 달리 계약(이행)보증보험증권은 계약을 체결한 이후 업체가 인테리어 공사를 제대로 진행하지 않아 예비 창업자에게 손해가 발생했다면, 그 손해를 보험회사로부터 받을 수 있는 보험이다. 필자는 계약(이행)보증보험증권은 실제로 받아 본 적은 없다. 계약할 때부터 그렇게 믿음이 안 가는 업체는 없었고, 또 믿음이 좀 덜 가더라도 실제 공사 진척도보다 대금을 늦게 지급하도록 계약을 체결하면 위험을 회피할 수 있기 때문이다. 그러나 하자(이행)보증보험증권은 꼭 받아 두는 것이 좋다. 그리고 하자(이행)보증보험증권을 받아 놓은 덕도 톡톡히 본 적이 있다.

필자가 겪은 하나의 사례를 소개한다. 독서실 인테리어 공사를 턴키베이스 업체에 맡겨서 공사를 완료했다. 오픈한 후 얼마 지나지 않아 하자가 발생하여 업체 사장에게 전화했다. 한두 번은 전화를 받더니 그 이후로는 전화를 받지 않았다. 여러 번 전화해도 마찬가지였다. 그래서 하자 처리를 해 달라는 내용으로 "내용증명"을 보냈다. 그래도 아무런 반응이 없었다.

다음에는 업체에 보냈던 "내용증명"을 첨부하여 보증보험회사에 하자이행보험금을 지급해 달라고 청구를 했다. 그러자 며칠이 지나지 않아 업체 사장에게서 전화가 왔다. 하자 처리를 해 준다는 것이다. 필자는 보험금을 받아서 해결하면 되니까 구태여 안 해 줘도 된다고 하니까 그 사장은 미안하다고 하면서 조속히 해결해 주겠다고 했다.

보증보험회사에서는 보험금 청구가 들어오면 정확한 실상을 알기 위해서 공사업체 사장에게 전화한다. 그러면서 피보험자(독서실)에게 보험금을 지급하게 되면 보험계약자(공사업체)가 받게 될 불이익에 대해서 알려 준다. 만일, 보험금이 지급되면 그 업체는 다시 보증보험증권을 발급받는 것이 어려워진다. 대부분의 공사업체는 독서실/스터디카페뿐만이 아니라 관청이나 공기업, 기업체 등에서도 수주하여 공사하는데 그런 곳에서는 무조건 계약(이행)보증보험증권과 하자(이행)보증보험증권을 요구한다. 그런데 보험증권을 발급받지 못하면 그만큼 현금을 맡기거나 아니면 그런 곳의 공사에는 참여할 수 없게 되는 것이다. 그래서 하자 처리를 안 해 줄 수가 없다.

그리고 하자(이행)보증보험과 관련하여 계약서에 꼭 넣어야 할 것은 "하자이행과 관련하여 분쟁 발생 시 보험금액은 별도의 소송절차 없이 창업주(갑)에게 자동 귀속된다"라는 문구이다. 이런 문구가 없다면, 보험회사에서는 쉽게 보험금을 내줄 수 없는 경우가 많다. 왜냐면 하자 처리로 인한 분쟁 발생 시 "갑"과 "을"이 서로 주장하는 바가 다르고, 따라서 그 책임이 어디에 있는지 불분명한 상태이기 때문에 보험회사에서는 일단 보험금 지급을 미룬다. 그리고 책임 소재를 확실히 하기 위해 소송해서 법원의 판결을 받아 오라고 하는 경우가 많다. 그렇게 되면 하자 처리를 위해 소송까지 벌여야 하고, 보험금 받는 일이 요원한 일이 될 수도 있다. 그런데 위와 같은 문구를 넣으면 분쟁이 발생했다는 사실만으로도 보험금액은 예비 창업주에게 지급해야 할 의무가 생기고, 보험회사에서는 보험금액 지급을 미룰 수 없게 되는 것이다.

계약서에 하자 보증기간은 가능하면 길게 할수록 좋다. 하지만 대부분 업체에서는 1년 정도는 해 주는데 2년까지는 잘 안 해 주려고 한다. 독서실/스터디카페 시설은 대부분 장기간 쓰는 내구재이기 때문에 처음 1년은 웬만하면 문제없이 잘 지나간다. 그러다가 1~2년이 지나면 서서히 문제가 생기기 시작한다. 일반적으로 A/S로 인한 분쟁은 자주 발생한다. 보증기간 이내라고 하더라도 대부분 소규모 업체들은 A/S에 대해서는 나 몰라라 하는 경향이 있는데, A/S 기간이 지났으면 더구나 관심이 없을 것이다. 그리고 마지막 잔금을 지급하기 전에는 모든 검수 절차를 마치는 것은 물론이고, 하자(이행)보증보험증권을 받은 후에나 지급해야 한다.

다섯째, 공사대금 지급 일정을 표시한다. 지급일자를 표시하라는 것이 아니라 공사 진척도에 따라 대금을 지급하는 것이 원칙이라는 것이다. 어떤 경우에는 계약금 10%, 착수금 40%, 중도금 40%, 잔금 10% 해서 계약하는 것을 보았다. 이 경우 공사를 시작하자마자 50%의 대금을 주고 나서 아주 골탕을 먹는 것은 보았다. 어차피 줄 돈이라고 생각하여 진척도보다 훨씬 많은 대금을 쉽게 주었다가 낭패를 보는 것이다.

아마 예비 창업자는 공사 진척도를 알기가 어려울 것이다. 그래서 필자가 제안하는 것은 계약금 10%, 내부 인테리어 공사 완료 후 40%, 집기와 비품이 모두 납품된 후에 30%, 독서실/스터디카페 오픈하고 나서 2주쯤 후에 20% 이런 식으로 계약하기를 권한다. 그러다 보면 개중에는 납품 대금을 선지급해야 공사 자재를 공급받을 수 있다는 등 각종 핑계를 대면서 대금 선납을 요구할 것이다. 이런 요구를 함부로 들어주고 나서 어려움을 겪는 경우가 많다. 사실, 턴키베이스 업체가 본인의 고정적인 거래처에서 대금을 선납해야만 물품을 공급받을 수 있는 정도라고 한다면, 그런 업체는 이미 신뢰하기 어려운 업체가 아닌가 싶다.

여섯째, 계약서에 정하지 않은 물품이나 공사 스펙에 대해서는 창업주(갑)가 요구하는 대로 해 주어야 한다는 내용을 넣을 필요가 있다. 왜냐하면 창업주는 몰라서 체크를 못 하는 경우가 많은데 업체에서는 뻔히 알면서도 체크를 안 하는 경우가 있기 때문이다. 이런 경우에는 창업주(갑)에게 유리하게 한다면 업체 측에서 빠짐없이 체크할 것이다.

 일곱째, 공사 중에 원가 상승으로 인한 추가 요금은 청구할 수 없다는 내용과 계약상에 정해진 품목을 구할 수 없는 경우, 창업자 측과 합의하여 동급 이상의 다른 물품으로 대체한다는 내용을 넣어야 한다.

 아홉째, 상세견적서나 배치도면, 시방서, 자재 선정표 등도 계약서 일부로 간주하여 계약서에 첨부하라는 것이다. 그리고 계약서와 똑같이 도장을 찍고 간인 처리하는 것이다. 그래야 계약의 범위가 분명해지고 내용도 구체화되어 나중에 분쟁의 소지도 적어진다. 그리고 계약서 작성 시에 "실내건축공사 표준(하)도급계약서"를 참고하는 것도 좋다. 실내건축공사 표준(하)도급계약서"는 공정거래위원회 사이트에서 찾을 수 있다.

5) 인테리어 디자인의 선택

 업체를 선정하고 계약서 작성도 완료되었으니 이제 공사를 시작해야 한다. 그런데 공사를 시작하기 전까지는 먼저 본인이 원하는 스타일이 어떤 스타일인지를 정해 놓는 것이 좋다. 고급스럽게 할 것인지, 깔끔하게만 할 것인지, 그리고 빈티지, 앤틱, 모던 스타일 등등에 대해 어떻게 할 것인지 정하라고들 말한다. 하지만 대부분의 예비 창업주들은 인테리어 전문가도 아니고 잘 알 수가 없다. 그냥 현장 실물을 보거나, 사진 자료를 보면 인테리어가 좋다거나 나쁘다거나, 마음에 든다거나 안 든다고 하는 정도를 알 수 있을 뿐이다. 그런 경우에는 안목을 키울 겸 해서 독서실/스터디카페를 여기저기 많이 다녀 본다. 그러다 보면 마음에 드는 독서실/스터디카페가 하나둘 눈에 들어올 것이고 그중에 가장 마음에 드는 독서실/스터디카페를 하나 선정한다. 그리고 각 부분별로 사진을 수집해 둔다. 이를테면 휴게실, 열람실, 복도, 출입구 등등 주요 부분에 대한 사진을 많이 수집한다. 사진은 인터넷에서 검색해 보면 무수히 많은 사진이 나온다. 그중에서 취사 선택하면 되는 것이다. 특정 독서실/스터디카페의 사진을 구하는 것도 어렵지 않다. 네이버나 다음에서 지역명과 함께 독서실이나 스터디카페로 검색해 보면 업체에서 올린 시설 사진들이 많이 나온다. 특정 업체의 시설을 컴퓨터 앞에 앉아서 볼 수 있는 것이다. 그렇게 해서 모아 놓은 사진을 가지고 목공 기술자, 페인트 기술자 등과 디자인이나 색상 등에 대해 협의하고 의사소통한 후 최종적으로 결정하면 된다.

3. 직영으로 인테리어 하기

이번 단원 "직영으로 인테리어 하기"는 인테리어 공사를 예비 창업자가 직접 주도해서 할 수 있도록 하는 데 목표를 두고 서술하였다. 필자도 공사 전문가가 아닌데 해냈듯이 예비 창업자들도 충분히 할 수 있으리라고 생각한다. 프랜차이즈 본사나 턴키베이스 공사업체를 통해 창업하는 분들도 인테리어 공사를 하기 전에 읽어 보면 많은 도움이 되리라고 생각한다.

필자가 직영공사를 해 본 바에 따르면 비용이 그렇게 많이 줄지는 않은 것 같다. 대신 자재는 고급 자재를 충분히 사용했고 공사 기술자들은 시간 제약 없이 꼼꼼하게 일하다 보니 인테리어 공사는 아주 만족하게 되었다. 직영공사로 인한 절감액을 명확하게 계산할 수는 없지만 약 70여 평 규모의 공사에 대략 1,500~2,000만 원 정도 절약하지 않았을까 하고 생각한다. 생각보다 절감액이 작은 이유는 우선 필자가 인테리어 전문가가 아니다 보니 공사 자재나 집기 비품 등을 전문업체보다는 조금씩 비싸게 사지 않았나 하는 생각이 든다. 그도 그럴 것이 항상 단골로 거래하는 전문업체보다 평생에 한두 번 거래하는 개인이 어떻게 더 저가로 살 수 있겠는가? 목공 기술자 등 인건비도 조금은 더 들어간 것 같다. 붕어빵 뽑아 내듯이 반복적으로 같은 기술자들과 팀을 이루어 인테리어 공사를 하는 전문업체보다는 목공 인력을 비효율적으로 운영했기 때문일 것이다.

그래도 직접 공사를 하게 되면 여러 가지 장점은 있다. 첫째는 창업주가 원하는 대로 공사를 진행한 결과 공사 품질과 만족도가 높아질 수 있다는 것이다. 둘째는 많든 적든 공사비용을 어느 정도는 줄일 수 있다는 것이고, 셋째는 공사 과정에서의 이런저런 갈등을 줄일 수 있다는 것이다.

그리고 직영공사를 하게 되면 공종별로 업체를 많이 선택하게 될 터인데 다른 조건이 같다면 가능한 한 창업 위치와 가까운 곳에 있는 업체와 거래하라고 권하고 싶다. 그래야 나중에 A/S가 발생하면 쉽게 요청할 수 있고 처리가 빠르기 때문이다.

1) 인테리어 공사

(1) 배치도면 그리기

① 현장을 엑셀 시트로 옮기기

  창업할 점포가 정해지면 계약을 체결하기 전이라도 건물주의 양해를 얻어 상가 건물 내부 면적을 측정한다. 건축도면이 있다 하더라도 실제로 측정하는 것이 좋다. 이때 레이저 측정기가 있으면 아주 편한데 몇만 원 정도면 살 수 있다. 가로와 세로, 천장 높이, 기둥 위치와 기둥 두께, 창문 위치, 출입문 위치, 기형적인 면적 부분이 있으면 그것까지도 세세하고 정확하게 면적과 거리를 측정해야 한다. 만약 벽면 어느 부분에 돌출 부분이 있으면 돌출 부분 끝부분부터 측정해야 한다.
  현장의 면적이 측정되었으면 그것을 엑셀 시트에 그대로 옮긴다. 엑셀 눈금은 1칸당 10cm로 한다. 기둥 위치와 기둥 두께를 표시하고, 창문과 출입문의 위치와 넓이도 표시한다. 현장에서 측정한 거리와 엑셀 시트 위에 표시한 거리는 일치해야 한다. 이렇게 해서 배치도면을 그리기 위한 엑셀 시트용 기본눈금판을 만든다.

② 배치도면의 일반적 구획과 규격

 그런 다음에 그 엑셀 시트 기본눈금판을 복사하고 그 복사판 위에 스스로 배치도를 그려 본다. 일반적으로 사람들은 커피숍이나 카페, 어느 식당을 가더라도 안쪽 자리, 아늑한 자리, 일행끼리만 독립적으로 얘기할 수 있는 그런 자리를 선호한다. 그러한 속성이 독서실/스터디카페에서도 마찬가지다. 그런 좌석들이 먼저 차는 것이 대체적 현실이다. 그래서 배치도면을 그릴 때 가능한 한 그런 공간을 많이 만드는 데 신경을 써야 한다.

 독서실/스터디카페의 공간은 크게 열람실, 복도와 로비, 휴게실, 스터디룸, Food Zone, 노트북석, 사무실 등으로 구성된다. 어떤 곳은 수면실이 있는 곳도 있고, 무인으로 운영하기 때문에 사무실은 없애는 추세이기도 하다.
 공간을 배치할 때 가능하면 휴게실은 창밖을 볼 수 있는 곳이나, 아니면 외부 소음이 들어오는 쪽에 배치한다. 스터디룸이나 사무실도 가능한 한 외부 소음이 들어오는 쪽에 배치하는 것이 좋다. 어떤 곳은 공간 활용도를 높이기 위해 휴게실을 출입구 쪽에 배치하여 휴게실을 통하여 열람실로 들어가도록 하는 구조를 택하기도 한다. 그리고 열람실 중에 고급실이 있는 경우에는 가능한 한 휴게실과 멀리 떨어진 곳에 배치하는 것이 좋다. 아무래도 휴게실은 소음이 발생하는 곳이기 때문이다.
 배치도면을 그릴 때 내부 칸막이의 두께는 엑셀 시트 한 눈금 즉,

10cm로 잡는다. 독서실/스터디카페 내부에 주 복도가 있는 구조라면 그 넓이는 최소 120cm 이상으로 해야 하고, 주 복도를 통해 다른 소 복도로 넘어가는 경우 그 소 복도의 넓이는 최소 100cm 이상으로 한다. 복도가 더 넓으면 좋겠지만 공간 효율성을 생각하면 함부로 넓힐 수가 없다. 또 그보다 좁게 잡으면 비좁아서 청소 작업하기 힘들 수도 있고, 보기에도 답답해 보여 인테리어를 망치는 결과를 가져올 수도 있다.

열람실 중에서 등을 맞보는 구조의 열람실이라면 책상과 책상 사이의 거리 즉, 의자가 놓이는 통로의 폭은 150cm 정도 이상으로 하면 적정할 것 같다. 더 가까우면 통로에 있는 등 뒤의 의자와 의자가 서로 부딪칠 수도 있다. 칸막이가 되어 있는 개인실이라면 앞뒤로 최소 150cm, 좌우로 100cm는 되어야 한다. 이때 책상 공부면의 앞뒤 거리는 보통 58~60cm이다. 공부면의 좌우 폭은 보통 90~120cm 정도로 차이가 크다. 필자의 생각으로는 90cm 이하는 너무 작고, 110~120cm는 너무 크다는 생각이다. 보통 사람이 팔을 뻗어서 물건을 쉽게 잡을 수 있는 크기가 적정한 크기라고 보는데 그게 100cm 정도가 아닐까 싶다. 물론 여유 면적이 있어 그 면적에 맞추기 위해 책상 일부를 크게 만들거나 작게 만드는 것은 문제가 없다고 본다. 책상 칸막이 재료로 사용하는 LPM 합판의 두께는 보통 1.8cm 정도인데 이 두께는 배제하고 계산하는 것이 좋다. 하지만 그로 인해 좌석 수가 줄어들 상황이라면 포함해서 계산하는 것도 문제가 없다. 물론 이보다 더 넓게도 좁게도 할 수 있겠지만 이 정도가 적정한 수준이 아닌가 싶다. 책상 규격을 좀 더 자세하게 보려면

201페이지 "(1) 독서실/스터디카페 책상"을 참고하기 바란다.

개인실 칸막이는 일반적으로 책상 소재인 LPM 합판으로 막는데 그게 아니고, 각재와 합판, 석고보드 등으로 두껍게 목공 작업을 하여 막는 경우가 있다. 이때는 칸막이 두께가 10cm 정도 되는 점을 고려하여 Lay-out을 잡아야 한다.

어떤 상황에서는 10cm 때문에 복도 폭을 줄이거나 아니면 한 줄로 배열된 책상 여러 개를 빼야 하는 때도 있다. 그래서 좌석 수도 어느 정도 확보하고, 공간도 넓게 보이도록 하면서, 휴게실 등 공동이용 공간을 확보하기 위해서 배치도를 이렇게도 그려보고 저렇게도 그려 보고 수없이 반복해 그려 가며 최적의 대안을 찾는다. 그러다 보면 1안, 2안, 3안 등등 수없이 많은 배치도면이 나오는데 그렇게 해서 나온 안 중에서 제일 좋은 하나를 선택하여 공사를 시작하면 된다.

사실 그렇게 배치도면을 스스로 그리기 위해서는 사전에 어느 정도 연구를 해야 한다. 시설이 잘된 독서실/스터디카페가 있으면 찾아다니면서 주 복도나 열람실 내부 복도의 넓이, 휴게실 규모, 책상 규격, 책상과 책상 사이의 간격 등등을 측정하여 자료를 모아 나간다. 그러다 보면 복도 넓이는 어느 정도가 적정한지, 휴게실은 어느 정도 넓이로 하면 좋겠다든지 하는 안목이 생기고 배치도면을 그릴 수 있게 된다. 사실 몇 번 그리다 보면 별것도 없다는 생각이 든다. 누구나 할 수 있는 작업인데 다만 귀찮아서 안 할 뿐이다.

물론 CAD/CAM이나 3D도면 등 설계 프로그램을 사용할 수 있는 독자라면 쉽고 좀 더 완벽한 배치도면을 그릴 수 있겠지만 그런 것을 사용할 줄 모르는 일반 독자라면 엑셀 시트로 작업해도 아무런 문제가 없다. 필자는 엑셀 시트로 작업한 배치도면을 가지고 독서실/스터디카페 공사 4개를 완성했는데도 아무런 문제가 없었다.

　엑셀 배치도면을 그리고 나서도 빠져 있는 부분이 하나 있는데 천정의 높이다. 옛날에 독서실은 천정이 높으면 산만하고 집중력이 떨어진다고 하여 일부러 240cm 정도로 낮추는 작업을 하기도 했다. 그런데 요즘은 답답하다 하여 천정고를 높이는 추세이다. 필자의 생각으로는 열람실은 270cm 정도가 좋은 것 같고, 휴게실이나 카페룸 등은 같은 높이로 하거나 더 높여도 좋을 것 같다. 그리고 천정형 시스템에어컨을 설치하려면 텍스 위에 천장 높이가 최소 20cm 이상은 돼야 설치할 수 있다는 것을 참고하기 바란다. 물론 완전 매립하지 않고 일부만 매립해서 설치하는 방법도 있는데 미관상 별로 좋지 않은 단점이 있다.

　그리고 휴게실이나 적절한 공간이 있으면 스탠딩 테이블을 설치하는 것도 좋다. 스탠딩 테이블이란 높이가 높은 테이블이나 대(臺)를 설치해 놓고 학생들이 선체로도 공부할 수 있는 시설을 말한다. 오랜 시간 책상에 앉아 공부하다 보면 좀이 쑤시고, 불편해져 자세를 바꾸어서 공부하고 싶은 생각이 든다. 이런 때 스탠딩 테이블에 기대어 서서 공부를 하게 되는데 이용률이 꽤나 높은 시설이다. 이런 시설은 가능하다면 바깥 경치를 볼 수 있는 위치에 놓는다면 금상첨화일 것이다. 이런 과정을 거쳐 작성된 엑셀 배치도를 참고할 수 있도록 아래에 붙인다.

⟨엑셀 시트로 작성한 배치도(견본)⟩

※ 아래쪽 굵게 박스 친 부분은 교육지원청에서 인가를 받고 독서실로 영업.
※ 독서실 이외의 부분은 모두 스터디카페로 사업자 등록을 하고 영업.
※ 휴게실 실제 면적은 도면보다 3평 정도 더 넓음(옥상 부분으로 확장).
※ 검은색으로 표시된 부분은 건물의 기둥 위치.

　　상기 도면에서 주 복도를 포함한 위쪽 부분은 스터디카페로 사용하고 있고, 주 복도를 제외한 아래 부분은 독서실로 인가받아서 영업하고 있다. 처음에 독서실로 할까?, 스터디카페로 할까? 아니면 면적을 나누어 독서실과 스터디카페 두 개의 사업으로 할까? 고민했었다. 같은 건물 같은 호실에 과연 두 개의 사업이 허가가 날 것인가 하는 논란이 있었기 때문이다. 출입구가 하나뿐인데 두 개의 사업체로 허가가 나겠느냐 하는 의문이었다. 그러나 막상 진행해 보니 별 문제 없이 교육지원청의 인가를 받고 사업자 등록도 할 수 있었다.

(2) 인테리어 디자인 선택

　161페이지 "5) 인테리어 디자인의 선택"에서도 기술했듯이 현장을 방문하거나 이미지 사진을 보면서 나름대로 모델이 될 만한 독서실/스터디카페를 정한다. 그리고 그 업체를 모델 삼아 그대로 따라 하라고 권하고 싶다. 그러려면 부분 부분 사진 자료를 많이 모아 놓아야 한다. 그래야 그 사진을 기초로 목공 기술자나 페인트 기술자, 시트지 작업하는 분들과 상의할 수 있고 창업자 본인의 의사를 정확히 전달할 수 있다.
　독서실/스터디카페 인테리어라는 것이 사실은 책상 등 집기 비품이 많은 부분을 차지한다. 독서실/스터디카페에 들어가 보면 보이는 것은 대부분 책상이고 칸막이이고, 의자이다. 따라서 책상의 색상은 가능한 한 모델로 삼은 독서실/스터디카페의 색상 그대로 사용하기를 권한다. 그뿐만이 아니라 조명등이나 문짝 등도 인테리어에서 중요한 부분이기 때문에 똑같지는 않더라도 이미지가 같은 계통의 제품을 사용하는 것이 좋다. 인테리어라는 것이 조화를 바탕으로 하는 것인데 어떤 것은 모델 업체를 따라 하고, 어떤 부분은 다른 업체의 디자인을 따라 한다면 조화로부터 오는 아름다움을 해칠 수도 있기 때문이다.

(3) 공사일정표 준비

공사일정표는 가능한 한 세부적으로 작성하는 것이 좋다. 어떤 종류의 공사들이 있는지 그리고 그 공사들이 어느 시점에 시작하고 언제 끝내야 하는지, 공사들이 서로 부딪히지 않도록 일정을 조율하여 계획을 수립해 놓는 것이다. 공사일정표는 원칙적으로 모든 공종별 담당자와 협의해서 작성하면 좋겠지만 그것이 쉽지 않다. 따라서 목공 작업 팀장에게는 먼저 보여 주고 협의하여 수정할 부분이 있으면 수정해야 한다. 목공 작업을 중심으로 다른 작업 일정도 맞추어 나간다. 그렇다고 해서 절대 계획대로만 되는 것도 아니다. 기본적인 계획을 갖추어 놓고 그때그때 상황에 맞추어 수정해 나가면서 공사를 진행한다. 아래에 견본으로 공사일정표를 붙인다. 여기에는 순수 공사 일정만 들어가 있고 공사 후 들어오는 집기와 비품 입고 일정 등은 빠져 있다.

〈공사일정표/견본〉

구분	공사내용	1주차							2주차							3주차							4주차							5주차		
		1	2	3	4	5	6	7	8	9	10	11	12	13	14	15	16	17	18	19	20	21	22	23	24	25	26	27	28	29	30	31
바닥수평	수평몰탈공사	■																														
	몰탈 양생기간			■	■																											
목공작업	천장공사작업					■	■																									
	바닥마출작업							■	■																							
	목재/석고보드 시업								■	■																						
	목공 및 간막이 작업										■	■	■	■	■	■	■	■	■	■	■											
	창호주문														■																	
비주얼작업	창호입고 및 설치																				■	■										
	도색 및 필름작업																		■	■	■											
	환기배관천장작업																			■	■	■	■									
덕트공사	보온어 부착작업																						■	■								
전기공사	배선, 스위치설치작업																						■	■	■	■						
	전등, 등기구설치작업																							■	■	■						
	CCTV/WIFI/백색소음기																								■							
소방작업	스프링클러 설치정비																								■	■	■					
	소방등, 비상등, 경보등																							■	■	■	■					
	매연감지기 등 설치												■																			
에어컨	에어컨배관작업																						■									
	실내외기 부착작업																									■	■					
싱크대	싱크대주문																				■											
	싱크대 및 배수관설치																										■	■				
	순간온수기설치																											■				
바닥타일	바닥 데코타일작업																											■	■			
청소	타일작업 전 바닥청소																										■					
	입주청소(집기 입고전)																															■

(4) 주요 공종별 공사 진행(견적과 계약 체결)

① 바닥면 고르기 작업(수평 몰탈 작업)

　사실 본격적인 공사 시작 전에 확인해 봐야 할 사항이 있다. 바닥면이 평평한 상태인지 어디가 기울어져 있거나 울퉁불퉁한 부분은 없는지 확인해야 한다. 학생들이 공부하려면 장시간 의자에 앉아 있어야 하는데 바닥 면이 고르고 평평하지 않으면 의자가 기울어지게 되고 결국 학생을 불편하게 만든다. 정도에 따라 다르겠지만 허리가 아파 못 앉아 있겠다고 하는 사례도 있다. 바닥 면이 평평하지 않은 것을 알려면 바닥에 물을 뿌려 보면 알 수 있다. 물이 얇게 고여 있는 정도는 그대로 두더라도 많이 고여 있는 부분은 수평을 고르게 잡고 나서 공사를 시작하는 것이 좋다.

　바닥 수평을 잡는 방법은 수평 몰탈 공사를 하는 것인데 먼저 바닥 전체를 할지 아니면 부분만 할지 결정해야 한다. 독서실/스터디카페는 대부분 면적이 크기 때문에 전체적으로 하기에는 시간과 비용이 많이 든다. 부분적으로 한다고 가정하면, 몰탈 공사를 할 부분의 먼지와 이물질을 깨끗이 제거한다. 그리고 접착제 성격의 전용 프라이머를 바르고 나서 수평 몰탈을 부어 놓는다. 그러면 수평 몰탈이 스스로 낮은 곳으로 흘러내려 자연적으로 수평이 맞게 되는 것이다. 수평 몰탈은 콘크리트 종류이기 때문에 바르고 나면 양생 기간이 필요하다. 수평 몰탈 작업은 비교적 간단하여 본인이 스스로 할 수도 있지만, 전문업체에 맡기는 것이 좋다. 업체에 맡겨서 하면 몰탈 시멘트를 몇 포대를 사용하는지 등 정확한 견적을 받아서 하기를 권한다. 이런 부분에서 속이는 사람도 보았다.

② **목공사 작업**

(a) 목공사 시방서 작성

144페이지 "2. 턴키베이스 업체를 통한 인테리어 공사" 부분에서 공사업체로부터 견적서를 받으려면 공사 시방서가 필요하다고 기술한 바 있다. 견적을 받을 때 만약 동일한 물량과 규격, 품질 수준을 표시하여 견적을 요청하고, 이를 받으면 견적 비교하는데 용이하기 때문이다. 그리고 공사 시방서는 공사 과정에서 기술자들에게 일종의 지침서 역할을 하게 된다. 그리고 만약 무엇이 잘못되었을 경우 책임 소재를 규명하는 데도 도움이 될 것이다.

그런데 직영공사의 경우에는 공사 시방서 작성 목적이 조금 다르다. 외부 공사업체로부터 견적을 받기 위한 것도 아니고, 책임소재를 가리기 위한 것도 아니다. 따라서 시방서의 작성 내용도 달라진다. 그냥 창업자 본인이 보기 좋고, 알기 쉽고, 잊지 않도록 작성하면 되는 것이다. 목공 작업은 대부분의 일이 같은 방식으로 진행되고 일부분만 다른 방식으로 하는 경우가 많다. 그래서 같은 방식으로 일하는 부분을 공통적인 목공 시방서로 작성해 놓고, 다르게 해야 할 부분만 위치별 특기 사항으로 정리해 놓으면 된다. 이를테면 아래 예시와 같이 작성한다.

〈공통적 목공시방서 예시〉

1. 칸막이 설치 : 칸막이는 50mm 각재로 골격을 세우고, 50mm 흡음재로 충진한 다음, 양쪽에 각각 9mm 석고보드 2겹을 쳐서 마감 처리.
2. 도어 설치 : 폭 900mm×높이 2,050mm ○○사 제품번호 AO12로 시공한다.

〈특정 위치별 특기사항 예시〉

1. 외부 접하는 벽면 : 아이소 핑크 50mm 단열재로 추가 시공.
2. 옆 사무실과 접한 부분 : 천장 위(텍스 위)까지 칸막이 및 흡음재로 방음 처리하고 공통적 칸막이 방음 부분보다 흡음재, 석고보드를 한 겹씩 더 추가 시공한다.

아무래도 위와 같이 약식 목공 시방서라도 있으면 목공 기술자들과 협의하기도 좋고, 작업 지시를 하기도 쉽다. 책 뒷면에 "(붙임5) : ○○독서실 공사시방서(참고용)"을 참고하기 바란다.

여기에 더해 좀 더 편하게 보기 위해 294페이지 "(붙임6) : 위치별 목공 작업 특기사항(예시)"을 만든다. 앞서 만든 엑셀 배치도면에 위치별로 목공 작업 특기사항을 직접 표시해 놓은 것이다. 어느 위치는 단열 처리를 하고, 어느 위치는 방음 처리를 하고 등등 특기 사항을 시각적으로 직관할 수 있도록 기록하여 목공 책임자에게 전달하는 것이다. 물론 목공 시방서에도 같은 내용이 들어 있기는 하지만 공사 현장에서 일일이 시방서를 보면서 일하기는 어렵다. 실제로

"위치별 목공 작업 특기사항"을 만들어 주었더니 목공 기술자들은 목공 시방서보다는 오히려 "위치별 목공 작업 특기사항"을 더 자주 보면서 일하는 것을 보았다. 여기에 더하여 엑셀 배치도면에 위치별로 번호 표시를 하고 그 번호별로 인테리어가 완성된 최종적인 모습의 이미지 사진을 붙여 주니 창업주와 목공팀장만이 아니라 목공 기술자들 상호 간에도 이해도가 훨씬 높았다. 이것도 "(붙임7) : 위치별 인테리어 이미지 사진 모음"을 책 뒷면에 붙인다.

  목공사에서 몇 가지 특기할 사항은 문짝 선택이 중요하다는 것이다. 목공사 작업은 모두 붙박이로 고정되어 있는데 유일하게 움직이는 것이 문이다. 그래서 문짝은 A/S가 많이 발생하는 부분이기도 하니까 조금 비싸더라도 좋은 제품을 사용하는 것이 좋다. 요즘은 목문보다도 ABS 재질의 문짝을 더 선호한다. 목문과 가격은 비슷하지만 습도나 온도에 강하고, 비틀림 현상도 적어 문제를 덜 일으킨다. 목문은 장마철 등에는 문짝의 크기가 늘어나 문제가 생기는 경우가 많다. 디자인 측면에서도 목문과 별로 다를 것이 없다.

  그리고 칸막이의 기초 골격을 나무 재질의 각재로 할지, 아니면 철제 스터드로 할지를 결정해야 한다. 목수에 따라 철제를 다룰 줄 아는 사람도 있지만, 철제 스터드를 다루지 못한다면 철제를 다루는 기술자를 따로 불러와야 한다. 칸막이 재료로서 각재는 각재대로 철제 스터드는 스터드대로 각각 장단점이 있다. 장단점을 간략하게 요약하면 각재는 시공성이 좋고, 흡음 및 단열성 면에서 우수하다. 단점으로는 온도나 습도에 약해 변형 가능성이 있고, 내구성이 약하다는 단점이 있다. 철재 스터드는 내구성이 우수하고, 공장에서 생산

된 제품이라 규격이나 품질이 균일하다. 단점으로는 가공성이 각재에 비해 떨어지고, 단열이나 흡음 성능이 약하다.

(b) 목공 기술자 선택

공사 중에서도 가장 큰 몫을 차지하는 부분이 목공사 작업인데 디자인 감각도 있고 솜씨도 좋은 목공 기술자를 어디서 구해야 할까? 일단 목공 기술자를 찾는 방법은 인터넷에서도 찾아볼 수 있고, 또 해당 지역 인테리어 업체나 목재상 등에게 소개해 달라고 하는 방법도 있다. 목재상에서 목수를 소개하듯이 목수는 또 목재상을 소개하기 때문에 그들의 관계는 아주 밀접하다. 목수 중에서도 독서실/스터디카페를 공사해 본 사람이면 좋겠지만 그렇지 않더라도 크게 문제가 될 것은 없다. 그거보다는 목수의 솜씨가 좋으냐 나쁘냐가 더 중요할 것 같다.

목수들은 나름대로 팀을 이루어 다닌다. 반장이 있고, 따라다니는 반원들이 있다. 반장은 끊임없이 일거리를 수주해야 하고, 공사 현장에 목공 장비를 가져와서 반원들이 작업할 수 있도록 한다. 목공 장비를 다양하게 많이 가지고 있는 반장을 만나는 것도 중요하다. 사람이 하기 힘든 작업도 장비가 있으면 쉽고 빠르게 해낼 수 있기 때문이다.

목공 반장은 사업자등록증이 있는 사람도 있고 사업자등록증 없이 일만 하는 사람도 있다. 세무용 영수증을 받을 것인지, 안 받을 것인지에 따라 미리 확인할 필요가 있다. 그리고 계약서는 쓰기도 하고 안 쓰기도 하는데 일반적으로 목공 기술자들은 계약서 작성하는 것을 번거롭게 생각한다. 그래서 안전책임의 문제와 대금 지급과 관련 부분만 간단하게 표기하여 쓰는 방법도 있다. 나머지는 구두로 약속하거나 하는 정도로 한다. 하지만 계약서를 제대로 써서 나쁠 것은 없다고 본다.

그리고 목공사 작업을 맡기는 방법도 도급제로 하는 방법과 일당제로 하는 방법이 있다. 도급제는 목공사 작업 전체에 대해서 일정 금액을 주는 방식이고, 일당제는 목수의 기술 등급에 따라 일당으로 얼마씩 주기로 하는 방식이다. 두 가지 방식 모두 장단점이 있다. 도급제로 하게 되면 도급공사 금액을 정하는 게 중요한데 예비 창업주는 얼마가 적정한지 감이 잘 안 올 것이다. 이런 경우 배치도면과 목공 시방서를 여러 명의 목공반장에게 보여 주고 견적을 받아 본다. 그렇게 해서 받은 견적서를 비교해 보면 적정 수준이 어느 정도인지 감을 잡을 수 있을 것이고, 그 견적 금액을 기초로 협상하면서 최종 도급 금액을 결정한다.

도급제로 하면 사실 작업 범위를 명쾌하게 정하기가 어려운 점이 있어 자칫 특정 부분의 작업 때문에 다툼이 생길 수도 있다. 이를테면 약속한 도급 견적 금액에 특정의 작업이 포함되었는지, 빠져 있는지에 대해 서로 입장을 달리할 수도 있고 또 목공이 해야 할지 도배공이 해야 할지 애매한 부분이 생기기도 한다. 따라서 그런 부분에 유념하면서 결정해야 한다. 또 도급제로 공사를 맡기면 일반적으로 작업을 빨리 끝내고 빠지려는 속성이 있다. 그러다 보니 작업 품질이 조금 낮아질 수도 있고, 작업 변경이나 추가 작업을 요구하기가 쉽지 않다.

 반면에 일당제로 하면 그런 일은 없어 편하다. 일당제로 하면 중간에 일이 변경되거나 추가 작업이 있어도 쉽게 요구할 수가 있다. 공사의 품질을 높이기 위해서는 이 방식이 좋지만, 목공 인건비가 좀 더 들 수 있다. 그래서 구두상으로라도 며칠 내에 일을 끝낸다거나 하는 약속을 사전에 해 놓는 것이 좋다. 또한, 목공팀의 다음 일감이 있느냐, 없느냐에 따라 작업이 좀 더 길어질 수도 짧아질 수도 있을 것이다.

 목공 기술자가 정해져 작업을 시작할 시점에는 최소한 에어컨 설치업체, 환기시스템(덕트) 설치업체, 스프링클러 설치업체, 전기 공사업체 등은 정해져 있는 것이 좋다. 왜냐하면 목공 작업이 시작되면 바닥에 먹줄을 치고, 바로 천장 작업을 하는데 천장에는 에어컨이나 환기시스템, 스프링클러, 전기배선 등의 작업이 이루어져야 할 곳이기도 하다. 따라서 목공 작업팀과 사전에 협의하면서 그런 작업을 하면 작업이 원활하게 진행될 수 있기 때문이다. 페인트 공사, 도배 공사, 타일 공사 등은 목공 작업을 진행하면서 정해도 된다. 또 어떤 목공 기술자는 자기들과 어울려 공사하고 다니는 업체를 소개해 주기도 한다.

 예비 창업자는 목재나 석고보드 등 공사 자재 물량을 산출하는 일도 걱정이 될 것이다. 그러나 목공 기술자들에게 맡기면 그들은 항상 해 오던 일이라 쉽게 산출한다. 그리고 산출한 물량은 한꺼번에 주문하는 것이 아니라 일정 물량씩 주문하는 것이 좋다. 한꺼번에 주문하면 쌓아 놓을 곳도 마땅치 않고, 또 자재가 남으면 그것을 반환하는 것도 일이기 때문이다. 목공 기술자가 공사 자재 주문 수량을 적어 주면 그것을 목재상에 주문하고, 납품이 완료되면 확인한 후 결제해 주면 된다.

여기서 특히 유의해야 할 점은 목공 작업 시작과 동시에 문과 문틀을 빨리 주문해야 한다는 것이다. 문과 문틀은 색상을 맞추어 세트로 주문하는데, 주문하고 나서 일정 기간이 지나서야 받을 수 있다. 다른 목공 작업은 거의 완료되었는데 문틀이 없으면 작업을 마무리 지을 수 없기 때문이다.

예비 창업주는 공사를 맡겨 놓고 공사 진행 상황을 자주 보아야 하는데 그렇다고 현장에 상주하고 있으면 작업자들이 싫어한다. 사실 먼지와 소음 때문에 웬만한 사람은 있을 수도 없다. 그래서 창업주는 아침에 작업 시작하기 전에 먼저 나가서 이것저것 점검하고 기술자들이 나오면 그에 따른 의사소통을 하고, 오후 3시경에는 간식을 갖다주면서 점검하고 소통을 하면 자연스럽게 진행할 수 있을 것이다. 사실 공사를 진행하다 보면 에어컨 설치, 전기공사 등등 다른 공사 때문에도 자주 방문하게 된다.

③ 에어컨 설치 공사

에어컨을 설치할 때 특기할 사항은 에어컨 용량을 충분한 것으로 하라는 것이다. 아파트나 가정집에서는 보통 실제 면적 수준에 맞추어 설치해도 충분하다고 하지만, 드나드는 사람이 많고 사람들이 밀집되어 있는 독서실/스터디카페에서는 사람들이 뿜어내는 열 때문에 보통 실제 면적의 1.5~2.0배 정도로 하는 것이 적당하다고 한다. 면적이 10평이라면 에어컨 용량은 15~20평 정도로 선택하라는 것이다.

그리고 제조업체에 따라, 모델에 따라 다르기는 하지만 핸드폰 앱을 통해 관리 가능한 모델을 선택하는 것이 좋다. 요즘은 독서실/스터디카페를 무인으로 운영하는데 핸드폰에 에어컨 관리 앱을 설치하면 원격으로도 ON/OFF도 할 수 있고 온도를 조절할 수 있어 무척 편리하다. 무엇보다도 예약설정 기능이 있어 일정 시간 또는 일정 조건에서 꺼지거나 켜지도록 설정해 놓으면 아무래도 편하게 운영할 수 있다.

또 에어컨 설치 조건에 따라 다를 수도 있지만 가능한 한 실내기와 실외기를 1:1로 하는 것을 권한다. 즉, 실외기 한 대에 실내기 여러 개를 묶어서 사용하는 것을 가급적 피하라는 것이다. 왜냐면 한 개 호실만 에어컨을 가동할 때 소형의 실외기 하나만 가동하면 되는데, 묶어서 설치할 경우 대용량의 실외기를 가동해야 하기 때문에 전력 낭비가 심해진다. 그리고 실외기가 고장이 나면 여러 방이 동시에 냉·난방이 안 되는 문제가 있어 대처가 어려워지기도 한다. 또한, 용량이 큰 대형 실외기를 설치하면 그만큼 소음이 커져 문제 발생 가능성도 커지는 점도 고려해야 한다. 대신 실외기 수가 많아지면 초기 견적은 조금 높아질 수 있다.

에어컨 설치는 금액이 큰 부분이기 때문에 계약서를 작성하는 것이 좋다. 제품 본체에 대해서는 제조업체에서 책임을 지니까 문제가 없다고 해도 설치 공사에 대해서는 안전상의 문제도 있고, 또 시공상의 문제 때문에 A/S 발생하는 것도 있으니 계약서를 작성하는 것이 좋다.

그리고 공사 현장에 에어컨 부품인 실내기나 실외기, 자바라 호스 등을 미리 가져다 놓는 경우가 있는데 이런 때는 먼지에 노출되지 않도록 특히 주의해야 한다. 공사 현장에 먼지가 얼마나 많은가? 잘못 관리하면 실내기나 자바라 호스 등에 먼지가 많이 들어가 설치 후에 에어컨을 가동하면 먼지가 뿜어져 나올 수 있고 냄새가 날 수도 있다. 그리고 장기적으로는 고장의 원인이 될 수도 있다.

여기서 하나의 부실 공사 사례를 소개하면 에어컨 찬 바람이 나오는 출구를 디퓨저라고 하는데 이 디퓨저는 원형이고 천정에 비스 볼트 세 개를 채워서 고정하게 되어 있다. 그런데 석고보드로 마감한 천장에 구멍을 뚫을 때 디퓨저 크기보다 훨씬 크게 뚫는 바람에 비스 볼트 두 개는 채워지는데 하나는 잘 채워지지 않는 것이다. 공사하는 사람들은 어떻게 살짝 고정해 놓고 갔는데 나중에 볼트 하나가 바닥으로 떨어지는 바람에 그런 문제가 있다는 것을 알게 되었다. 다른 디퓨저의 고정 상태도 확인해 보니 모두 마찬가지였다. 그래서 보수해 달라고 요구를 했고, 그들도 잔금을 치르기 전이라서 그런지 순순히 보수해 주었다. 그러나 보수 과정은 결코, 쉽지 않은 과정이었다.

또 하나 부실 공사 사례를 소개하자면, 석고보드로 마감된 벽면에 벽걸이 에어컨 실내기를 부착하였다. 원래 석고보드에 에어컨 실내기를 부착하려면 먼저 보강 플라스틱을 박고 그 위에 비스 볼트를 채워야 한다. 그런데 이들은 보강 플라스틱 없이 석고보드에 비스 볼트로 대충 고정해 놓고 철수하였다. 그때는 겨울이었기 때문에 에어컨 켤 일도 없고 하여 전혀 모르고 있다가 여름이 되어서야 그런 사실을 알게 되었는데 그때는 이미 많이 늦었다. 에어컨을 설치한 업체에서는 자기들 잘못이 아니라고 주장하면서 무시하는데 별다른 도리가 없었다. 문제가 있을 때마다 고쳐 가면서 사용하느라 몇 년 동안을 고생하였다.

여기서 이런 사례를 소개하는 이유는 공사하는 사람들은 어떤 공사든 간에 빠르고 편하게 하고 가려고 한다. 그렇지만 그들이 편하게 공사하고 간 것은 나중에 창업자에게는 애를 먹이는 결과로 돌아온다. 볼트가 있어야 할 곳에 볼트가 없다거나 비스 볼트로 고정할 곳에 타카핀으로 고정한다거나 좌우간 사소한 것이라도 꼼꼼하게 살펴야 한다는 의미에서 사례를 소개하였다.

④ 전기공사 작업

(a) 사전 준비 사항

전기공사를 하기 전에 전기기술자들이 전기용량을 먼저 확인할 것이다. 전기용량에 대해서는 상가를 계약하기 전에 먼저 확인하고 문제가 있으면 이를 해결하고 나서 계약해야 한다고 설명한 바 있다. 그리고 공사 초기부터 전기공사업체와 에어컨 설치업체를 서로 연결해 주고 에어컨 전기용량 문제나 배전반에 에어컨 차단기를 어떻게 구성해야 할지 등에 대해서 서로 협의하도록 해야 한다.

　전기공사 작업도 원칙적으로는 전기배선도를 그리고 전기공사 시방서도 만들고 해야 하는데, 필자는 아직 전기배선도나 시방서를 가지고 작업하는 전기기술자를 본 적이 없다. 전기배선도는 배전반과 스위치, 콘센트, 전기기구 등의 상호 연결 관계를 도식화하여 표시한 것인데 구태여 작성하지 않더라도 작업하는 데는 문제가 없다. "전기공사 시방서"라는 것은 전기배선도에 표시할 수 없는 것들 즉, 재료의 재질, 품질, 치수, 시공 방법, 공사의 조건 등을 기록해 놓은 것인데 이것 또한, 전기공사업법과 제반 안전기준 등에 따라 전기기술자 자격을 갖춘 사람이면 당연히 지켜야 할 사항이기 때문에 각 공사 현장에서는 구태여 별도로 작성하지 않아도 된다고 본다.

　하지만 독서실/스터디카페에서 꼭 필요한 요구 사항을 정리한 내용은 필요하다. 이를테면 1) 모든 스위치는 사무실에서 ON/OFF 가능하도록 시공한다. 2) 전기 콘센트는 모두 매립식으로 설치한다. 3) 출입문 밖에 초인종을 놓을 수 있도록 배선을 설치한다. 4) 각 열람실에는 책상 스탠드용 전선과 전등 통제용 UTP선을 뽑아 놓는다. 등등 세세한 요구 사항이 많을 것이다. 이러한 "전기공사 요구 사항"을 꼼꼼하게 정리해 놓은 다음 견적을 요구하는 것이 좋다. 왜냐하면 그런 요구 사항들은 견적 금액에도 영향을 미치기 때문이다. 이러한 자료는 계약서에도 첨부하는 것이 좋다. 그래야 견적 금액에 반영된 것과 빠져 있는 것을 명확하게 구분할 수 있어 나중에 다툼의 소지를 줄일 수 있기 때문이다. 책 뒷면에 "(붙임8) : 전기공사 요구사항(예시)"을 첨부한다.

 필자가 창업할 때 전기공사에서 하나 빠뜨린 부분이 있었다. 필자는 독서실/스터디카페를 운영하면서 새벽 2시까지만 운영하고 24시간 운영할 생각은 처음부터 안 했다. 24시간 운영하는 스터디카페 어디를 가봐도 새벽 2시 넘어서는 공부하는 학생이 많지 않았기 때문이다. 그런데 필자의 독서실 바로 옆에 다른 스터디카페가 들어오면서 24시간 운영하게 되니까 필자의 생각도 바뀌었다. 그래서 필자도 24시간 운영체제로 변경하게 되었는데 그 뒤부터 보이는 문제점이 있었다. 학생은 한 명도 없는데 독서실/스터디카페의 전등은 계속 켜 놓아야 한다는 것이다. 천장 등 개수를 대충 계산해 보아도 140~150개 정도인데 이 등을 켜 놓은 상태로 아침까지 가게 되는 것이다. 이것은 전기료만의 문제가 아니다. 전국에 10,000여 개가 넘는 독서실/스터디카페에서 모두 그렇다고 생각하면 이것은 환경의 문제이기도 한 것이다.

 지금에 와서 그 문제를 해결하려고 하다 보니 쉽지 않다. 그것을 해결하려면 독서실 프로그램과 천장 등이 서로 프로그램으로 연결되어 작동하여야 한다. 이를테면 마지막 학생이 프로그램에서 퇴실 처리하고 나가면 천장 등이 자동으로 꺼지도록 하고, 학생이 출입구에서 입실 처리하고 들어오면 천장 등이 다시 켜지도록 하면 되는 것이다. 즉, 독서실/스터디카페에 학생이 있고 없고에 따라 천장 등이 ON/OFF 되도록 하면 되는 것인데 현재 프로그램은 그렇게 개발되어 있지 않았다.

그래서 독서실/스터디카페 프로그램 개발업체에 그렇게 개발할 수 없냐고 했더니 앞으로 개발을 검토해 보겠다고 했는데 1년 가까이 지난 지금까지도 감감무소식이다. 그래서 새로 창업하는 독자들은 이런 부분까지 생각하면서 프로그램 업체를 선택하면 좋을 것이다. 물론 지금도 천장 등이 사물 IOT로 연결되어 있어서 원격으로 천장 등을 끄고 켤 수는 있다. 다만 독서실/스터디카페 프로그램과 연계되어 있지 않아 학생이 있고 없음에 따라 천장 등이 자동으로 ON/OFF 되지는 않는다.

그리고 프로그램과 천장 등이 연결되어 학생들이 없을 때 천장 등이 꺼지도록 했다고 하더라도 별도로 고려할 사항들이 있다. 이를테면, 24시간 운영을 표방한다면 적어도 외부에서 볼 때 출입구 쪽에는 불이 켜져 있어야 할 것이다. 그리고 어떤 곳은 광고 효과 때문에라도 외부 창가 쪽에는 밤새도록 불을 켜 놓을 필요가 있다. 이런저런 다양한 사항들은 "전기공사 요구 사항"으로 정리하여 전기기술자에게 제공하면 전기공사가 좀 더 수월하고 빠짐없이 진행될 수 있을 것이다.

(b) 견적서 수령과 업체 선정

"전기공사 요구 사항"이 마련되었으면 이제 전기공사 견적을 받아야 하는데, 전기공사 견적을 받을 때는 전기공사업 면허가 있는 업체인지, 그리고 실제 공사에 투입될 인력이 전기기사 자격이 있는 사람인지 등을 확인해야 한다. 또한, 전기공사 견적을 받을 때 특히 유의해야 할 점은 소방전기나 실내 네트워크 공사, CCTV 공사, 백색 소음기 설치 공사 등을 포함할 것인지, 별도로 설치할 것인지가 검토되어야 한다는 것이다.

 소방 전기공사는 비상구 등, 매연설비, 열감지기, 경보사이렌 스피커 등을 설치하는 것인데 스프링클러 등을 설치하는 소방전문업체에서도 할 수 있다. 네트워크 공사는 실내에 랜선을 설치하는 것으로 인터넷이나 와이파이를 사용할 수 있게 하는 것인데 별도의 업체에서도 할 수 있다. CCTV 설치나 백색소음기 설치도 마찬가지로 별도의 업체에서 할 수 있다. 그러나 특별한 이유가 없는 한 일괄해서 전기공사업체에 맡기는 것이 제일 좋다. 전기공사 작업을 할 때 보면 목공사 작업 진도에 맞추어 천장 위와 벽체 내부에 각종 배선을 연결하는데, 일반전기공사, 소방 전기공사, CCTV 공사, 네트워크 설치 공사, 백색 소음기 설치 공사를 하느라 업체에서 따로따로 돌아다니면서 작업을 한다면 배선도 복잡해지고 작업 효율성도 크게 떨어지게 된다.

 따라서 특별한 문제가 없는 한 같은 전기공사 업체에 일괄적으로 맡기는 것이 좋고, 그러려면 견적서와 계약서에도 공사별 금액이 각각 구분되어 표시되는 것이 좋다. 그리고 하나 잊지 말아야 할 것은 책상 스탠드용 전선과 스탠드 통제용 UTP 케이블을 각 실별로 책상이 놓일 위치 한쪽에 뽑아 놓아야 한다는 것이다. 대개가 책상은 내부 공사가 모두 끝난 다음에 들어오게 되는데 이때 책상 스탠드에 연결할 선이 없으면 얼마나 난감하겠는가? 가끔은 독서실 전기공사 경험이 없는 기술자가 이 부분을 놓치고 어렵게 추가 공사를 하게 되는 경우가 있다고 한다. 스탠드용 전선은 일반 전선을 용량에 맞게 뽑아 놓으면 되지만 UTP 케이블은 독서실 운영 프로그램과 스탠드를 연결해 주는 전용선이다. 그래서 어느 위치에 어떤 종류의 UTP선을 뽑아야 하는지에 대해 책상 납품업자와 사전에 협의하는 것이 좋다.

견적 금액에는 CCTV 카메라와 녹화기, 백색 소음기와 스피커 등 주요 부품은 구분하여 견적을 받는다. 전등류는 인테리어의 중요한 부분인데 계약 시점에는 등의 종류나 수량 등이 제대로 나오기 어려울 것이다. 따라서 등 종류 중에서도 가장 일반적으로 사용하는 레일 등이나 매립 등 정도는 전기공사 업체에서 구매하여 사용하도록 하고 나중에 정산해 주는 방식으로 계약하면 창업주가 편할 것이다. 하지만 인테리어에 있어 중요한 등기구 종류, 이를테면 현관 로비에 매어 달 샹들리에 등이나 고가의 고급 등 종류는 창업자 본인의 취향에 맞게 구매하여 주는 것이 좋다. 전기공사 과정에서 일반적으로 필요한 소모품성 물품은 전체적으로 평당 얼마 하는 식으로 견적을 받으면 된다. 이를테면 배선 인입관, 스위치류, 콘센트류, 테이프류 등등이다.

필자가 향후 리모델링 할 때 참고하려고 독서실 이용 학생들 118명을 대상으로 독서실/스터디카페 조명에 대해 설문 조사를 한 적이 있다. 설문 내용은 "다음 중에서 본인이 제일 선호하는 조명 분위기는 무엇인가?" 하고 물었다. 그 결과를 아래에 붙인다.

〈독서실/스터디카페 조명 선호도 설문 조사 결과〉

가장 선호하는 조명은?	남 자		여 자		합 계	
	설문건수	비율	설문건수	비율	설문건수	비율
어두운 것이 좋다	24	38.7%	9	16.1%	33	28.0%
밝은 것이 좋다	16	25.8%	22	39.3%	38	32.2%
은은한 것이 좋다	17	27.4%	19	33.9%	36	30.5%
상관 없다	5	8.1%	6	10.7%	11	9.3%
합 계	62	100.0%	56	100.0%	118	100.0%

설문조사 결과를 보면 남자는 대체로 어두운 느낌을 선호하고, 여자는 밝은 느낌을 선호하는 경향이 뚜렷하였다. 은은한 느낌의 조명은 남과 여 구분 없이 대체로 선호하는 편이었다. 모집단이 작아 설문 조사의 신뢰성을 확신할 수 없지만 그래도 참고는 되리라고 본다. 특히, 남학생, 여학생 방을 구분하는 경우라면 더욱 참고가 될 거라고 생각한다. 책 뒷면에 "(붙임9) : 조명등 배치도(예시)"를 붙여 놓았다. 첨부한 것은 조명등 배치도이지만 이를 응용하여 전기코드 설치 위치, CCTV 카메라 설치 위치, 백색 소음기 스피커 설치 위치, 덕트 후드 설치 위치, 와이파이용 공유기 설치 위치 등등에 대해 다양하게 표시할 수 있다.

업체가 선정되어 계약서를 작성하게 되면 계약서에는 일반전기공사와 소방 전기공사에 있어 검사받을 부분은 검사가 통과될 때까지 "공사에 대해서 책임을 진다."라는 내용을 삽입하는 것이 좋다.

⑤ 환기시스템(덕트) 설치

환기시스템 설치에 대해서 말하고자 한다. 혹자는 음식점도 아니고 독서실/스터디카페에서 강제환기시스템(덕트)을 구태여 갖추어야 하느냐고 하는 반문하는 사람이 있다. 특히 개방적 형태의 시설인 스터디카페에서는 "자연 환기로 충분하지 않으냐?"라고 말하는 것이다. 물론 환기시설을 안 하면 그만큼 투자비가 절감되는 장점이 있다. 그리고 환기시설 없이 운영하는 곳도 꽤 있는 것으로 알고 있다.

그러나 밀폐된 공간에서 많은 사람이 호흡하다 보면 왠지 그 공간이 답답하고 공기가 쾌적하지 않은 느낌이 들 때가 있다. 이런 때 그나마 강력한 환기시스템이라도 있으면 미세먼지가 없는 시점을 골라가며 단시간에 환기할 수 있는 장점이 있다. 그래서 필자는 비용이 좀 부담이 되더라도 환기시스템을 갖추는 것이 좋다고 생각한다.

만약 위치의 특성상 바람이 많이 부는 곳이고, 그것도 맞바람이 치는 곳이라면 환기시스템 설치를 안 해도 그나마 괜찮을 것 같다. 그래도 고려할 것은 창문을 열었을 때 소음이나 냄새가 들어오는 상황은 아닌지 등은 살펴보아야 한다.

견적을 받기 위해 덕트 공사업체를 만나다 보면 어떤 업체에서는 흡기와 배기를 구분해서 설치해야 환기 효율이 좋다고 그렇게 권하는 업체가 있다. 아마 비용도 훨씬 많이 소요될 것이다. 그러나 필자의 경험으로는 독서실/스터디카페는 흡기와 배기를 구분하는 것이 오히려 좋지 않다고 생각한다. 그 이유를 아래의 사례를 통해 설명하고자 한다.

예전에 한번은 기존에 식당을 운영하던 자리에 독서실/스터디카페를 창업한 적이 있었다. 그곳에는 이미 두 줄기의 갈바(Galva) 도금된 양철 덕트 관이 그대로 남아 있었고 덕트 관도 깨끗해서 그것을 재사용하기로 하였다. 하나는 흡입 모터를 달고 하나는 배기 모터를 달아 사용하였다. 처음에는 환기할 때 흡기와 배기가 동시에 이루어지니 외부에서 바람 들어오는 문을 따로 열지 않아도 되고, 환기도 잘되고 해서 좋았다. 그러나 조금 지나다 보니 흡기 쪽 블로어에서 날파리, 모기, 먼지 등이 자꾸 들어왔다. 그래서 외부에 있는 흡기 모터 앞에 그물망을 이중으로 쳐 보았는데, 그러고 나니 큰 벌레들은 못 들어오지만 조그만 벌레들은 여전히 들어왔고 무엇보다도 먼지가 들어오는 것은 막을 수가 없었다. 그뿐만 아니라 디퓨저 가까이에 있는 학생들은 바람 나오는 것을 싫어하기도 했다. 그래서 결국 흡기로 사용하던 덕트 관을 배기로 전환하여 사용하였다. 그래서 독서실/스터디카페에서는 흡기로 사용하는 것은 적합하지 않다고 생각한다.

그리고 독서실/스터디카페가 대부분 무인으로 운영하는데, 무인화하기가 가장 어려운 부분이 환기시스템이다. 아마 대부분 독서실/스터디카페들이 원하는 만큼 환기를 자주 못 하거나, 아니면 환기를 위해서 사람이 독서실에 일부러 나가거나 할 것이다. 가끔은 환기를 위해 도우미를 쓰는 업체도 있을 것이다. 이런 상황에서 환기시스템도 에어컨처럼 원격으로 ON/OFF 할 수 있다면 얼마나 편할까? 그러나 환기시스템은 환기 모터를 돌리는 것만이 문제가 아니라 외부로 통하는 문과 독서실 내부에 마련된 문을 모두 열어야 바람이 통하는데 문 여는 것을 자동으로 하기가 어려운 것이다. 그런데 전혀 방법이 없는 것은 아니다. 인테리어 공사를 할 때 외부의 조용하고 깨끗한 위치에 자바라로 연결된 흡입구를 만들어 내부의 각 방과 연결해 놓는다. 그리고 자바라 바깥쪽 끝에는 댐퍼를 부착한다. 그래서 환기를 켜면 댐퍼가 자동으로 열리고, 끄면 닫히도록 한다. 댐퍼를 여닫는 방법은 공기 흐름에 따라 여닫는 방법이 있을 수 있고, 전기적으로 여닫는 방법이 있을 것이다. 환기 모터 자체를 ON/OFF 하는 기능은 원격용 앱을 개발한 업체가 있을 수 있고 없다면 스마트 플러그나 타이머를 이용해 조절할 수도 있을 것이다.

이러한 방법은 필자가 실제 설치해 보지는 않았다. 하지만 앞으로 인테리어 공사를 할 기회가 생기면 그렇게 시공해 보려고 한다.

⑥ **벽면 처리(벽지, 필름, 페인트) 공사**

벽면을 처리하는 방법은 벽지, 필름지, 도장 공사 세 가지 방법이 있다. 작업 면적과 작업 상황에 따라 다르기는 하지만, 일반적으로 벽지가 제일 싸고, 다음은 필름지 공사, 제일 비싼 것이 도장 공사이다. 각각에 대해서는 장단점이 있기에 각자가 상황에 맞게 선택해서 하면 된다. 다만 요즘은 인테리어가 고급화되는 추세이기 때문에 도장 공사로 마감하는 경우가 좀 더 많은 것 같다.

만약 독서실로 하게 되면 교육지원청에서 인허가를 받아야 하는데, 이런 경우에는 방염 벽지, 방염필름, 방염페인트로 해야 하는지 아닌지에 대해 관할 소방서에 사전에 알아보는 것이 좋다. 교육지원청에 인허가를 신청하면 교육지원청에서는 관할 소방서에 소방상의 문제가 있는지 없는지에 대해 확인을 요청한다. 그러면 소방서에서는 담당 직원이 현장에 나와 점검하는데 이때 방염 여부를 확인할 수가 있다. 예전에는 방염 벽지의 경우 벽지 공장에서 방염 필증을 발행해 주고 그것을 소방서 담당자에게 보여 주기도 했다. 하여튼 무엇으로 벽체를 처리하든지 방염 여부는 사전에 체크해야 실수를 예방할 수 있을 것이다.

  그리고 벽지, 필름, 페인트 중에 무엇으로 하든 작업에 필요한 일체의 재료는 반드시 친환경 제품을 사용해야 한다. 비용 조금 아끼려고 일반 재료를 사용했다가 나중에 오픈한 후에 냄새가 나고, 눈이 따끔거리고 하면 이처럼 낭패가 어디 있겠는가?

  벽체 처리 방법 중에서 하나를 선택하여 견적서 제출을 요청하면 업체에서는 천정과 벽면의 면적을 계산하고 그 면적에 따라 견적서를 제출한다. 그런데 여기서 확인해야 할 것은 보이지 않는 부분에 대한 면적을 어떻게 해야 할지 결정해야 한다. 독서실/스터디카페는 책상이나 집기 등으로 가려져 벽면의 밑부분은 대부분 보이지 않는다. 이를테면 천장 높이 2m 80cm라면 책상 칸막이 높이가 2m인 경우가 많다. 즉, 2m 밑으로는 보이지 않기 때문에 벽체 처리를 안 해도 되는 것이다. 견적을 받고 나서 이것을 별도로 체크하지 않으면 견적에는 포함되고 실제 공사는 하지 않는 경우가 발생할 수가 있다. 그것이 벽지라면 큰 문제가 아닐 수도 있지만, 도장 공사라면 꽤 큰 차이가 발생할 수 있다. 도장 작업을 하려면 면을 고르게 하려고 퍼티 작업을 하고, 그 위에 두 번을 더 칠하기 때문에 벽지로 한 번 바르면 끝나는 것과는 작업량에 큰 차이가 있다.

아마 견적을 받으면 면적 표시는 안 하고 인원수와 인건비로만 표시하는 업체가 많을 것이다. 그러면 칠하지 않아도 되는 부분에 대한 인건비가 포함된 것인지 빠져 있는 것인지를 확인하고 견적을 받아야 한다. 만약 포함되어 있다고 하면 칠하지 않는 부분에 대해서는 인건비뿐만이 아니라 재료비도 제외하고 견적을 다시 받아야 한다.

색상을 선택할 때 벽지나 필름지 선택은 비교적 단순하다. 샘플을 보고 선택하면 되는데 여기서 조심할 것은 샘플 북만을 보고 결정하지는 말라는 것이다. 샘플 북은 너무나 면이 작아 공사를 완성했을 때 전체 이미지와는 완전 다를 수 있기 때문이다.

도장 작업으로 할 경우, 색 맞추는 작업을 어떻게 해야 할지 어려움이 좀 있다. 옛날 페인트공들은 빨간색, 노란색, 파란색 등 색상을 뒤섞어 원하는 색을 잘도 만들어 냈는데 요즘 페인트공들은 그런 기술들이 별로 없는 것 같다. 물론 페인트 기술자에 따라서는 샘플 색상을 보고 자기가 다 알아서 하는 사람도 있을 것이다. 하지만 요즘 페인트 기술자들은 책임 문제 때문에 그런지 페인트 메이커와 색상 번호를 꼭 집어 주길 원하는 경우가 많다. 그래서 요즘 창업주는 원하는 색상을 맞추기 위해 사진 자료나 견본 색상을 가지고 큰 규모의 페인트대리점이나 조색 공장에 찾아가서 견본과 같거나 유사한 색상 번호를 알아 온다. 그 번호를 도장 기술자에게 주면 그는 조색 공장에 가서 해당 색상 번호의 페인트를 주문하여 도장 작업을 하게 된다.

그리고 페인트를 선택할 때 유광이다 무광이다, 수성이다 유성이다 하여 선택을 더 복잡하게 만드는데 그런 선택 사항은 도장업체와 상의해서 해도 큰 문제가 없을 것이다. 다만 독서실/스터디카페 공사에서는 반 유광 방식으로 많이 하는 것 같고, 또 유성과 수성 부분은 실내이기 때문에 수성으로 하는 경우가 많다.

도장 작업이 끝나고 얼마 있다가 이런저런 집기 비품들이 들어오고 각각 위치를 잡아 놓이게 되는데 이런 작업이 모두 끝나고 나면 칠해 놓은 부분 여기저기에 흠집이 생기는 경우가 많다. 그래서 집기가 모두 들어오고 나서 다시 한번 보수 작업을 해 주도록 계약 시점에 정해 놓는 것이 좋다. 그리고 도장 작업이 모두 끝나고 나서 남은 페인트는 나중에 보수 작업에 필요할 것이니 꼭 챙겨 두는 것이 좋다.

⑦ 바닥 타일 공사

(a) 열람실 안에서 신발을 신을까? 벗을까?

바닥 공사를 하기 전에 결정해야 할 사항은 독서실/스터디카페를 운영하면서 신발을 신고 들어가게 할 것인가, 벗고 들어가게 할 것인가를 결정하는 것이 좋다. 신발을 신고 들어가는 것도, 벗고 들어가는 것도 나름대로 장단점이 있다.

먼저 신발을 신고 들어갔을 때의 장단점을 살펴보면, 장점은 신발을 벗는 번거로운 행위 자체가 없는 점과 신발장이 없어도 되고 신발을 관리할 일이 없다는 것이다. 그리고 바닥을 관리하는 측면에서도 청소를 대충만 해도 표시가 나지 않아 관리하기가 편하고 특히, 지우개 가루가 떨어져 있어도 별 문제가 되지 않는다. 그리고 겨울에는 신발을 벗으면 바닥이 차서 별도의 바닥 난방 시설을 갖추는 것이 좋은데 그런 투자를 안 해도 된다는 장점이 있다.

반면에 단점으로는 아무래도 신발을 신고 다니면 실내에 먼지가 많아지고 쾌적성은 좀 떨어진다. 그리고 바닥 난방을 안 하면 천정형 시스템 냉·난방기를 사용하게 되는데 공부하는 환경 측면에서 보면 열이 바닥에서부터 은근하게 올라오는 복사열보다는 천장 위에서 아래로 내려 뿜는 열이 안 좋다는 것이다. 그뿐만 아니라 신발 끄는 소리가 공부하는 사람의 신경을 거슬리게 하는 측면도 있다. 그리고 3~4시간 짧게 공부하는 사람들은 괜찮겠지만 장시간 공부하다 보면 발이 굼실거리고 좀이 쑤셔 자꾸 신발을 벗고 싶어지는 경향이 있다. 또한, 눈이나 비가 올 때면 실내가 지저분해진다는 단점이 있다.

신발을 벗고 들어갔을 때의 장단점은 신발을 신고 들어갔을 때의 장단점과 반대로 해석하면 될 것 같다. 필자의 생각으로는 투자비와 관리적인 측면, 쾌적성 등을 종합해서 볼 때 신발을 신고 들어가는 것이 좋을 것 같다. 실제로 요즘은 대부분의 스터디카페들은 바닥 난방 시설을 하지 않고 신발을 신고 들어가도록 하고 있다.

그러나 신발을 벗고 들어가되, 실내화를 신도록 하는 곳도 꽤 있다. 어쩌면 신발을 신고 들어가는 것과 벗고 들어가는 것의 중요한 장점만을 취한 선택이 아닌가 싶다. 실내화를 신는다면 바닥 보일러를 구태여 하지 않아도 될 것이고, 실내의 쾌적성은 유지될 것이다. 단, 실내화를 신고 안 신고의 여부는 학생들 자율에 맡기는 것이 좋을 것이다. 실내화를 독서실 측에서 일괄적으로 제공하는 곳이 있는데, 이것은 또 다른 관리점을 유발한다. 슬리퍼가 여기저기 돌아다니면서 실내를 어지럽게 하는 것이다. 그래서 실내화는 학생 본인이 가져오는 것으로 하면 학생들 스스로 관리하게 된다.

〈신발을 신고, 벗는 것에 대한 장단점 요약〉

구분	신발을 신고 입실	신발을 벗고 입실
장점	* 투자비 절감(바닥 난방과 신발장 없음). * 바닥 청소가 쉽다(바닥 이물감에 둔감). * 번거롭게 신발 신고, 벗는 행위 없음. * 신발을 관리할 필요가 없다.	* 실내에 신발이 없어 먼지가 적다. * 양말만 신고 있어 발소리가 적다. * 보일러의 온기로 실내가 쾌적하다. * 눈비 와도 실내는 깨끗한 상태 유지.
단점	* 실내에 먼지가 많음(신발로 인한 먼지). * 신발 끄는 소리 등, 약간 소란함. * 난방 쾌적성이 떨어짐(천장 열기 하강). * 눈비 오는 날 실내가 지저분해진다. * 오물 묻은 신발, 냄새가 날 수 있음.	* 투자비가 많이 듦(난방시설+신발장). * 청소가 힘들다(지우개 가루, 머리카락 등 때문에 청소를 정교하게 해야 함). * 신발이 흩어져 있으면 관리 필요. * 번거롭게 신발을 벗고, 신고 반복.

(b) 바닥재의 선택

바닥재로는 대부분 데코타일을 사용하는데 가격적인 측면, 품질면에서 보았을 때 괜찮은 선택이라고 생각한다. 다만 모든 제품이 그렇겠지만 바닥재는 특히 유명 메이커 제품을 사용하라고 권하고 싶다. 필자가 한 번은 이름이 잘 알려지지 않은 업체의 데코타일로 바닥 공사를 한 적이 있었는데 몇 년 지나고 보니까 데코타일과 데코타일의 틈새가 많이 벌어지는 현상이 발생하였다. 그래서 타일 전문가에게 물어보니 타일이 저가 제품이라서 그렇다고 했다.

그리고 타일을 고를 때도 샘플 북보다는 실물 타일을 보고 고르는 것이 좋다. 막상, 공사를 해 놓으면 전체 이미지와는 크게 다를 수 있기 때문이다. 데코타일의 표면은 가능한 한 매끄러운 것을 선택하라고 권하고 싶다. 왜냐면 바닥 면이 거칠면 의자를 밀고 당길 때 미세한 울림과 소음이 발생하기 때문이다. 열람실에서 책상에 앉아 공부할 때, 의자는 주로 앞뒤로 움직인다. 좌우로 움직일 일은 많지 않다. 그래서 직사각형의 데코타일을 깔 때는 의자가 움직이는 방향과 타일 방향 긴 쪽을 맞추어 시공하는 것이 좋다. 그래야 타일의 매듭 부분이 적어 의자를 앞뒤로 움직일 때 소음이 나지 않기 때문이다. 필자가 아는 어떤 독서실/스터디카페에서는 그런 문제 때문에 데코타일을 재시공하기도 했다.

그리고 바닥 타일을 깔기 전에 꼭 점검해야 할 것이 있다. 바닥의 청소 상태이다. 공사 현장이라 청소를 했다고 해도 바닥에 먼지 쌓인 정도가 보통이 아니다. 대부분의 타일 기술자들은 그 먼지를 대충 치우면서 타일을 시공할 것이다. 그야말로 먼지 위에 접착제를 바르고 타일 공사를 하는 것이다. 그렇게 되면 나중에 문제가 생길 가능성이 크기 때문에 어떻게든 먼지를 깨끗이 치운 다음 타일 공사를 하도록 해야 한다. 그런 것은 창업주가 챙기지 않으면 아무도 챙기지 않는다.

⑧ 소방 공사

 소방 공사는 주로 소방전기공사와 스프링클러 설치 공사로 구분된다. 소방 전기공사는 대부분 전기공사 업체에 맡기는 경우가 많은데, 그러면 소방 공사업체에서 할 것은 스프링클러를 설치하는 작업뿐이다. 스프링클러는 설치 기준이 구획된 동일 공간 내에서 2.3m마다 하나씩 설치해야 한다. 즉, 하나의 스프링클러에서 좌우 어느 방향으로도 2.3m 이내에 다른 스프링클러가 있어야 한다는 것이다. 여기저기 칸막이를 치다 보면 거기에 맞추어 스프링클러를 다시 설치해야 하고 수량도 추가되는 경우가 많다.
 문제는 해당 상가에 스프링클러 시설이 아예 없는 경우이다. 과거의 소방법으로는 없어도 되었는데 소방법이 강화되면서 현재에는 꼭 설치해야 하는 그런 경우가 종종 발생한다. 이런 경우 건물주에게 말해서 해 달라고 하든지 그게 안 되면 간이 스프링클러 시설이라도 해야 한다. 돈이 조금 들 뿐이지 못하는 것은 아니다.

⑨ 기타 공사들

 위에 소개한 공사 종류 외에도 규모 면에서 작은 공사들이 많이 있다. 이를테면, 새시 설치 공사, 유리공사, 간판 설치 공사, 내·외부 표지판 부착, 자동문 설치, 싱크대 설치, 정수기 설치, 키오스크 설치, 게시판 및 거울 부착 등등이 있다. 이런 작업들은 위에 소개한 주요 공사를 진행하면서 틈틈이 섭외하고 일정을 조율해 나가면서 일을 진행하면 된다.

2) 집기비품 구매

 인테리어 공사가 모두 끝나면 다음에는 집기 비품이 들어온다. 독서실/스터디카페에서 사용하는 집기 비품 종류는 대체로 비슷하다. 책상과 의자, 사물함, 키오스크와 관리 프로그램, 싱크대, 그리고 냉장고, 커피 머신 등등의 전자제품류가 있다. 전자제품류나 의자 등은 이미 만들어져 있는 제품을 구매하면 되는데 책상과 신발장, 싱크대 등은 창업자가 주문해서 제작해야 한다. 그렇기에 주문 제작품은 미리미리 주문해서 인테리어 공사가 끝나면서 입고될 수 있도록 시점을 잘 조율해야 한다.
 그리고 주문 제작품이기 때문에 아무래도 단순 구입품보다는 신경이 좀 더 쓰이게 된다. 그렇다고 해서 겁먹을 필요는 없다. 책상 제작 업체만 정해지면 그 업체에서 와서 내부 공간을 측정하면서 문제 없도록 제작해 줄 것이다. 다만, 창업자가 신경 쓸 부분은 요구 사항을 명확히 정리해 두는 것이다. 책상 규격은 어떻게 할 것인지, 합판의 종류와 색상은 어떻게 할 것인지, 책상의 선반과 사물함은 어떻게 할 것인지 등에 대해서 정해 놓으면 된다. 그러면 책상 제작 업체에서 공간을 실측해 보고 창업자의 요구 사항대로 될 부분과 안 될 부분을 알려 줄 것이고 안되는 부분에 대한 대안도 제시할 것이다. 아래에 집기 비품을 구매할 때 참고할 수 있도록 내용을 정리하였다.

(1) 독서실/스터디카페 책상

① 책상의 규격

 독서실에 있다 보면 가끔 성인이 들어와서 줄자를 꺼내어 조심스럽게 책상 사이즈를 재는 분이 있다. 그런 분을 보면 어디에 창업을 준비하고 있구나 하는 생각이 들면서 지난한 전체 창업 과정 중에서 책상 사이즈를 재는 것이 뭐가 그리 중요할까? 하는 생각이 든다. 뒤돌아 생각해 보니 필자도 창업 초기에는 그러고 다녔던 기억이 난다. 그래서 일반적으로 많이 사용하는 책상 규격을 아래에 정리해 놓았다. 아래의 규격은 모두 내측 기준의 규격이고 외측 규격을 알려면 좌우 칸막이 합판 두께가 보통 18mm인 점을 감안하여 계산하면 된다.

 (a) 책상 상면(=공부면)의 넓이

 책상 상면(=공부면)이라 함은 책과 필기류 등을 올려놓고 학생이 공부하는 면을 말한다. 책상 상면의 합판 두께는 좌우 칸막이 18mm보다 조금 두꺼운 23mm 합판을 많이 사용한다. 책상의 규격은 열람실 배치 상황에 따라 넓게도 하고 좁게도 할 수 있지만 필자의 생각으로는 좌우 폭이 100cm 정도가 적당한 것 같다. 앞뒤 거리는 거의 모두 58~60cm로 하고 있다. 그리고 고급석을 운영하는 경우 차별화하기 위해 일반석보다는 조금 넓혀서 제작하기도 한다. 참고로 교육지원청에서 정한 독서실 책상 규격은 가로 78cm, 세로 58cm 이상이면 된다.

(b) 개인실 칸막이의 넓이

요즘은 개인실을 만들 때 목공사로 칸막이를 하는 것이 아니라 책상을 만드는 합판으로 칸막이를 하여 개인실을 만드는 경우가 대부분이다. 개인실의 문은 보통 뒤쪽이나 옆쪽으로 만드는데 학생들은 뒤쪽에 문이 있는 것은 좀 더 선호한다. 이때 한 칸의 앞뒤 거리는 보통 150cm 정도로 한다. 그래야 공부면 60cm를 제외하면 앞뒤로 움직일 수 있는 거리가 90cm 정도 나오기 때문이다. 공간에 여유만 있다면 더 널찍한 것이 좋겠지만 공간이라는 게 항상 부족하고, 주어진 면적 범위 내에서 일정 좌석 수를 확보하려면 넓히는 데 제약이 있을 수밖에 없다. 앞뒤 거리를 140cm로 한 독서실도, 160cm로 한 독서실도 보았다. 140cm는 너무 협소해 보였고, 160cm는 좋기는 한데 이렇게까지 넓게 할 필요가 있나 싶었다.

아래에 붙인 책상 도면은 측면도가 아니라 파워포인트로 그린 정면도를 붙였다. 정면도는 구태여 도면을 그리는 전용 프로그램이 없어도 그릴 수 있기 때문이다. 대부분 예비 창업주들은 CAD/CAM이나 기타 도면 프로그램을 사용하지 못할 것이다. 반면에 파워포인트 프로그램은 일반적으로 많이 사용하는 프로그램이기 때문에 파워포인트로 그린 정면도를 붙인 것이다. 만약 파워포인트도 사용하지 못한다면 그냥 손으로 그려도 된다. 부분별 치수만 정확하게 표시해주면 된다. 아래에 붙인 도면은 필자가 책상을 주문할 때 실제 사용한 도면이다. 정면도를 붙이다 보니 책상의 깊이는 표시가 안 돼 있다. 책상의 깊이는 뒤 판 두께를 빼고 대부분 58~60cm로 한다.

(c) 책상의 높이(아래에 도표를 붙여 설명)

〈고급실 책상 제작 규격(예시)〉

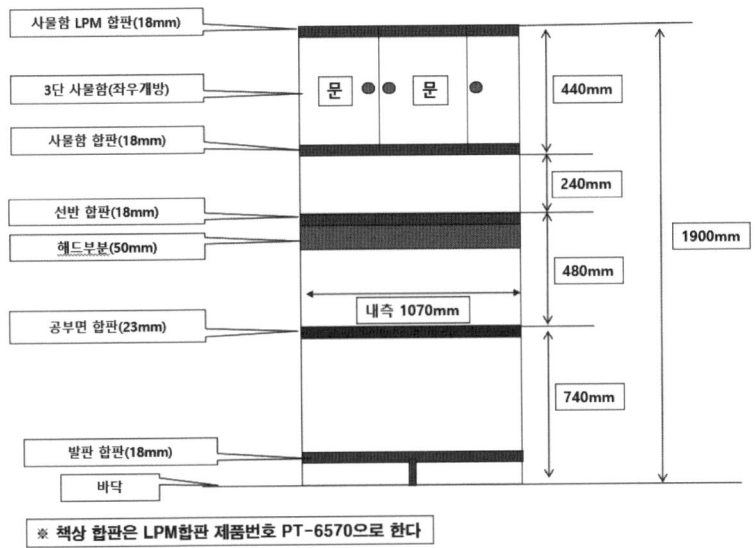

※ 헤드 부분 : 미관상의 목적으로 스탠드를 가리기 위해 부착한 합판

<일반실 책상 제작 규격(예시)>

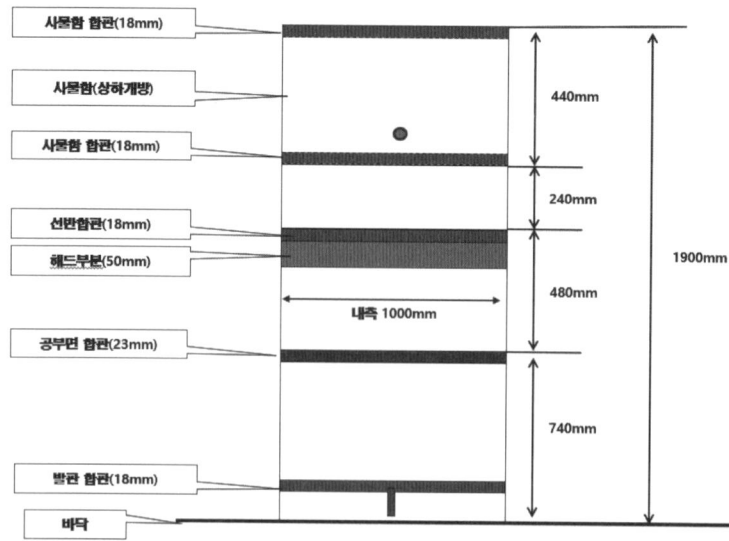

※ 책상 합판은 LPM합판 제품번호 PT-6570으로 한다

※ 헤드 부분 : 미관상의 목적으로 스탠드를 가리기 위해 부착한 합판

<오픈형 책상 제작 규격(예시)>

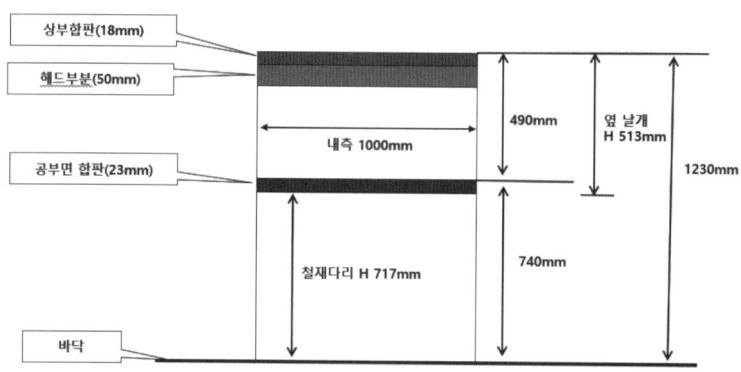

※ 모든 합판은 LPM합판 제품번호 PT-6570으로 한다

② 책상 관련 기타 참고 사항

위에 제시한 책상 외에도 다양한 형태의 책상이 존재한다. 목재와 철재, 플라스틱과 유리 재료 등을 조합하여 다양한 형태의 책상을 만들어 낸다. 공부하는 사람들의 취향이 다양해지니 책상도 다양해지는 것 같다. 위에 도면을 제시한 것은 구태여 그렇게 만들라는 것이 아니라 그런 방식으로 기본적인 것을 정하여 주문하라는 의미이다. 그 외에도 책상 관련하여 몇 가지 특기할 사항이 있다.

첫째 위에 참고로 붙인 책상의 높이(공부면까지)는 740mm이다. 국내 유명 프랜차이즈의 책상 높이는 720mm인데 20mm를 높여서 만든 것이다. 그래도 이제까지 독서실/스터디카페를 운영하면서 책상이 낮아서 불편하다는 소리는 들었어도 높아서 불편하다는 소리는 아직 듣지 못했다. 그래서 약 20mm 정도만 더 높였더라면 좋았을 텐데 하는 생각도 들었다.

둘째는 책상 뒤판과 관련된 것인데, 책상에 앉으면 정면에 마주 보이는 합판이 뒤판이다. 어떤 업체는 이것을 2~3mm 정도의 얇은 합판으로 쓰는 곳도 있고, 어떤 업체는 다른 합판과 같이 18mm의 합판으로 쓰는 곳도 있다. 필자의 생각으로는 18mm 두께의 합판을 쓰는 것이 좋다고 생각한다. 왜냐하면 2~3mm의 얇은 합판을 사용하면 학생들이 공부하면서 발로 툭툭 건드리게 되고 그러면 뒤판이 뜯어지게 되는 일도 있기 때문이다.

셋째는 발판과 관련된 것인데 책상 발판이 가끔 밑으로 처져 있거나 뜯어져 있는 발판을 보게 된다. 그것은 길이 100cm 정도 되는 발판을 튼튼하게 고정하지도 않은 상태에서 학생들이 밟아대니 견딜 수가 없는 것이다. 그래서 가운데에 지지대를 하나 만들어 바쳐 주라는 것이다.

넷째는 책상 공부면 합판을 주로 꺾쇠로 고정하는데 고정 꺾쇠를 튼튼하고 긴 것을 사용하여 고정하라는 것이다. 독서실을 운영하다 보면 이런저런 이유로 인해 책상 위를 올라갈 때가 있는데 공부면이 약하게 고정되어 있으면 망가질 수도 있다.

다섯째는 과거에는 책상 공부면이 15도 정도 기울게 만들어 별도의 독서대가 없이도 공부하기 편하게 만든 책상이 있었다. 필자가 직접 사용해 본 결과 구태여 권하고 싶지 않다. 왜냐면 낮은 각도에도 연필이나 볼펜 등이 생각보다 잘 굴러떨어진다. 그리고 요즘은 독서대를 많이 사용하는데 독서대를 놓기에도 오히려 어정쩡한 상태가 되어 오히려 불편하다.

③ 독서실/스터디카페 책상 제작 전문업체

독서실/스터디카페 책상 제작 전문업체가 수도권에만 5~6개 정도 되는 것 같다. 물론 찾아보면 더 많이 있을 것이다. 책상 제작 전문업체가 아닌 싱크대 공장에서 만들어 납품하는 것도 보았다. 그래서 필자도 싱크대 공장에서 견적을 받아 본 적이 있었는데 독서실 책상 제작 전문업체의 견적 금액보다는 꽤 높은 편이었다. 그래서 필자는 책상 제작 전문업체에 주문을 의뢰한 적이 있었다.

그런데 일반적으로 예비 창업자들이 독서실/스터디카페 책상 제작 전문업체를 알아내기가 쉽지 않다. 그래서 필자가 알고 있는 책상 제작 전문업체를 책에 올릴까도 생각해 보았지만 이 또한 개별 업체 정보를 책에 올리는 것은 문제의 소지가 있다 하여 제외하였다. 그러나 인터넷이나 챗GPT 검색을 통해서도 알 수 있고, 턴키베이스 공사업체를 알고 있는 곳이 있으면 그들을 통해서도 알 수 있을 것이다. 책상 제작업체마다 장단점이 있고 나름대로 특성이 있기 때문에 이를 잘 파악하고 선정해야 한다.

(2) 사물함

여기에서 말하는 사물함은 책상에 붙어 있는 사물함이 아니고 비지정석 학생들이 스터디카페에 책을 보관해 놓고 갈 수 있도록 준비해 놓는 사물함을 말한다. 사물함은 기성품을 구매할 수도 있지만 이왕이면 책상을 제작한 업체에서 책상과 같은 재질로 만들어 쓰는 것이 미관상 좋을 것이다. 사물함 개수는 보통 사물함이 없는 책상 수와 같은 정도로 제작하면 적당할 것이다. 사물함의 규격은 40cm×40cm×40cm으로 하는 경우가 많고, 높이는 보통 5단으로 하는데 이런 경우 맨 윗줄은 높아서 좀 불편하다. 그래서 사물함 놓을 공간에 여유가 있다면 4단으로 하여 전체 사물함 높이를 좀 낮추는 것이 사용하기에는 편하다. 그리고 사물함이 단순히 보관 기능에만 그치지 않고 놓는 위치에 따라서는 인테리어 기능도 중요하다는 것을 잊지 말아야 한다.

(3) 의자

 의자는 독서실/스터디카페에서 특히 많이 쓰이는 제품이 있다. 필자도 해당 제품을 많이 써 보았기 때문에 제품이 괜찮은 것은 알지만 특정 업체 제품을 권하고 싶지는 않다. 왜냐면 필자가 써 보지 않은 더 좋은 제품이 있을 수도 있기 때문이다.

 독서실/스터디카페 의자는 무엇보다도 소리가 안 나는 제품을 골라야 한다. 회전의자나 등받이에 쿠션이 있는 의자 등은 학생들이 움직이면서 여러 가지 소음이 발생할 수 있기 때문이다. 그리고 다수 대중이 사용하기 때문에 의자 외피가 패브릭 소재보다는 인조가죽으로 하는 것을 권하고 싶다. 패브릭 소재는 처음 보기에 산뜻하고 좋아 보이지만 음료수나 커피 등을 엎질러 놓았을 때 금방 흡수되기 때문에 처리가 어렵다. 또 그것을 모르고 그냥 두고 있으면 나중에 곰팡이가 생기는 경우까지 있다. 또 하나 유의해야 할 사항은 등받이 문제이다. 독서실/스터디카페의 의자는 대부분 망사형 등받이로 돼 있다. 그런데 이 망사에는 의외로 먼지가 잘 흡착되고 또 잘 보인다. 그래서 가끔은 물걸레로 닦거나 진공청소기로 먼지를 빨아 줘야 하는 어려움이 있다.

 그리고 의자를 고를 때는 너무 잘 굴러가는 것도 좋지 않다. 의자가 쉽게 움직이면 집중력에 방해된다는 이야기가 있다. 그래서 그런지 독서실/스터디카페에서는 유독 앞에는 바퀴가 달렸고 뒤에는 바퀴가 없는 형태의 의자(일명 서울대 의자)가 많이 사용되고 있다. 특히,

개인실처럼 좁은 공간에서는 더구나 서울대 의자를 사용해야 한다.

 요즘은 의자에 사람이 앉아 있으면 무게 때문에 바퀴가 잘 안 굴러가고 비어 있으면 바퀴가 잘 굴러가는 형태의 의자도 있다. 그렇게 하려면 기존의 바퀴를 빼내고 새로운 바퀴로 교체해야 하는데 추가 요금이 발생한다. 필자가 그렇게 해 본 결과 약간의 문제가 있다. 의자가 비어 있는데도 잘 굴러가지 않아 오히려 불편할 때가 있다. 그런 경우 학생들은 의자가 고장 난 것으로 알고 수리해 달라고 하는 경우도 있다. 그래서 이제 선택하라면 추가 요금까지 지출하면서 구태여 그렇게 하고 싶지는 않다.

(4) 키오스크 & 운영 프로그램 & 책상 스탠드

① 키오스크와 운영 프로그램

 키오스크와 독서실 운영 프로그램, 책상 스탠드는 서로 밀접하게 연결되어 있다. 그중에서도 키오스크와 운영 프로그램은 같이 검토해서 선택하는 것이 좋다. 호환성 문제가 있을 수 있기 때문이다. 키오스크와 운영 프로그램을 선택하는 데 몇 가지 유의해야 할 점을 소개하고자 한다.

(a) 업체의 안정성

 첫째는 업체의 안정성을 들고 싶다. 키오스크 업체들이 난무하는 상황에서 장기적이고 지속적으로 서비스를 받으려면 업체가 튼튼하게 존재해야 한다. 갑자기 독서실 프로그램에 문제가 발생했는데 이를 해결해 줄 업체가 없다면 얼마나 황당하겠는가? 독서실/스터디카페는 대부분 365일 쉬는 날 없이 24시간 운영한다. 그렇다면 키오스크와 운영 프로그램을 관리하는 업체도 그렇게 쉬는 날 없이 안정적인 A/S 체제를 갖추고 있어야 한다. 그렇지 않으면 개별 독서실/스터디카페 입장에서는 아주 곤란한 지경에 빠질 수 있다. 필자의 경험으로 보면 묘하게도 토요일, 일요일 쉬는 날에 문제가 많이 발생한다. 이런 때에도 A/S 시스템이 제대로 가동되는 업체라면 걱정이 훨씬 덜할 것이다. 그리고 많은 A/S 사항이 사실은 원격으로 처리되고 있다는 것도 참고하기 바란다.

(b) 자체적 기술 보유와 전문성

키오스크 공급업체를 보면 어떤 업체는 자체적으로 가지고 있는 기술이 없으면서 남의 기술을 빌려 납품하는 업체도 있다고 한다. 이를테면 컴퓨터를 사듯이 키오스크 기기를 사고 거기에 남의 프로그램을 설치하여 공급하는 방식이다. 프로그램은 새로운 상황에 맞추어 꾸준히 연구하고 개발하여 업그레이드를 해 줘야 하는데 자체 기술이 없으면 그것이 어렵다. 그뿐만이 아니라 사물 IOT는 잘 개발되어 있는지, 그리고 독서실/스터디카페만을 전문적으로 하고 있는지, 아니면 음식점이나 카페, 편의점 등 닥치는 대로 하고 있는지 등을 살펴보아야 할 것이다.

(c) 프로그램의 편리성

프로그램의 편리성은 사실 어느 업체의 프로그램이 편리하고 불편한지 필자가 다 아는 것은 아니다. 왜냐하면 여러 업체의 프로그램을 사용해 본 것이 아니고 한 업체의 프로그램만 사용해 보았기 때문이다. 그것도 처음 사용할 때는 이것저것 불편하던 문제도 한두 달 지나면서 적응하다 보면 그냥 사용하게 된다.

그래도 처음에 업체를 선택할 때까지는 이것저것 많이 검토해 보았다. 학생들이 최초 등록할 때 입력하는 정보를 보면 어떤 업체는 이름, 핸드폰 번호만 입력하고, 어떤 업체는 이름, 핸드폰 번호, 생년월일, 성별까지 입력하는 업체도 있다. 또 핸드폰에 보내 준 입증번호를 넣어야만 등록할 수 있는 업체도 있다.

자동문을 출입할 때도 지문이나 비밀번호로 선택하여 인식하는 업체가 있는가 하면 어떤 업체는 바코드를 스마트폰에 보내 주고 바코드를 인식시켜 출입하는 업체도 있다. 비밀번호를 입력하는 것도 어떤 업체는 4자리 숫자를 넣고 출입할 수 있는가 하면 어떤 업체는 9자리 10자리를 넣어야 출입할 수 있는 업체도 있다. 참고로 필자의 독서실/스터디카페에서는 거의 100%가 지문을 등록하고 지문으로 출입하는데 지문인식이 안돼서 문제가 생긴 경우는 그렇게 많지 않다. 그만큼 지문인식은 잘되는 것 같다.

그리고 더 검토해 볼 것은 프로그램이 웹(web) 방식으로 개발되어 있는지 알아보는 것도 중요하다. 웹 방식으로 개발되어 있으면 집에서도 독서실/스터디카페에 있는 것처럼 업무를 볼 수 있어 편리하다. 단점이라면 모든 자료가 프로그램 공급업체의 서버에 들어가 있어서 타인이 우리 집 안방을 들여다보는 것 같은 찜찜함은 있다. 그리고 핸드폰으로 업무를 볼 수 있도록 모바일 앱이 잘 개발되어 있는지도 확인해 볼 필요가 있다. 모바일 앱이 개발되어 있으면 인터넷이 연결된 곳에서는 어디라도 웬만한 업무는 핸드폰으로도 처리할 수 있다.

(d) 프로그램상 불편한 점들

필자가 경험한 몇 가지 불편한 점들을 서술해 보고자 한다. 예비창업자들은 키오스크와 운영 프로그램을 고를 때 참고했으면 한다.

첫째, 가끔은 등록 학생으로부터 전화받는 내용이 있다. 기존 이용하던 좌석이 만기가 되어 다른 종류의 좌석권으로 바꾸어 등록하려는데 왜 자꾸 에러가 나오냐는 것이다. 그리고 정액권 이용자가 잔여 시간이 몇 분이라도 남은 상태에서 다른 좌석권으로 변경해서 결제하려는데 안 된다고 전화가 오는 것이다. 현재 좌석 이용권이 있으면 다른 요금제의 좌석권은 등록할 수 없도록 해 놓은 것이다. 이런 문제점이 있다는 것을 알고 나서 프로그램 개발업체에 물어보니 이중 결제를 방지하기 위해서 애당초 설계할 때부터 그렇게 했다는 것이다. 그러면서 지금에 와서 그 문제를 해결하려면 프로그램을 변경해야 하는데 그것이 쉽지 않다는 답변이었다. 이중 결제든, 삼중 결제든 그것은 고객이 알아서 할 일이고, 독서실/스터디카페는 무조건 등록이 되도록 하면 되는데 그 부분을 놓치고 개발한 것 같았다. 이런 문제는 좀 심각한 문제라는 생각이 든다. 왜냐하면 학생은 정액권으로 이용하다가 2~3분 정도 남은 채로 그날 공부가 끝나서 퇴실 처리하고 나왔고, 그리고 몇 달이 지났다. 아마 그 학생은 독서실/스터디카페 이용이 완전히 끝났다고 생각할 것이다. 그리고 나서 일정 기간 후에 독서실에 가서 지정석으로 등록하려고 하는데 키오스크에서 자꾸 에러가 뜬다. 기존에 정액권 시간이 몇 분이라도 남아 있어서 그걸 종결 처리 해야만 다른 좌석권으로 등록할 수 있도록 설계했기 때문이다. 학생이 사업주에게 전화라도 해서 문제를 해결하면 좋으련만 자꾸 해도 안 되니까 짜증이 나서 그냥 다른 독서실/스터디카페로 가 버리면 이 얼마나 낭패인가?

둘째는, 지정석으로 이용하던 학생이 재등록을 하는 경우, 이용 기간이 만료되기 전에 재등록하는 학생도 있지만, 만료일이 지났는데도 이런저런 사정이 있어 독서실에 올 수 없어 결제가 늦어지는 경우가 있다. 이런 때 만료일 전에 등록한 학생은 문제없지만, 만료일이 지나서 결제한 학생은 다시 결제한 날로부터 시작일이 다시 정해지는 문제가 있다. 그렇게 되면 결제를 지체한 일수만큼 자리를 무료로 주는 꼴이 된다. 그동안에 책상에는 짐이 그대로 남아 있고 또 계속 이용한다고 했기 때문에 이용료를 받아야 하는 기간이 맞다. 그런데도 프로그램에서는 그 기간을 무료로 주는 기간으로 처리한다. 그래서 이런 문제를 해결하기 위해 프로그램 업체에 수정을 요청해 보았지만, 그것이 쉽지 않은지 거절당한 상태이다. 그래서 필자는 학생이 결제한 이후에 지난 만료 일자에 이은 날짜로 시작 일자를 수정해 주는데 가끔은 카드 매출전표에 나와 있는 기간과 다르다고 항의하는 학생도 있다. 카드 매출전표에는 결제한 날로부터 등록 기간이 찍혀 있는 것이다. 앞으로 프로그램과 키오스크를 선택해야 하는 예비 창업주들은 이런 부분까지도 염두에 두고 결정했으면 좋겠다.

셋째는, 독서실/스터디카페 프로그램에서 특정의 사람들을 선택하여 문자를 보내는 경우가 있는데, 어떤 업체의 프로그램은 문자 수가 50자 이내로만 가능해서 불편한 경우가 많다. 50자라는 것도 완성된 한 글자가 아니고 누른 자판 수를 말하는 것이기에 완성된 글자 수로는 20여 자도 채 안 될 것이다. 이 정도로는 뭘 설명하여 보내려 해도 표현할 방법이 없는 경우가 많다.

한 번은 어떤 개선할 사항에 대해서는 프로그램 업체와 여러 번에 걸쳐 개선 요구를 하고 언성을 높이면서 싸워도 보았다. 프로그램이라는 것은 본래 논리가 맞으면 안 될 것이 없다. 즉, 프로그램은 논리로 짜여 있기에 논리가 맞으면 당연히 되는 것이다. 그런데 어떤 프로그램 업체와 얘기하다 보면 이것은 이래서 안 되고, 저것은 저래서 안 되고 안 되는 이유만 찾아 대는 프로그램 업체가 있다. 이런 프로그램은 더는 발전할 수 없다고 본다. 반대로 불편 사항이나 개선 사항을 말해 주면 오히려 고마워하면서 그것을 어떻게든 해결하려고 노력하는 회사가 있다면 그 프로그램은 점점 더 좋아질 것이다. 그런 업체를 찾아 독서실/스터디카페 운영 프로그램을 구매할 수 있다면 최상의 선택이 될 것이다.

위에서 몇 가지 예를 들어 설명했지만 사실 프로그램으로 일 처리를 하다 보면 훨씬 더 많은 편리한 점과 불편한 점들이 있다. 그리고 각각의 개발 방식에는 나름대로 장·단점이 있기에 어느 것이 일방적으로 좋고, 나쁘다고 평가할 것은 아니라고 본다.

(e) 기타 사항

그 외의 사항으로는 키오스크의 본체나 모니터의 크기이다. 한 업체에서 모든 규격을 다 공급하는 것이 아니다. 어떤 업체는 27인치만 공급하고 어떤 업체에서는 32인치만 공급하는 형태이다. 그래서 업체를 미리 선정해 놓고 키오스크의 규격을 목공 작업자에게 알려줘야 한다. 그래야 목공 작업자도 거기에 맞추어 키오스크 놓을 곳에 작업해 놓을 수 있기 때문이다. 물론 목공 작업과 관계없이 외부 복도 등에 놓을 거라면 나중에 도입해도 문제가 없다.

② 책상 스탠드

독서실/스터디카페 책상의 전용 스탠드 공급업체는 그렇게 많지 않다. 스탠드 조명의 밝기나 ON/OFF 방식, 디자인 등은 창업자가 취향에 맞추어 선택하면 된다. 그런데 만약 독서실 운영 프로그램 구매 업체와 책상 스탠드 제조 업체가 서로 다르다면 꼭 유의해야 할 점이 있다. 운영 프로그램과 스탠드가 서로 호환성이 있는지 확인해야 한다는 것이다. 독서실 책상 스탠드는 단순히 조명만이 아니라 운영 프로그램과 연계하여 관리 활동이 이루어지기 때문에 아주 중요한 부분이다. 스탠드 제조업체에서는 아무 키오스크나 프로그램과 연계해서 쓸 수 없도록 이른바 락(Lock)을 걸어 놓기도 한다. 락(Lock)은 일종의 잠금장치인데 잠금장치를 풀지 못하면 독서실 프로그램과 스탠드를 연계시킬 수가 없다. 이는 스탠드를 팔 때 자기들의 키오스크와 프로그램을 연계해서 팔기 위한 일종의 마케팅 전략이 아닌가 싶다.

⑸ 기타 집기류

　위에서 언급하지 않은 집기류들은 에어컨 설치, 싱크대 제작, 백색 소음기, 커피 머신, 쇼케이스, 정수기, 공기청정기, 전자레인지, 제빙기, 컴퓨터, 프린터 등등이 있는데 이 중에서 일부만 언급하고자 한다. 에어컨 설치에 대해서는 180페이지 "③ 에어컨 설치 공사" 부분을 참고하기 바란다.

　싱크대 제작은 목공사를 진행하고 있는 목수에게 맡겨서 할 수도 있겠으나 그것보다는 싱크대 전문 업체에 맡겨 주문 제작하는 것이 훨씬 더 효율적일 것이다. 그래야 시간도 절약할 수 있고, 디자인이나 색상 등을 선택할 수 있는 범위도 넓어진다. 주문 시점은 싱크대 놓을 자리에 목공 작업이 어느 정도 마무리되면 주문을 하는 것이 좋다. 그래야 정확히 측정할 수 있기 때문이다. 어떤 독서실/스터디카페는 싱크대 상판을 천연대리석이나 세라믹 상판으로 하는 것을 보았는데 인조대리석과 가격 차이를 생각하면 구태여 그럴 필요가 있을까 싶다.

　백색 소음기는 독서실/스터디카페의 전용시설로서 어느 정도 그 필요성을 인정받은 것 같다. 매일 켜다가 어쩌다 안 켜게 되면 켜 달라는 요구가 많다. 백색 소음기의 음파가 공급업체의 설명대로 집중력 향상에 도움이 되는지는 모르겠지만 한 가지 확실한 것은 열람실 내에서의 사소한 잡음을 묻어 버리는 효과가 있다. 열람실 내에서의 잡음은 정말 사소한 것이다. 책 페이지 넘기는 소리, 지우개 문지르는 소리, 볼펜 딸각거리는 소리, 잔기침 소리 등등 그런 소음은 어느 정도 묻어 버릴 수 있는 것이다. 그리고 아무런 소리가 없으면 오히려 불안해진다는 사람들도 있다. 그런 사람들에게는 안정감을 주는 효과도 있는 것 같다.

독서실/스터디카페 운영하기

한참 창업을 준비하고 인테리어 공사를 진행할 때는 정신없이 바쁘고 무엇하나 실수하는 일이 벌어질까 봐 신경이 곤두서 있었는데, 인테리어 공사가 끝나고 막상 오픈하게 되니까 그때부터는 이제 등록하러 오는 학생이 없을까 봐 걱정이 밀려든다. 그런 기간도 지나 학생들이 하나둘 등록하기 시작하고 좌석이 어느 정도 차고 나면 이제 그런저런 걱정은 사라지고 새로운 걱정이 시작된다. 사업이 잘되는 것을 보고 누군가 또 주변에 독서실/스터디카페를 차리지 않을까 하는 걱정이다. 차라리 사업이 잘 안 된다면 그런 걱정은 없을 텐데 말이다. 참으로 걱정은 끝도 없는 것 같다. 하지만 그러한 걱정은 독서실/스터디카페의 창업자들이 어쩔 수 없이 겪게 되는 현실이 아닌가 싶다.

    시간이 지나면서 오픈 초기에 겪던 이런저런 혼란 상황이 어느 정도 정리되고 운영 프로그램이나 키오스크, 각종 전자제품 등을 다루는 것이 능숙해지고 나면 이제 독서실/스터디카페에는 별로 할 일이 없어진다. 어제가 오늘 같고, 오늘이 또 내일 같은 일상적인 나날이 계속 이어지는 것이다. 그렇게 이어지는 독서실/스터디카페에서의 일상 업무를 그리고 사업자들이 맞닥뜨리게 되는 현실을 정리해 보고자 한다.

CHAPTER 1
독서실/스터디카페의 하루

 가끔은 독서실/스터디카페를 운영하는 데 노하우(Knowhow)가 무엇이냐고 필자에게 묻는 사람들이 있다. 그때마다 정말 속 시원하게 알려 줄 노하우라도 있으면 좋겠지만 그런 것은 없다. 사업을 운영하는 정성과 노력만 있으면 누구나 할 수 있는 아주 단순한 사업이다. 그런데도 "운영하기"라는 타이틀을 붙여 구태여 기술하는 이유는 창업을 결정하기 전에 독서실/스터디카페 업계의 내부 속사정을 조금이나마 알고 창업을 결정하라는 의미이다. 독서실/스터디카페가 본인에게 맞는 것인지, 맞지 않는 것인지, 좋은 점은 무엇이고 나쁜 점은 무엇인지 등에 대해 미리 가늠해 보고 창업을 결정하는 것이 좋지 않겠는가?

1. 청소 작업

 하루가 시작되는 이른 새벽이나 아침 시간에 청소해야 한다. 왜냐하면 아침 시간대에는 학생들이 없거나, 적어서 청소하기에 적합하기 때문이다. 청소라야 책상 위에 지우개 가루가 있으면 치워 주고, 종이컵이나 페트병 등 쓰레기가 있으면 치워 준다. 그리고 바닥을 청소하는데 진공청소기로 하거나 물걸레질 청소를 한다. 화장실이 내부에 있어 화장실까지 청소한다면 그게 좀 힘들지 나머지 청소는 크게 어려울 것이 없다.

쓰레기를 정리하다 보면 컵라면이나 자장면, 김밥, 음료수 등 편의점 등에서 판매하는 간편 식사용 쓰레기들이 상당히 많이 나온다. 깨끗하게 먹는 것도 아니고 여기저기 흘려 놓은 것을 치우고, 분리수거 하다 보면 짜증이 나기도 한다. 초연결 사회에서 어쩔 수 없는 일이라지만 돈은 편의점에서 벌고, 쓰레기는 독서실/스터디카페에서 치워야만 하는 현실이 억울하다는 생각도 든다. 그래서 휴게실 한 귀퉁이를 차지하고 있는 푸드존(Food Zone)을 없애고 아예 음식을 못 먹게 할까도 생각해 보았다. 하지만 일부 학생들은 도시락이나 음식을 집에서 가져와서 먹기도 하는데 이들까지도 금지할 수는 없지 않은가? 그리고 인근의 다른 경쟁업체에서는 모두 허용하는데 우리만 취식을 금지하는 것도 쉽지 않은 일이다.

가끔은 학생들이 택배 물건을 독서실/스터디카페 주소로 주문하는 때도 있고, 집에서 받은 물건을 독서실에 와서 뜯을 때도 있다. 그러고 나면 거기에서 나오는 포장재는 모두 독서실 쓰레기로 남는다. 이런 일들이 많을 때는 짜증이 나기도 한다.

청소가 끝나면 다음은 이것저것 보충 작업을 한다. 원두커피가 떨어졌으면 커피를 채우고, 과자류나 음료류가 떨어져 있으면 이를 채워 넣는다. 휴지류나 핸드타월 등 무엇이든 부족한 것은 채워 넣는다. 업체의 규모나 학생들이 많은 시점, 적은 시점 등에 따라 다르기는 하지만 아침 청소가 끝나면 대체로 1시간 30분~2시간 정도는 소요되는 것 같다. 이들 청소 작업은 청소 용역 업체나 청소 알바를 고용해서 하는 업체도 있다.

그렇게 해서 그날 영업준비가 끝나면 독서실/스터디카페를 나선다. 그 이후로는 사업장 내에 있어도 별로 할 일이 없다. 학생들이 알아서 결재하고 알아서 자리를 잡고 변경하고 잘들 한다. 가끔은 나이 든 분들이 와서 키오스크를 조작하다가 안 되니까 전화로 묻는 경우가 있고, 무엇이 고장 나서 작동이 안 된 다거나 환불할 일이 있을 때 전화가 오기도 한다. 이런 경우에는 전화로 안내하여 거기에 맞게 일을 해결한다.

일반적으로 청소를 아침에 하고 나면 다음 날까지는 청소를 안 한다. 그러면 카페석은 3~4시간 쓰고 나가면 그 좌석은 다음 학생이 이용하게 되는데 이때 그 좌석이 깨끗할 수도 있지만 지저분하게 되어 있을 수도 있다. 그러면 중간 중간에 책상 청소는 어떻게 할 것인가? 어떤 스터디카페에서는 수시로 청소해 주는 곳도 있고 어떤 업체는 학생들이 자율적으로 청소하고 가도록 유도하기도 한다. 아무래도 주인이나 알바생이 상주하면서 직접 청소해 주면 좋겠지만 사실 그렇게 하는 곳은 별로 없는 것 같다. 대신 책상 위에 치우고 가라는 안내판을 붙여 놓고 소형 쓰레받기를 올려놓으면 학생 스스로가 치우고 가는 경우가 많다. 물론 그렇지 않은 학생들도 있지만 스터디카페 이용자들 사이에서는 나름대로 그런 문화가 어느 정도 형성되어 있다.

2. 관리 업무

1) 이용자 관리

이용자들에 대한 관리 업무는 주로 독서실/스터디카페 운영 프로그램에 있는 내용을 확인하고, 연락하고, 문자로 안내하는 일이 대부분이다. 이용 기간이 끝난 회원이 있으면 책상이 비어 있는지 확인하고 책상을 비어 있으면 더는 연장등록을 하지 않는다는 뜻이니까 다른 사람이 등록할 수 있도록 프로그램상에서 좌석을 비워 놓는다. 책상에 물건이 그대로 있으면 이용 기간이 끝났음을 알리고 빨리 연장등록 할 수 있도록 안내 문자를 발송한다. 물론 기간이 만료되기 전에 문자가 자동으로 발송되니까 기간만료 사실을 알고는 있을 것이다. 그래도 학생이 처리를 안 하면 독촉 문자를 보내는 것이다. 그리고 예약자가 있으면 연락하여 등록하도록 안내한다. 사물함도 이용 기간이 끝났는지, 그리고 사물함에 물건은 있는지 없는지 등을 확인하고 그에 따라 안내하고 처리한다. 운영 프로그램이 웹-기반으로 개발되어 있으면 이런 일들은 집에서도 할 수 있는 일들이다.

혹시 내부에 민원 게시판이 있다면 게시판에 새로운 내용이 올라와 있는지 확인하고, 답변해 줘야 할 내용이 있으면 답변 글을 붙인다. 그리고 안내 사항이나 주의 사항 등이 있으면 이때 프린트하여 붙이기도 한다.

2) 소모품 관리

독서실/스터디카페 운영에 필요한 물품들이 자잘한 게 참 많다. 커피류가 2~3종, 과자류가 3종, 음료류가 3~4종, 휴지류 3종, 종이컵류 2종 등등 이런 물품들의 재고가 있는지 확인하고 없으면 구매한다. 이런 물품들은 서비스 제공 수준에 따라 더 많기도 하고 적기도 할 것이다.

시험 기간에는 3시간~4시간 등 단시간 이용자들이 많다. 이런 때는 음료수든 과자류든 몽땅 바닥 나는 날이 많다. 고정석 이용자들은 거들떠보지도 않는 것을 가끔 오는 이용자들은 이것저것 만져 보고 먹어 보고 그래서 먹을 것은 싹쓸이하고 엉망이 되어 있는 경우가 많다. 정말 단시간 이용권은 없애 버리고 싶을 때도 많다.

3) 비치 품목 관리

독서실/스터디카페에는 몇 가지의 비치품들이 있다. 태블릿PC나 독서대, 이어폰, 휴대폰 충전기, 담요 등등이다. 무인으로 운영하다 보니 "대여일지"에 스스로 기록하고 가져가도록 한다. 태블릿PC는 총무가 있을 때 대여해 주었으나 무인으로 전환하면서 대여 품목에서 제외하였다. 창업 초기에 여러 대를 구매하였으나 실제 운영해 보니 대여해 가는 학생이 거의 없었다. 왜냐하면 대부분 학생들은 이미 자기 노트북이나 태블릿PC를 가지고 있고, 그러다 보니 사용 환경도 익숙하지 않은 독서실 공용 태블릿PC를 빌려 갈 이유가 별로 없던 것이다. 공연한 투자를 했구나 싶었다.

창업 초기에는 이어폰도 여러 개 비치해 놓았었다. 그것도 꽤 괜찮은 것으로 비치해 놓았는데 10여 일이 지나기도 전에 없어지기 시작하더니 나중에는 안 좋은 이어폰만 남아 있었다. 그래서 이번에는 싸구려 제품으로 보충해 놓았다. 그러니까 잘 없어지지는 않는데, 이어폰이 후져 보이기도 하고 여러 사람 손을 타다 보니 이번에는 위생 문제를 거론하는 학생들이 있었다. 그래서 이어폰 비치도 아예 포기하고 말았다. 좋은 것은 자꾸 없어지고, 후진 것은 위생 문제가 있어 보인다니 어쩌란 말인가?

휴대폰 충전기도 여러 개를 비치해 놓았는데, 이게 참 잘도 없어진다. 좋은 충전기일수록 빨리 없어지는 것 같다. 그래서 좋은 제품을 놓을 수도 없다. 그래서 한번은 장난스럽게 충전기에 "훔쳐 가면 떨어진다."라고 써 붙여 보았다. 그랬더니 효과가 있는 것인지 잘 없어지지 않았다. 공부하는 학생의 입장에서는 시험에 떨어지는 것이 제일 무서운 것일 수 있겠다 싶었다. 독서실/스터디카페의 서비스 수준을 높이려 해도 이용하는 학생들의 수준이 맞아야 높일 수 있다는 생각이 들었다.

4) 복사기 및 프린터 관리

요즘 대부분의 독서실/스터디카페는 복사기나 프린터를 보유하고 있다. 학생들이 인터넷 강의 자료를 뽑아서 쓰도록 서비스하는 것이다. 어떤 곳은 프린터 기기만 놓고 A4용지는 학생들이 가져오도록 하는 곳도 있고, 어떤 곳은 용지까지 비치해 놓고 무료로 하도록 하는 곳이 있는가 하면 유료로 하는 곳도 있다.

 필자의 독서실/스터디카페에서는 처음부터 프린터 기기는 물론 A4용지까지 무료로 사용토록 했다. 그러다 보니 인쇄량이 점점 많아지는 것을 느꼈다. 그래서 15매 이내로 프린트를 제한한다고 안내문을 붙였다. 어떤 공부를 하더라도 하루에 15매 정도면 충분할 것 같았기 때문이다. 대부분은 잘 지키고 있는데 가끔은 학생이 무단으로 들어와 대량으로 프린트해 가는 일이 있다. 이력서나 자기소개서 등 취업 관련 서류 몇 장 정도를 프린트해 가는 것은 이해할 수 있다. 그런데 가끔은 아예 책 한 권을 프린트하려고 오는 사람도 있다. 무인으로 운영하다 보니 이런 것도 모를 수 있는데, 가끔은 학생들이 문자로 신고해 줘서 알게 되는 때도 있다. 이러한 문제를 해결하기 위해 공공도서관에서 하는 것처럼 복사카드를 판매하는 방식도 검토해 보았다. 그러려면 초기 투자비가 많이 들고, 복사카드 판매를 위한 시스템이 또 마련되어야 한다. 그러느니 무료로 하는 게 낫다는 생각이다.

5) 문제 상황에 신속 대처하기

 독서실/스터디카페를 운영하다 보면 신속하게 대처해야 할 일이 종종 생긴다. 이를테면 키오스크에 영수증 용지가 떨어져서 버저음이 울리고 있다거나, 중학생들이 끼리끼리 몰려와 휴게실에서 떠들고 있다거나, 어디서 벌레가 나타났는데 잡아야 한다거나, 내부 환기를 시켜야 한다거나, 그 외에도 소모품이 떨어졌는데 보충해야 한다거나 등등 가볍게 처리할 수 있는 일이지만 현장에 있어야만 처리가 가능한 일들이 있다. 운영주는 학생들로부터 문자 또는 전화를 받거나 CCTV를 보고 문제 상황은 알 수 있는데 현장에 없기에 일 처리가 어려운 경우가 있다.

 이런 때를 대비해서 공부하러 온 학생들을 미리 섭외해 두고 그들을 이용하는 방법이 있다. 비교적 독서실/스터디카페에 장시간 머물면서 공부할 학생을 대상으로 부탁하는 것이다. 일부 업체에서는 그렇게 하고 있는데, 그들이 제시한 조건을 보면 좌석 이용을 무료로 해 주거나 할인이나 기간 연장을 해 준다거나 어떤 경우에는 약간의 용돈을 주는 업체도 있는 것으로 알고 있다. 학생은 특별히 마다할 이유도 없다. 그런 일이 자주 있는 일도 아니고 독서실/스터디카페에 의무적으로 나와야 한다거나 자리를 지키고 있어야 하는 것도 아니다. 그저 본인의 공부를 하고 있다가 도와줄 일이 생기면 잠시 도와주면 되는 일이다.

 여기서 조심할 것은 고용 관계로 가면 안 된다는 것이다. 고용 관계로 가면 무조건 계약서를 써야 하고 근무 시간에는 시급 이상의 급여를 지급해야 하는 문제가 있어 일이 커진다. 고용 관계로 가지 않기 위해서는 해당 학생이 독서실/스터디카페에 의무적으로 나와야 한다거나, 나와서는 업무상으로 운영주의 지휘 감독을 받게 해서는 안 된다. 도우미 학생 본인의 공부 때문에 독서실/스터디카페에 왔다가 운영주로부터 부탁을 받고 간단한 일을 잠깐 해 주는 정도에 그쳐야 한다. 특정 시간에 스터디카페에 의무적으로 나와야 한다면 그것은 고용 관계에 가깝다. 그래서 어떤 업체에서는 도우미 학생이 안 나올 경우를 대비해 2~3명의 도우미를 두기도 한다. 그렇게 해서 운영하다 보면 현장의 문제를 빠르게 해결할 수 있는 장점도 있지만, 무인으로 운영하면서 방치하고 있는 것 같은 이미지도 어느 정도 해소할 수 있다.

6) 이용자들과의 관계 설정 문제

독서실/스터디카페 운영주와 이용 학생들 간의 관계를 어떻게 설정해야 사업 운영에 유리할까? 일반적으로 마케팅에서는 고객과의 접점을 넓히고 고객들과 친화 관계를 강화하라고 한다. 그런 관계들은 결국, 대면 접촉을 통해서 생겨나지 않겠는가? 그러면 독서실/스터디카페에서는 어떨까? 그것은 사업주가 누구냐에 따라 많이 달라질 것 같다. 만약 20~30대의 젊고 친화력 있는 사람이 운영한다면 학생들에게 마음 놓고 다가가고 친근하게 접근하면서 운영하면 많이 유리할 것이다. 학생들의 불만이나 요구 사항도 어렵지 않게 얘기할 것이고, 사업주는 들어줄 만한 일은 들어주고 들어주지 못하는 일에 대해서는 비교적 쉽게 설득할 수 있을 것이다. 그리고 입소문 마케팅 활동을 하는 데도 좀 유리할 수 있다.

그러나 만약 60~70대의 어른이 운영한다면 아무리 학생들에게

친절하게 접근해도 그들은 가능한 한 사업주를 피하려 할 것이다. 그들은 사업주를 접하지 않고 자기 문제를 해결하고 싶어 한다. 그래서인지 학생이 말해도 될 간단한 일을 부모에게 말해서 부모로부터 전화 받아서 일을 처리하게 되는 때도 있다. 가장 안 좋은 것은, 그냥 참고 있다가 기간이 만료되면 재등록을 안 하는 경우이다. 따라서 사업주는 가능한 한 학생들을 만나지 않고 문자나 전화 등을 통해서 정보를 접수하고 일 처리하는 방안을 강화하는 것이 좋다. 그리고 민원 게시판을 만들어 학생들의 불만이나 요구 사항을 마음껏 제시하도록 하고 사업주는 그에 신속하게 답해 주고 처리해 주는 방식으로 운영하면 구태여 대면하지 않고도 많은 문제를 해결할 수 있을 것이다. 요즘은 독서실/스터디카페 운영 프로그램이 대부분 웹 방식으로 개발되어 있어서 어디에서나 컴퓨터만 있으면 프로그램을 열어 볼 수 있다. 그리고 스마트폰으로도 웬만한 일은 처리할 수 있도록 앱이 개발되어 있다. 즉, 원격으로도 대부분의 업무 처리를 할 수 있다는 이야기이다. 사업주 휴대폰 번호를 사업장 내에 게시해 놓으면 학생들도 필요한 일을 전화나 문자로 요청을 할 것이다. 사업주는 그에 따라 신속하게 대응해 주면 구태여 대면하지 않더라도 문제없이 운영해 나갈 수 있다. 오히려 그런 측면에서 나이 드신 분은 무인으로 운영하는 것이 유리할 수도 있겠다는 생각이 든다.

그리고 필자가 운영해 보니 실제로 만나서 해야 할 일은 그렇게 많지 않다. 한 가지 꼭 만나서 해야 할 일은 환불 건을 처리할 때이다. 카드로 결제했는데 환불하게 되면 이때는 어쩔 수 없이 서로 만나야 한다. 환불 학생은 결제했던 카드를 가져와야 하고, 사업주는 키오스크 환불 시스템을 작동시키기 위해서 키오스크 있는 곳에 가서 본인의 지문이나 비밀번호를 입력해야 한다. 등록할 때 만약 현금을 받았거나 예금 이체를 받았다면 송금해 주면 되기 때문에 구태여 만나지 않아도 된다. 그러나 실제로 환불 건은 그렇게 많이 일어나는 일이 아니라는 점을 참고하기 바란다.

특히, 장기적으로 공부하는 성인 중 일부는 사업주가 자기를 알아보는 것도 싫어하고 또 무슨 공부하는지 아는 것도 싫어한다. 그냥 조용히 독서실/스터디카페에 와서 혼자 공부만 하다가 가고자 하는 것이다. 어떤 사람은 대면으로 접수하고 등록하는 것이 싫어 키오스크 있는 곳만 찾아다닌다는 학생도 있다. 여자일수록 그런 경우가 더 많은 것 같다. 어쩌면 장기간 공부하다 보면 자기를 알고 있는 누군가가 "쟤는 이번에도 시험에 떨어졌나 보네" 하는 자격지심이 생겨서 그러지 않을까 하는 생각도 든다.

그래서 다른 업종과 달리 독서실/스터디카페는 고객과 가까운 관계를 갖기 위해 구태여 노력하지 않아도 되는 그런 업종인 것 같다. 그런 노력들이 상황에 따라 유리할 수도 있지만 불리하게 작용할 수도 있기 때문이다.

또한, 운영하다 보면 독서실/스터디카페의 고객은 누구로 봐야 할까? 하는 의문점이 들 때도 있다. 마케팅에서는 자기가 하는 사업의 고객이 누구인지 분명히 정의하라고 가르친다. 정의된 고객들을 대상으로 적극적인 마케팅 활동을 펼치고자 하는 것이다. 그러면 독서실/스터디카페의 고객은 누구인가? 학생인가?, 학부모인가? 필자의 생각은 구태여 구분할 필요 없다는 생각이다. 독서실/스터디카페에서 학생과 학부모를 구분해서 마케팅을 펼친다거나 대면할 일도 없을 것이고 구분의 실익도 없다는 생각이다. 다만, 학부모와 학생의 입장이 가끔 대립하는 때도 있다. 독서실/스터디카페 프로그램에 학생이 입실하거나 퇴실하면 학부모에게 입·퇴실을 알리는 문자가 가도록 설정할 수 있는데 학부모는 문자를 보내 달라고 하고 학생은 빼 달라고 하고 그래서 곤란한 적이 있다. 그리고 가끔은 학생이 밖으로 나가면서 자기 엄마에게 전화 오면 자리에 있다고 말해 달라고 "제발 한 번만" 하고 부탁하는 때도 있다. 이때 학부모에게서 자녀가 자리에 있는지 확인해 달라고 하면 어떻게 할 것인가? 참으로 난감할 때도 있다. 필자는 가능하면 학부모의 요구대로 해 주는 것이 옳다고 생각한다.

특히, 중학생들이 문제이다. 이들은 평소에는 거의 안 오다가 중간고사나 기말고사를 앞두고 나타나기 시작한다. 그것도 저녁 시간에만 떼 지어 몰려드는데, 이들이 오면 독서실/스터디카페는 상당히 어수선해진다. 이들은 고객이라기보다는 오히려 관리의 대상이 되는 것이다. 이들을 잘 관찰해 보면 혼자서 온 중학생은 조용히 앉아서 공부만 하니 아무런 문제가 없다. 그러나 둘 이상이 함께 온 중학생들은 무조건 자리를 붙어 앉아 있으려고 하는데 그래도 둘 정도는 용인할 만하다. 둘이서는 주변의 눈치를 보면서 손짓도 하고 공부에 집중하지 못하는 모습을 보이지만 그래도 다른 학생들에게 큰 피해를 주지는 않는다. 그러나 세 명 이상 함께 온 중학생들은 좀 대담해져서 주변의 눈치도 잘 안 보고 소곤거리고 손짓 발짓 하면서 주변을 어수선하게 만든다. 그래서 필자는 시험 철이 되어 중학생들이 몰려들 때면 이들을 떼어 놓는 전략을 쓴다. 독서실/스터디카페 프로그램에는 좌석을 숨겨 놓는 기능이 있다. 좌석을 "숨겨 놓기"로 설정해 놓으면 그 좌석은 키오스크에서 보이지 않기 때문에 등록할 수가 없는 것이다. 아마 학생들은 좌석이 없는 것으로 알 것이다. 그렇게 해서 좌석을 듬성듬성 숨겨 놓아 나란히 등록할 수 없도록 해 놓으면 함께 온 중학생들은 띄엄띄엄 있는 좌석이라도 등록하거나 아니면 다른 곳으로 그냥 가 버린다. 그래도 아쉬울 것은 하나도 없다. 그들은 등록해 봤자 독서실/스터디카페에 오히려 피해를 줄 것이기 때문이다.

7) 운영 매뉴얼을 만들어라

　독서실/스터디카페를 운영하면서 무슨 매뉴얼이 필요하냐고 할 수도 있겠지만 그래도 매뉴얼을 만들어 운영하다 보면 비교적 빈틈없이 일 처리를 할 수 있고, 문제 발생 시 신속하게 대처할 수 있는 장점이 있다. 매뉴얼이라는 것이 별것이 아니다. 독서실/스터디카페에서 사용하는 운영 프로그램, 기계장치, 집기 비품 등의 사용법에 대해서 자주 사용하는 기능, 중요한 내용 등을 중심으로 본인이 알기 쉽게 정리해 놓은 것이다.
　필자는 세 개의 매뉴얼로 정리해 사용했다. 첫째는 독서실/스터디카페 운영 프로그램 사용법에 대해서 정리했고, 두 번째는 기계장비와 집기 비품 등에 대해 정리했고, 세 번째는 CCTV 사용법에 대해서 정리했다. 기계장비와 집기 비품 매뉴얼은 각종 키 종류(다이얼키, 번호 키, 출입문 키 등) 사용법, 백색 소음기, 에어컨, 환기시스템, 보일러 가동, 커피 머신, 프린터 등등 기기에 대해 사용법을 정리하고 또 가동 기준을 정해 놓았다. 각각 기계장비에 대해서는 매뉴얼이 따로 있으니까 세세하게 작성할 필요는 없고, 본인이 자주 사용하는 것 중심으로 정리해 놓으면 된다.

여기에 하나 더 추가하자면 청소를 하는데 그때그때 생각나는 대로 하지 말고 월별 청소 계획표를 작성해 놓고 하자는 것이다. 필자가 독서실/스터디카페를 직접 청소해 보니 업종 자체가 워낙 깨끗한 업종이라서 그런지 모든 부분에 대해 매일 청소할 필요는 없다고 생각한다. 물론 매일 청소해서 나쁠 것은 없지만 힘들게 과잉 청소를 할 필요는 없지 않은가? 그래서 어느 날은 진공 청소 작업하고, 어느 날은 물걸레질하고, 어느 날은 복도만 청소하고, 어느 날은 각 좌석의 내부까지 청소하고 하는 등등의 청소 계획표를 작성해 놓고 그대로 시행하면 힘이 덜 들면서도 어디 하나 빠지지 않고 항상 깨끗하게 유지할 수 있다고 생각한다.

8) 월차 결산하기

하루 이틀 영업을 하다 보면 어느덧 한 달이 되고 한 달이 지나면 사업을 해서 과연 얼마를 벌었는지가 알고 싶어진다. 사실, 월차 결산이라는 걸 구태여 안 해도 대충 얼마나 벌었는지, 얼마나 손해를 봤는지 정도는 감을 잡을 것이다. 특히, 독서실/스터디카페는 매출과 비용 구조가 간단해서 더 쉽게 감을 잡을 수가 있을 것이다. 그래서 그런지 일반적으로 독서실/스터디카페 사업주들은 월별로 결산 작업을 잘 안 한다. 필자는 큰 사업이든 작은 사업이든 사업을 하는 사람은 꼭 해당 사업에 대한 월차 결산을 해야 한다고 생각한다. 당장 최근 실적은 감으로 알 수 있다지만 몇 달이 지나고, 1년 2년 지나다 보면 지난날의 자료가 전혀 없어 자료에 의한 정확한 의사 결정을 할 수 없다. 그뿐만 아니라 사업으로 생긴 소득과 사업 외의 소득이 뒤섞이고, 지출도 사업상 지출한 돈과 가정생활을 위해서 지출한 돈이 뒤섞여 도무지 사업을 해서 남은 것인지, 손해를 본 것인지 종잡을 수 없는 지경에까지 이를 수 있다.

월차 결산을 하는 방법도 현금주의다 발생주의다 해서 복잡하게 논할 수도 있지만, 기업체도 아니고 독서실/스터디카페에서는 그냥 현금 기준으로 집계하면 된다. 현금이 들어왔으면 매출로 잡고, 현금이 나갔으면 비용으로 잡는 것이다. 매출을 계산하는 방법도 운영 프로그램상에 나와 있는 매출로 잡을 수도 있고, 카드 밴사에서 받은 카드 매출 실적을 기준으로 잡는 방법이 있지만, 필자는 카드 대금을 받는 예금 계좌를 기준으로 잡으라고 권한다. 그래야 카드 수수료까지 빠진 순수 현금 입금액으로 매출을 잡을 수 있기 때문이다. 만약, 별도로 현금으로 받은 금액이 있다면 이를 합산해야 한다.

비용도 임차료, 상가 관리비, 이자 비용 등 나름대로 비용 과목을 만들어 집계해야 한다. 감가상각비는 중요한 비용 과목이지만 당

월 현금 지출 사항이 아니기 때문에 월차 결산할 때는 제외한다. 그래서 순수하게 현금수입 금액이 얼마인지, 손실이 얼마인지 산출해 보는 것이다. 사업자 입장에서는 해당 월에 현금으로 얼마의 수입이 생겼는지 아는 것이 중요하기 때문이다.

CHAPTER 2
홍보 업무

1. 온라인상의 홍보

　홍보가 일상적인 일은 아니지만 독서실/스터디카페에서도 홍보는 필요하다. 홍보라고 해서 특별한 것은 아니다. 네이버 플레이스나 다음 플레이스에 전화번호, 사업장 위치, 인테리어 사진, 업체 소개 글 등의 업체 정보를 올리는 것이다. 한 번 올려놓고 나면 그 뒤로는 수정 사항이 있거나 할인 행사 등 무슨 이벤트가 있어 알릴 필요가 있을 때 주로 들어가 본다. 평상시에는 악성 리뷰가 달려 있는지 등에 조금 신경 쓰이는 정도이다.

　가끔은 독서실/스터디카페를 홍보하라고 여기저기에서 전화가 온다. 인근 아파트 단지 엘리베이터 내에 홍보하라든가 어떤 경우에는 동네 약국의 약 봉투에 홍보하라는 전화를 받기도 하지만 홍보를 한 적은 없다. 그리고 네이버에 광고 탑재를 전문으로 하는 광고대행업체에서는 네이버 플레이스 영역에 노출 순위를 올려 준다면서 끈질

기게 광고 요청을 받았으나 광고를 해 본 적은 없다. 한번은 그들의 말에 설득되어 일을 진행하다가 요금 결제 방식에 이견이 있어 그만두었다. 요금을 1개월당 얼마로 책정해 놓고 결제는 1년분을 한꺼번에 해야 한다는 것이다. 이 말은 곧 광고 효과가 있든 없든, 해 주는 일이 마음에 들든 안 들든 1년은 광고를 계속해야 한다는 말과 같은 것이다. 그래서 그만두었다.

 네이버 플레이스 영역은 컴퓨터로 볼 때 한 페이지당 6개~8개 업체를 노출시킨다. 일반적으로 검색자들이 페이지를 넘기면서까지 보지는 않기 때문에 첫 페이지에 노출되는 것을 중요하게 생각하고, 첫 페이지 중에서는 맨 위에 노출되는 것이 광고 효과가 좋은 것으로 생각한다. 그래야 매출을 상승시킬 수 있다는 것이 광고업체의 주장이다. 글쎄 그게 음식점이나 카페 등 매번 새로운 손님이 찾아오는 업종에서는 맞을지 몰라도 이용하던 사람이 계속 반복적으로 오는 독서실/스터디카페 업종에서는 그게 효과를 보기가 어렵다는 생각이 든다. 매출 상승효과가 있든 없든, 다른 경쟁 독서실/스터디카페에 비해 노출이 멀리 뒤처져 있으면 마음이 많이 상하는 것은 사실이다. 그래서 맨 앞에 노출할 수 있으면 그렇게 하는 것이 좋다. 다만, 전문 업체에 맡겨 돈을 들여서 할 필요까지는 없다는 생각이다.

 그래서 필자는 네이버 통합광고주센터에 가입하고 광고를 직접 해 보니 비용도 정말 얼마 안 들고 노출 순위는 최상위 수준에 노출되었다. 네이버 플레이스 유료 광고라는 것이 알고 보니 기존 네이버 플레이스 영역에 이미 노출되어 있는 정보를 그대로 앞 순위에 한 번 더 노출시키는 개념이었다. 그래서 필자의 업체가 노출 순위에서는 맨 앞에 자리를 잡게 되었는데 그게 매출을 상승시키는 효과를 보았을까? 하는 의구심이 든다. 왜냐면 광고 전후 매출을 비교해 보아도 차이가 별로 없기 때문이다.

독서실/스터디카페는 주거 근접형 사업이기 때문에 대다수 학생들은 그 동네에서 살고 있다. 이른바, 동네 장사라는 것이다. 1~2년 지나다 보면 독서실 운영 프로그램에 등록했던 학생들 전화번호가 1,500~2,000여 개가 쌓인다. 이것은 한 번이라도 우리 독서실/스터디카페에 다녀간 사람들의 수를 의미하는 것인데, 이 정도 인원수는 그 동네에서 공부할 대상 인원수의 거의 전체에 달하는 수준이다. 그렇게 독서실/스터디카페에 직접 찾아와서 시설도 보고, 이용해 본 사람들이 대부분인데 그들을 대상으로 인터넷상에 또는 오프라인상에 광고했다고 하여 그게 큰 효과를 볼 수 있을까? 효과는 있을지 몰라도 그리 크지는 않을 것 같다는 생각이다. 만약, 주거밀집지역이 아니고 역세권이나 유동 인구가 많은 중심상업지역에 위치한 독서실/스터디카페라면 그래도 홍보 효과가 있을 거라는 생각이 든다. 그런 곳의 업체는 자투리 시간을 이용하기 위한 새로운 이용자가 지속적으로 유입될 것이기 때문이다. 결국, 처음 이용자들은 네이버나 다음 사이트에서 그 지역 검색을 통해 업체 정보를 알아본 후에 찾아오지 않겠는가?

인터넷 포털사이트 검색량을 보면 네이버가 압도적으로 많다고 한다. 그래서 그런지 네이버 플레이스 영역에 탑재하는 것은 신경을 많이 쓰는데 다음 포털 플레이스 영역에 탑재하는 것에는 좀 소홀히 하는 것 같다. 어차피 모두 무료로 탑재하는 것인데 다음 포털 플레이스에 탑재하는 것에도 신경을 쓰는 것이 좋을 것 같다. 그리고 네이버든 다음이든 플레이스 영역에 탑재하는 방법에 대해서는 유튜브를 검색해 보면 많이 나온다. 그중에서 하나를 선택하여 공부하면 금방 할 수 있을 것이다.

인터넷에서 키워드별 검색량을 알려 주는 블랙키위(Black Kiwi)나 키워드마스터(Keyword Master) 등에 접속하여 네이버 검색량을 조사해 보면 "독서실"로 검색한 것보다는 "스터디카페"로 검색한 양이 월등히 많다. 우선, 돌아다니다 보면 스터디카페는 눈에 많이 띄고 또 독서실보다는 신종 사업이라는 이미지가 있어 스터디카페로 검색하는 것이 아닌가 싶다. 이러한 사실은 인터넷을 통해 홍보할 때, 그리고 키워드를 선정할 때 많은 참고가 될 것이다. 또 PC를 통한 검색량과 모바일을 통한 검색량을 비교해 보면 모바일 검색량이 월등히 많다는 것도 참고하기 바란다.

독서실보다 스터디카페의 검색량이 많다고 해서 독서실은 잘 안되고 스터디카페는 잘되나? 그것은 아니라고 본다. 필자는 같은 공간에서 독서실과 스터디카페로 영역을 구분하여 각각 사업자 등록을 하고 운영하고 있다. 출입구도 같고 동일한 키오스크를 이용해 독서실 결제도 하고 스터디카페 결제도 한다. 학생들은 독서실인지, 스터디카페인지 구태여 구분을 못 하고, 그저 선호하는 좌석을 선택하면 독서실과 스터디카페로 구분하여 매출이 잡힌다.

필자가 운영하는 독서실/스터디카페의 경우 독서실 매출이 대략 85% 정도라면 스터디카페 매출은 15% 정도밖에 안 된다. 좌석수 비율은 독서실이 70%이고 스터디카페는 30%이다. 즉, 독서실은 좌석 비율보다 매출을 많이 올리고 있고, 스터디카페는 좌석 비율에 못 미치는 매출을 달성하고 있다. 그래서 스터디카페가 검색량이 많다고 해서 매출이 많이 나온다고 볼 수는 없다는 것이다. 검색할 때에는 스터디카페로 검색하고, 정작 현장에 와서는 독서실 좌석을 선택하는 경향이 많다는 것을 의미한다.

참고로 필자의 독서실/스터디카페에서 독서실 부분은 칸막이가 많이 돼 있고 개인실이 많다. 요금 운영은 고정석 중심으로 운영하고 있고, 빈 좌석 활용을 위해 정액권도 일부 받고 있다. 반면, 스터디카페 부분은 오픈형 시설로 돼 있어 개방감이 있고, 서로의 공부하는 모습을 볼 수 있는 구조이다. 요금 운영은 정기권, 정액권, 시간권 중심으로 운영하고 있다.

아무튼 온라인상의 홍보는 네이버와 다음 포탈의 플레이스 영역을 통한 홍보가 대부분이고, 오프라인상의 홍보는 건물에 간판 설치하고 벽면에 부착물을 붙이는 것, 그리고 창업 초기에 오픈을 알리기 위해 현수막을 붙이고 전단지를 돌리는 것 등이 전부이다. 창업 초기가 아니라도 가끔 현수막을 걸어 홍보하는 업체도 있는데 사업이 정말 안 될 때 이런 것을 붙이게 된다.

2. 악성 리뷰 대처하기

대체로 자영업자들은 네이버에 별점이나 리뷰 글 등에 무척이나 신경을 쓴다. 일도 바빠 죽겠는데 컴퓨터나 스마트폰을 보면서 그런 것까지 관리하려니 정말 짜증도 날 것이다. 그래도 음식점 업종이나 다른 업종보다는 독서실/스터디카페는 리뷰도 적고, 별점 등에 신경을 덜 쓰는 편인 것 같다. 그래도 악평이나 독서실/스터디카페의 약점을 리뷰로 남길까 봐 무척이나 신경이 쓰이기도 한다.

몇 년 전에는 같은 건물의 다른 층에서 공사하느라 며칠 동안 쿵쿵거리며 소리가 좀 났다. 또 어떤 때는 학생 한 명이 이상한 냄새가 나는 물건을 가지고 온 적이 있는데 이것들에 대해 아주 불만 섞인 리뷰가 올라온 적이 있었다. 누군지 알지 못하니 글을 내리라고 할 수도 없고 참으로 난감했다. 시끄러운 것은 며칠 지나 다 끝난 일이고, 냄새나는 것은 물건을 밖으로 빼내 이미 다 끝난 일인데 리뷰는 계속 남아서 우리 독서실/스터디카페에 항상 그런 문제가 있는 것처럼 안 좋은 이미지를 주게 된다. 어떤 경우에는 사실과 다른 내용으로 악의적인 내용으로 리뷰가 올라오는 때도 있다. 독서실 내에 화장실도 없고 독서실 밖에 멀리 떨어진 곳에 있는데 화장실 냄새가 난다고 리뷰가 달린 것이다. 명백한 허위 사실이라서 그대로 두면 안 되겠다 싶어 해결 방법을 찾아 나섰다.

이런 경우 먼저 악성 리뷰가 올라온 포털사이트 즉, 네이버나 다음 사이트에 신고해야 한다. 신고를 받은 포털업체에서는 일단 리뷰 게시를 중단하고 중단 사실을 리뷰를 올린 사람에게 메일로 알린다. 그리고 나서 30일 내에 재게시 요청이 있으면 재게시 검토 과정을 거쳐 재게시를 하고 재게시 요청이 없으면 그대로 게시가 중단된다.

사실 대부분은 귀찮아서라도 재게시 요청을 안 하지만 만일 상대가 재게시 요청을 하게 되면 포털사이트에서는 재게시하게 되고 그러면 이제는 법적으로 해결할 수밖에 없다.

법적 해결을 위해서는 먼저 행정기관인 방송통신심의위원회에 접속하여 인터넷피해구제신청을 하거나 사이버수사대나 경찰서에 업무방해나 명예훼손 등으로 고소를 해야 한다. 필자는 방송통신위원회에 피해구제 신청을 해 본 적이 있다. 방통위에서는 원만한 해결을 위해 양 당사자의 입장을 들어 보고 업무 처리를 하는데 필자가 신고해 본 경험에 의하면 일 처리가 너무나 늦다. 신고서를 제출한 후 3개월 정도가 지나도 아무런 답이 없길래 방송통신위원회에 전화를 해 보았다. 직원의 대답은 좀 더 기다려 달라는 내용이었다. 6개월이 지나도 아무런 답이 없었다. 그제야 방송통신심의위원회를 통해서 문제를 해결할 수 없음을 깨닫고 다른 해결 방법을 찾기 시작했다.

그렇게 해서 찾은 첫 번째 방법은 좋은 리뷰를 여러 개 달아서 악성 리뷰의 내용을 희석시키고 반면에 악성 리뷰를 저 밑으로 밀쳐내어 잘 보이지 않도록 하는 것이었다. 그리고 두 번째 방법은 악성 리뷰의 답글에 정중하고 감정이 실리지 않게 사실에 기초한 글을 올려서 최소한 다른 고객들이 볼 때 오해가 없도록 하는 것이다.

그런 방법이 완전하지는 않더라도 본인이 직접 할 수 있는 일이고, 빠르게 해결할 수 있는 현실적인 방안이 아닌가 싶다. 담당 기관에 신고하여 해결해 줄 것이라 기대해 보았자 시간만 흐르고 해결해 주는 것은 별로 없다. 적어도 필자의 경험으로는 그렇다. 몇 년 전에 방송통신위원회에 진정서를 제출했던 건은 수년이 지난 지금까지도 아무런 답이 없다.

  독서실/스터디카페를 하면서 느낀 것은 학생들 사이의 입소문은 정말 빠르다는 것이다. 동네 어디에 독서실이나 스터디카페가 생기면 학생들은 금방 안다. 그들은 항상 어울려 다니며 같이 행동하는 시간이 많다 보니 정보의 전달도 빠른 것 같다.

  여기서 한 가지 유의해야 할 점은 요즘은 근거리 교통수단의 발달로 시장 영역이 조금은 확대되었다는 것이다. 지역 시군구에서 제공하는 자전거, 카카오 자전거, 전동 퀵보드, 세그웨이 등등 이동수단의 발달로 근거리 이동이 좀 쉬워진 것이다. 따라서 홍보 구역도 좀 넓혀야 할 필요성은 있다고 본다.

CHAPTER 3
총무 고용하기

요즘은 총무 없이 무인으로 운영하는 업체가 많아서 이 chapter 3가 별 도움이 되지 않을 수도 있다. 그런 분들은 이 chapter는 그냥 건너뛰면 될 것이다. 그러나 총무를 고용하는 업주가 있다면 큰 도움이 될 수 있다고 본다. 왜냐하면 아래에 다루는 내용은 일반적 고용 관계가 아니라 독서실/스터디카페 사업주가 가질만한 고민거리와 그에 대한 해결 방법을 다루고 있기 때문이다.

1. 독서실 총무에 대한 법적 논란

사실 몇 년 전만 하더라도 독서실 총무가 근로자냐 아니냐 하는 법적 논란이 있었다. 근로기준법에 "근로자는 임금을 목적으로 근로를 제공하는 사람"이라고 정의되어 있는데, 독서실 총무는 사실 임금을 목적으로 왔다기보다는 공부를 목적으로 온 성격이 더 강하기 때문이다.

그러나 결과적으로 독서실 총무도 근로자성이 있다는 판결이 나왔다.

독서실 총무가 근로기준법의 적용을 받게 되다 보니 이제 근로 시간의 문제가 대두되었다. 독서실 총무(=알바)의 근무 시간을 논하려면 먼저 근무 형태를 알아야 한다. 독서실 총무의 업무는 대부분 학생 등록 업무, 상담 업무, 학생 관리 업무, 청소 업무, 기타 잡무 등이 있다. 대부분 업무는 잠깐잠깐 처리할 수 있는 일들이고 발생 빈도가 그렇게 많은 것도 아니다. 그러다 보니 총무는 대부분 시간을 사무실에 앉아 본인의 공부를 하면서 보낸다. 낮 근무를 하든, 밤 근무를 하든 총무가 독서실에서 보내는 시간을 대략 9시간으로 가정하면 실제 업무 시간은 30~40분 이내일 것이다. 청소까지 한다면 1시간을 조금 넘기는 수준일 것이다. 이런 상황에서 독서실에 있는 9시간 모두를 근무 시간으로 보아야 할지, 아니면 일정 시간만 근무 시간으로 보아야 할지 등에 대한 논란이 있다.

법원 판례의 입장은 독서실에 출근해 있는 시간은 언제든지 사용자의 업무상 지시를 받는 상태에 있고, 또 쉬거나 자기 공부를 하더라도 독서실에 오는 학생들을 등록하기 위한 대기 시간으로 본다는 것이다. 그래서 대기 시간은 일하지 않더라도 근무 시간으로 보는 것이고, 그렇다면 당연히 임금도 주어야 한다는 것이다. 그러면, 독서실/스터디카페 사업자 입장에서는 어떻게 할 것인가? 주·야간 총무 2명에게 9시간씩 시급을 계산해 주다 보면 대부분의 독서실은 아마 적자로 돌아설 것이다. 그래서 실제 근무한 시간만을 임금으로 주는 방안을 찾아야 할 것이다. 구체적인 내용은 248페이지 "3. 총무의 선택과 근로계약서 작성"에서 기술하고자 한다.

2. 총무(알바) 모집 공고 하기

총무 모집 공고는 주로 알바몬이나 알바천국, 사람인, 고용노동부와 한국고용정보원이 운영하는 고용24(www.work24.go.kr) 등에 모집 공고를 올려 모집한다. 이 외에도 알바 모집 공고를 올릴 수 있는 사이트는 많이 있다. 민간에서 운영하는 사이트는 유료인 데 반해 고용24는 무료로 모집 공고를 올릴 수 있다.

총무 모집 공고를 올릴 때도 나중에 총무가 노동청에 진정서를 제출할 것을 대비하면서 올리는 것이 좋다. 공고를 올릴 때 시급을 입력해야 하는데 최저시급 이상을 입력해야 한다. 2025년 최저시급이 10,030원인데 총무가 9시간을 근무한다고 보면 하루에 90,270원이고 한 달이면 2,708,100원 이상을 지급해야 한다. 그것도 주간에 1명, 야간에 1명을 고용하면 월 인건비 지급이 5,416,200원이다. 이 정도 금액이면 독서실/스터디카페에서 감당할 수 있는 수준이 아니다. 독서실/스터디카페를 해서 얼마나 번다고 그런 금액을 감당하겠는가?

그래서 근무 시간은 2시간 정도도 하고 나머지 시간은 휴게 시간으로 공고를 올린다. 그리고 실제로 2시간 이상은 근무 시간으로 인정해 주어야 한다. 만약 휴게 시간이 있다는 것을 공고에서 빠뜨리면 지원자들은 9시간 근무로 알고 문의해 오거나 지원하게 될 것이다. 휴게 시간에는 사실 업무 지시를 해서도 안 되고 독서실 내에 있든 없든 일절 상관을 해서도 안 되는 시간이다. 독서실 사업주 입장에서는 참

답답한 노릇이긴 하다. 그래서 아래에 해결 방안을 제시하고자 한다.

3. 총무의 선택과 근로계약서 작성

1) 총무를 선택할 때 유의할 점

　독서실/스터디카페 사업주들은 총무를 구해서 일을 시키면서 전전 긍긍하게 되는 경우가 꽤 있다. 필자도 20여 년 동안 여러 개의 독서실을 운영하면서 몇백 명의 총무를 고용했었는데 노동청에 진정서가 제출되어 출두한 적이 두어 번 있었다. 사실 일반적으로는 없는 일이다. 이런저런 일이 꼬이고 감정이 얽히게 되면 일어나게 되는 일이다. 그 당시에는 독서실 총무가 근로자냐 아니냐 하는 논란이 있었던 시절이었다. 그래서인지 일단 진정 사건이 일어나면 노동청의 근로감독관들은 가능한 한 쌍방 간에 합의를 유도하려고 노력했다. 합의해서 해결할 수만 있다면 그것이 가장 빠른 해결책일 것이다. 하지만 합의하려면 사업주는 얼마간의 돈을 진정인에게 주어야 하는데, 그 금액 때문에 항상 합의가 어렵다. 만약 노동청에서 매듭짓지 못하면 검찰에 넘어가게 되고 법원에까지 가서야 결론이 날 수도 있다. 누구의 잘잘못을 떠나 합의를 통해 해결하는 것이 그나마 시간상으로나 정신적으로나 최선의 방법이라고 생각한다.

　○○ 지역에서 독서실을 운영하는 독서분과위원회 한 회원이 당

한 사례를 소개하고자 한다. 그 독서실에서는 문제의 총무 AAA를 쓰면서 형식적으로 대충의 근로계약서를 작성하고 근무를 시작했다. 근무하는데 AAA는 자리도 잘 지키고 꽤 성실하게 근무했다고 한다. 그런데 4개월이 조금 지나서 AAA가 그만둔다고 해서 월급을 정산해 주고 그걸로 끝난 줄 알았는데 그것이 아니었다. AAA가 떠난 후 한두 달쯤 지나서 노동청에서 진정서가 접수되었다고 해서 가 보니 AAA가 진정서를 접수한 것이다. 내용은 시급을 못 받았으니 시급을 지급해 달라고 진정을 한 것이다. 독서실 사무실에 앉아서 근무하는 9시간 내내 자기 공부를 해 놓고서 이제 와서 시급에 훨씬 못 미치는 임금을 받았으니 시급에 맞추어 임금을 달라는 것이다. 금액은 기존에 지급한 임금을 빼고 추가 청구한 금액만 5백여만 원을 훌쩍 넘었다고 한다. 돈을 떠나서 배신감과 괘씸하다는 생각이 들어 많이 힘들었다고 한다.

그러면서 근거로 내민 것이 메모장이었는데, 사업주가 밖에 있으면서 등록한 사람 있냐고 물어본 것, 실내 환기는 했냐고 확인한 것, 별생각 없이 사소하게 시키거나 물어본 것들, 어디서 전화가 와서 받은 것들, 그리고 본인이 스스로 한 일들을 시간별로 모두 메모해 놓고 그것을 근거라고 자료를 제출했다는 것이다. 그 자료를 보니 그동안 엄청나게 많은 일을 한 것처럼 메모한 페이지 수만 해도 20~30페이지가 되더라는 것이다.

처음에는 너무나 어처구니가 없어 절대 합의금을 주지 않겠다고 다짐하면서 근로감독관에게 항변도 하고 호소도 했다. 그러나 두 번, 세 번 조사 받으러 다니는 사이 마음도 누그러졌고, 또 총무가 작심하고 사사건건 시간대별로 기록하면서 일했다고 주장하니, 일을 안 했다고 주장할 근거도 없지 않냐는 근로감독관의 설득도 있고 해서 결국 청구 금액을 주고 말았다. 옳고 그름을 떠나 앞으로 진행될 긴 시간 동안의 그 과정이 끔찍해서 그냥 주고 말았다는 것이다. 근로감독관의 언질에 의하면 요즘 독서실에서 종종 그런 진정 사건이 있다고 하였다. 그래서 되짚어 생각해 보니 AAA도 자기네 독서실에 올 때부터 노동청에 진정할 생각으로 온 것 같다고 했다.

그런 일들이 비일비재한 정도는 아니지만, 독서실업계에서는 꽤 있었던 것으로 알고 있다. 당시에 독서실 사업주들은 총무를 구할 때 가장 중점을 두고 보는 것이 그 총무가 노동청에 진정할 사람인가 아닌가에 신경을 쓰면서 면접을 보았다. 그러면서 무인 독서실/스터디카페로 전환하는 업체도 더 늘어나게 된 계기가 되지 않았나 싶다.

수없이 많은 총무를 뽑으면서 느낀 것은 공부를 열심히 할 만한 사람을 뽑아야 그나마 독서실에 더 도움이 된다는 것이다. 열심히 한다는 것이 막연하긴 하지만 이것저것 질문하다 보면 전체적으로 느껴지는 부분은 있다. 필자의 경험상 군을 제대하고, 일반직 공무원이나 경찰직, 소방직 등 당장 직업을 구하기 위해 오는 사람들이 열심히 공부하는 경향이 짙었다. 자격증 준비나 편입 준비, 토익 준비, 외국어 실력 향상 등을 공부한다고 하는 사람들은 대체로 열심히 하는 정도가 낮았다. 총무가 공부를 열심히 하지 않으면 독서실에 앉아 있는 게 지루해서 자리를 많이 비우게 되고 결국, 총무 근무를 오래 하지 못하는 경우가 많았다.

2) 근로계약서 작성 시 유의할 점

모든 사업주는 근로를 시작하기 전에 반드시 근로계약서를 작성하고 이를 교부해야 한다. 이를 위반할 경우 사업주는 500만 원 이하의 과태료를 부과받을 수도 있다. 그래서 계약서 작성은 매우 중요하고, 막상 분쟁 발생 시에는 해결의 기초가 되는 서류이기도 하다. 근로계약서의 내용은 4가지의 필수기재사항과 5가지의 임의기재사항을 넣어서 작성하도록 규정하고 있다. 필수기재사항은 임금액, 근로 시간, 휴무일, 연차휴가이고, 임의기재사항은 근로 기간, 근무지, 직무 내용 등이다. 아래에서는 독서실/스터디카페의 입장에서 그에 필요한 부분만 설명하고자 한다.

(1) 필수적 기재사항

① 근무 시간과 임금의 문제

근로계약을 체결하면서 가장 중요한 부분이 근무 시간과 임금을 얼마로 하느냐의 문제이다. 독서실/스터디카페 사업주들의 고민은 총무를 쓰게 되면 주간 1명, 야간 1명 2명에 각각 9시간 정도를 써야 하는데, 9시간 중에서 실제로 일하는 시간은 1~2시간 정도가 될 것이다. 그런데 9시간에 맞춰 시급을 주게 되면 위에서 계산해 보았듯이 월 500만 원이 넘게 소요된다. 그래서 계약서를 작성할 때 다음과 같이 작성하기도 한다. 만약 낮 총무가 오전 8시에서 오후 5시까지 9시간 독서실에 있는 것으로 한다면, 그 9시간은 근로 시간이 아니라 근로 범위 시간으로 한다. 그리고 그 근로 시간 범위 내에서 일부 시간을 근로 시간으로 계약하는 것이다. 이를테면, 낮에 근무하는 총무라면 "오전 8시에 출근하여 30분간 청소하고, 오전 11시에 30분, 오후 2시에 30분, 오후 4시 30분에 30분간 근무하고 오후 5시에 퇴근한다. 근무 시간 이외의 시간은 모두 휴게 시간으로 한다. 휴게 시간은 어디에 있든, 무엇을 하든, 본인의 자유의사에 따라 자유롭게 사용할 수 있다."라고 계약서를 작성하는 것이다. 그리고 실제로 그렇게 해야 한다. 휴게 시간 중인데 업무 지시를 하면 근로기준법 위반이 된다. 근무 시간과 휴게 시간을 여러 번 분산해서 계약하는 것은 근로기준법 위반이 아니라서 양 당사자 간 합의로 계약을 체결하면 아무런 문제가 없다. 아마 이런 식으로 계약을 체결하면 노동청에 진정서를 제출하여 추가 임금을 받으려고 온 총무라면 목적을 달성할 수 없을 것으로 생각하여 그냥 도망가리라고 본다.

그리고 1일 근무 시간이 2시간을 초과하게 되면 1주 근무 시간이 15시간을 초과하게 되어 별도로 주휴수당을 주어야 한다. 주휴수당은 1주일당 1일분 즉, 한 달이면 4일분 임금을 근무하지 않아도 주어야 하는 임금이다. 그래서 1주당 15시간을 넘지 않도록 계약을 체결하는 것이 좋다.

그리고 근로계약서를 하루당 총 2시간으로 하고 30분씩 띄엄띄엄 근무하는 것으로 계약을 체결한다면 독서실/스터디카페 사업주는 업무를 근무 시간 내에 몰아서 하는 방안을 강구해야 한다. 등록 업무

외에 다른 업무는 특정의 근무 시간 이내에 하도록 해도 아무런 문제가 없다. 근무 시간으로 정해진 시간에 소모품을 보충한다든지, 청소한다든지, 실내 환기를 한다든지, 기간 만료된 학생에게 문자나 전화를 한다든지 하는 것은 아무런 문제가 없다. 독서실/스터디카페로 걸려 오는 전화도 근무 시간 이외에는 사업주 휴대폰으로 착신해 놓으라고 하면 된다. 그리고 전화는 항상 사업주가 받을 수 있도록 착신해 놓아도 문제 될 것이 없다. 일반적으로 독서실/스터디카페에 걸려 오는 전화가 그리 많지도 않다. 다만 등록 업무가 문제이다. 그것도 키오스크가 있으면 학생들이 알아서 등록 업무를 하니까 문제 될 것이 없지만 키오스크가 없는 경우가 문제이다. 학생들이 총무가 근무하는 시간에만 등록하러 오는 것도 아니고, 등록하러 오면 총무 근무 시간이 될 때까지 기다리라고 할 수도 없지 않은가?

그래서 필자는 독서실 내에 접근이 가장 쉬운 곳에 있는 좌석 3~4개를 골라 책상 스탠드를 점등해 놓았다. 학생이 등록하러 왔는데 총무가 없으면 임시로 공부할 수 있도록 해 놓은 것이다. 그리고 총무가 00시 00분에 나와서 등록해 준다고 안내문을 크게 부착해 놓았다. 그렇게 시행해 보니 크게 문제 될 것도 없었다. 총무도 근무 시간이 되면 임시 좌석에 공부하고 있는 학생이 있는지 확인하고, 있으면 등록해 주도록 했다.

그렇게 해서 1년쯤 시행해 보니 실제로는 많은 총무가 휴게 시간에도 사무실에 그대로 앉아서 공부하면서, 어쩌다 등록하러 오는 학생이 있으면 근무 시간과 관계없이 등록 처리를 해 주고 있었다. 실제로 총무 한 명이 하루에 등록 업무를 처리하느라 걸리는 시간을 따져 보면 10분~20분 이내일 것이다. 그러다 보니 총무도 왔다 갔다 하느니 사무실에 그대로 앉아서 공부하면서 등록을 해 주고 있었다. 그리고 그 등록을 언제 처리해 주느냐의 문제이지 결국 자기가 처리해야 할 일이 아니던가.

 독서실/스터디카페에 총무로 온 사람들은 대부분 뚜렷한 공부 목표가 있어서 온 사람들이다. 그러니까 공부에 방해되지만 않으면 근무 시간과 관계없이 사무실에서 공부하는 것을 싫어하지 않는다. 총무 스스로가 사무실에서 공부하는 것이야 근로기준법에 위반될 문제도 아니고 하니 그냥 내버려 두면 된다. 보통 총무들은 좁은 독서실 책상보다는 넓은 사무실 책상을 선호했고, 그리고 무엇보다도 사무실에는 데스크탑 컴퓨터가 있고 랜선으로 연결된 인터넷이 있어서 WI-FI로 연결된 열람실보다는 인터넷 강의를 듣는데 훨씬 좋은 환경이다. 필자가 그런 것을 깨닫고 나서는 사무실의 공부 환경을 더욱 좋게 만들어 주었고, 사무실 앞 접수 창구도 학생들이 드나드는 것이 신경 쓰일 것 같아 게시판 등으로 가리도록 하였다. 그러니 사무실에서 공부하는 비율이 더욱 높아졌다. 그래도 사무실에 누군가 사람이 있으면 독서실을 잘 관리하고 있다는 이미지를 줄 수 있는 장점이 있다.
 또 하나 유의할 점은 독서실/스터디카페의 사업주는 대부분 총무에게 좌석 하나를 무료로 주고 있다. 만일 노동청에 간다면 그것은 임금으로 전혀 인정을 받을 수가 없다. 따라서 책정된 임금액에 좌석 요금을 가산하여 근로계약을 체결하고 1개월 후에는 총무에게 좌석 요금을 포함한 임금을 지급한다. 그리고 총무가 쓴 좌석 요금을 후불로 납부하게 하는 방식으로 계약을 체결하는 것이다. 그래야 임금 지급액을 조금이라도 높일 수 있기 때문이다.

② 휴일과 연차휴가 문제

휴무일과 연차휴가를 근로계약서에 넣는 것은 필수 기재사항이기 때문에 계약서에 포함해야 한다. 휴무일은 일자나 요일을 정해도 되지만 "월 1회, 또는 2회" 하는 식으로 계약서에 넣고, 상황에 맞추어 날을 잡아 쉬도록 해도 된다. 특정 요일을 지켜야 하는 교인이나 특정 요일에 무엇을 해야만 하는 그런 사정이 없으면 총무들은 대부분 수긍하고 넘어갔다. 사실 업무 강도가 약해서인지 대부분의 독서실 총무 지원자들은 휴일 횟수에 크게 연연하지 않는다. 필자는 총무가 휴일을 쉬지 않고 한 달이 지나면 일정액을 추가로 지급했다. 그래서인지 총무들은 특별한 일이 있는 경우를 제외하고는 쉬지 않는 경우가 많았다. 어디에서든 어차피 공부해야 하는데 독서실에 나와서 일당이나 받으면서 공부하자는 심리도 있을 것이다.

연차휴가는 근로기준법상 직원이 5인 이상 사업장에만 적용된다. 따라서 대부분의 독서실/스터디카페 운영자들은 직원이 5인 미만일 것이기 때문에 구태여 계약서에 넣지 않아도 된다. 그런데 만일 한 사업주가 여러 곳에 독서실/스터디카페를 운영하면서 고용하고 있는 직원의 수가 5명 이상이라면 연차휴가에 대해서도 계약서에 포함해야 한다.

(2) 임의적 기재사항

　근로기간이나 근무 지역, 업무의 내용, 기타 필요한 사항 등은 구태여 계약서에 기재하지 않아도 되지만 사업주 입장에서 필요한 사항은 기재하는 것이 좋다. 이를테면 "학생이나 학부모와 싸워 영업에 지장을 초래한 경우 등에는 계약 기간이 만료되지 않았더라도 본 계약을 해지할 수 있다"라거나 "고객정보를 유출해서는 안 된다.", "사업주의 정당한 지시를 반복적으로 어겨서는 안 된다."라고 하는 것들이 있을 수 있다.

(3) 기타 유의해야 할 사항

　근로계약서를 작성하고 이를 교부해 줘도 오랫동안 보관하는 총무는 별로 없는 것 같다. 그리고 막상 문제 발생 시에는 계약서를 못 받았다는 등 딴소리를 한다. 그래서 필자는 근로계약서에 서명한 후 계약서 원본에 "계약서 수령"이라고 총무 자필로 쓰게 하고 수령 일자를 표시하도록 하였다. 그리고 그 자리에서 사진을 찍어 총무 휴대폰으로 보내 주었다. 그러면 나중에 근로계약서를 못 받았다고 주장하는 일은 없을 것이기 때문이다.
　근로계약을 체결하면서 근로계약 내용을 설명해 주고 "근로계약 청취확인서"를 받고, "개인정보 수집·이용동의서"도 받는다. 총무에게 급여를 주면 세무서 등에 신고하고, 경찰서, 기타 관공서 등에 신고할 일들이 있을 수 있으니 동의서를 받아 두는 것이 안전할 것이다.

독서실의 경우 성범죄 경력이 있는 사람은 총무로 쓰면 안 된다. 그래서 총무를 쓸 때는 경찰서에 가서 "성범죄 경력조회"를 의무적으로 해야 하는데, 근로계약을 체결하면서 "성범죄 경력조회 신청서"라는 경찰서 양식에 "동의"한다는 서명을 총무로부터 받아 놓아야 한다. 그런 다음 가까운 경찰서에 가서 "성범죄 경력조회 회신서"를 발급받아 보관하고 있어야 한다. 만약 "성범죄 경력조회" 결과가 범죄 경력이 있는 것으로 나오면 채용해서는 안 된다. 이미 계약을 했더라도 "아동·청소년의 성보호에 관한 법률" 제56조 취업제한 등의 규정에 따라 채용할 수 없는 상황이기 때문에 문제가 될 것은 없다.

그리고 주민등록등본 등 인적사항을 알 수 있는 서류를 받아 두는 것이 좋고, 이렇게 받아 둔 서류는 개인정보이기 때문에 유출되지 않도록 철저히 관리하여야 한다.

4. 총무 고용 이후의 일들

1) 임금명세서 지급

임금을 지급하고 나면 의무적으로 "임금명세서"를 지급하게 되어 있다. 임금명세서에는 수령인과 근무 기간, 근무 시간, 지급 계좌, 임금액, 임금 내역 등을 표시하여 지급한다. 그런데 독서실/스터디 카페의 임금 내역에는 "기본급"밖에는 쓸 내용이 없을 것 같다.

2) 세무서에 인건비 신고 문제

임금을 지급하면 세무서에 신고해야 한다. 그래야 비용으로서 인정받아 그만큼 소득세를 절감할 수 있기 때문이다. 그리고 임금을 지급한 다음 달 10일까지 세무서에 신고하는 것이 원칙인데, 필자는 너무 번거로워 주로 분기별로 신고했다. 그래도 별 문제는 없었다. 통상 독서실/스터디카페에서 주는 임금 정도로는 원천징수를 안 해도 된다. 과세할 수 있는 수준의 금액이 아니기 때문이다. 만약 특별하게 많이 주는 경우라면 원천징수를 해야 하고 연말 정산도 해야 한다. 임금 신고는 "일용근로소득 지급명세서"라서 양식에 임금액을 표시하여 세무서에 제출하면 된다.

그런데 문제는 세무서에 신고하면 신고 자료가 일정 기간 후에는 건강보험공단, 국민연금공단, 노동청 등에 넘어간다. 그러면 각 기관에서는 4대 보험 대상자가 되는지 판단을 하고 대상자가 된다고 생각하면 고지서가 나온다. 총무 임금이 얼마 되지 않기 때문에 부과받은 4대 보험료는 얼마 되지 않는다. 문제는 금액이 아니라 총무가 계속 바뀌는데 이를 일일이 대응하여 행정 처리하려면 정말 귀찮은 작업이 된다. 어떤 독서실/스터디카페에서는 세무서나 노무사 사무실 등에 위탁하여 처리하기도 하지만 별도의 비용이 들어가야 한다. 그래서 어떤 업체에서는 세무상 비용 인정을 못 받더라도 아예 세무서에 임금 신고를 안 하는 곳도 있는 것으로 알고 있다.

3) 실제 업무 시간 재확인

필자는 임금을 주고 나서 하나의 양식을 더 받았다. 내용은 지난 1개월간 실제로 일해 보니 독서실 업무에 실질적으로 소요된 시간이 하루당 몇 분 정도가 되는지 스스로 쓰게 하였다. 독서실/스터디카페 총무의 업무라는 것이 뻔하게 정해져 있는 것이 아니던가? 양식에 청소 작업 시간, 학생 등록 시간, 만기 업무 정리, 문자 안내 시간, 전화 상담 시간, 기타 업무 등을 양식에 작업 항목으로 표시해 놓고 1일 평균적으로 소요된 시간을 적으라 했다. 물론 실제 소요 시간을 체크하면서 할 수는 없다. 하지만 하루에 평균 몇 명을 등록했고, 한 명 등록하는 데 몇 분이 소요되고 하는 식으로 시간을 정리해 보고, 청소 시간은 몇 분 정도 걸리고, 전화 상담은 하루에 평균 몇 건이 오고, 상담하는 데 대충 몇 분이 소요되고 하는 식으로 업무를 정리하다 보면 꽤 정확하게 기록할 수 있는 시간이 나온다.

그러면 어떤 총무는 1일 합계 시간이 35분 쓰기도 하고, 어떤 총무는 1시간 30분을 쓰기도 한다. 2시간을 넘게 쓴 총무는 본 적이 없다. 총무마다 모두 매월 월급을 준 후 반복적으로 양식을 받다 보면 어느 수준의 시간이 적정 근무 시간이구나 하는 것이 나온다. 그렇지만 그렇게 알고 있을 뿐이지 임금은 계약한 금액대로 준다. 왜 이렇게까지 하냐 하면 스스로 2시간도 안 되는 시간을 일했다고 기록했으면서 나중에 2시간을 넘는 시급을 달라고 노동청에 진정하기가 쉽지 않을 것이기 때문이다. 만약의 분쟁이 발생했다면 중요한 근거자료로 사용할 수 있을 것이다.

CHAPTER 4
기타 운영상 어려운 점들

1. 동종업체 간의 경쟁

경쟁업체의 출현 문제는 처음부터 여러 번에 걸쳐 어려움을 토로하였다. 경쟁업체가 출현하였다는 것은 경쟁이 심화된다는 것이고 이는 결국 매출을 나누어 가져야 한다는 의미이다. 독서실/스터디카페 업종에서 있을 수 있는 경쟁은 가격 경쟁, 시설 경쟁, 서비스 경쟁, 홍보 경쟁 등이 될 것이다.

1) 가격 경쟁

가격 경쟁은 가능한 한 피하는 것이 좋다고 한다. 경영학에서도 가격 경쟁은 결국 죽고 살기의 싸움이 되기 때문에 피하라고 한다. 그래서 본인이 먼저 가격 경쟁을 시작하지는 않더라도 만약 상대가 먼저 걸어온다면 어떻게 할 것인가? 그것은 상황에 맞추어 대응해야 할 것이다. 상대가 시설이 낙후되어 학생들을 자꾸 뺏기게 되니까 가격을 인하했다면 본인은 구태여 따라서 인하할 필요는 없을 것 같다. 그쪽은 시설 수준이 낮아 그 수준에 맞추느라 가격을 낮추는 것인데 구태여 시설이 좋은 업체까지 낮출 필요는 없다는 생각이다. 그런데 시설 수준이 서로 비슷한 수준이고 거리도 가까운 위치에 있다면 가격을 인하할 수밖에 없을 것이다. 이때는 가능한 한 상대보다 더 낮추려 하지 말고 같이 맞추는 선에서 가격을 인하하라고 권하고 싶다. 왜냐면 잘못하면 가격 낮추기의 악순환에 빠질 수 있기 때문이다. 그런데 가장 곤란한 것은 새로 창업한 업체가 기존에 있는 주변 업체보다도 가격을 더 낮추는 경우다. 분명 시설은 기존 업체보다 더 좋을 것인데 가격도 오히려 낮추는 것이다. 이런 때도 나름대로 원인을 파악해 보아야 한다. 만약 신설 업체가 가격을 낮추어 주변 업체들을 모두 고사시킬 목적이라고 생각한다면 궁극적으로는 함께 가격을 낮출 수밖에 없을 것이다. 그러나 즉각적으로 낮추기보다는 학생들의 반응을 먼저 살펴보는 것이 좋을 것 같다. 학생들이 빠지는지, 빠진다면 얼마나 빠지는지 등을 살펴보고 그에 따라 대응해야 할 것이다. 그러나 만약 그 업체의 위치 상황이 안 좋아 접근이 어렵다거나 기피 시설이 있는 등 그런 요인으로 인해 가격을 낮추었다고 판단되면 구태여 가격 인하를 고려하지 않아도 될 것 같다.

그리고 참고할 것은 부모님 돈을 받아 쓰는 중고생들은 대체로 가격에 민감하지 않다. 그러나 아르바이트를 해서 스스로 돈을 벌어 쓰는 성인들은 가격에 꽤 민감한 편이다. 따라서 학생과 성인들의 비중 등을 고려하여 가격을 낮출지 말지를 결정해야 한다. 필자가 경험상으로 느낀 것은 독서실/스터디카페는 가격에 그렇게 민감하지 않다는 것이다. 만약 독서실/스터디카페의 위치가 부유층들이 사는 지역에 있다면 가격에 더욱 민감하지 않다는 점 참고하기 바란다.

또 하나 고려해야 할 점은 가격이 너무 낮으면 공부도 하지 않는 중고생들이 함께 어울려 다니면서 떠드는 바람에 오히려 시끄러운 독서실/스터디카페로 낙인찍힐 수도 있다. 그런 상황이 예견된다면 구태여 가격을 인하할 필요는 없을 것 같다. 하여튼 사업주는 이런저런 시장 상황을 예의 주시하면서 대응해야 할 것이다.

2) 서비스 경쟁보다 본질에 충실하라

시설 경쟁은 창업할 때 이미 웬만큼 정해진 사항이다. 따라서 운영 과정에서 시설로 경쟁할 것은 별로 없다. 하지만 서비스 경쟁은 대응해야 할 것이 참 많다. 인근 경쟁업체에서 음료수를 무료로 제공한다고 하면 우리는 어떻게 해야 할지 고민해야 하고, 과자류를 준다고 하면 또 고민하고, 무슨 이벤트를 한다고 하면 우리도 해야 할지 말지를 고민해야 하고 등등 신경 쓸 일이 참 많다. 학생들이 이곳 저곳 왔다 갔다 하면서 비교하고 때로는 요구하기도 한다.

하지만 그처럼 사소한 것에 일일이 신경 쓰지 말고 독서실/스터디카페의 본질에 충실히 하라고 권하고 싶다. 누가 뭐라 해도 독서실/스터디카페는 "공부하는 곳"이다. 공부하는 곳은 조용하고도 쾌적해야 한다. 조용하다는 것은 아무 소음도 없다는 것을 의미하는 것이 아니다. 어느 정도 소음이 있더라도 의미가 없는 소음은 그래도 괜찮다. 이를테면 백색 소음기 소리, 에어컨 돌아가는 소리나 환풍기 소리, 컴퓨터 본체 소리 등은 공부에 별로 방해되지 않는다. 그러나 아무리 작은 소리라도 옆에서 소곤거리는 소리나 볼펜을 딸각거리는 소리, 반복적인 잔기침 소리, 하품 소리 등은 무척이나 신경 쓰이게 만든다. 하품 소리로 예를 들면 "하품" 자체로서는 아무런 의미가 없다. 하지만 하품할 때마다 주변 사람의 생각을 자꾸 일깨우기 때문에 공부에 방해가 되는 것이다. 이렇게 자꾸 생각을 일깨우는 소리를 잘 관리하는 것이 본질에 충실한 것이라고 본다. 그래서 독서실/스터디카페에서는 웬만한 잡음은 들리지 않도록 백색 소음기를 설치한다. 즉, 의미 없는 백색소음을 계속 방출하여 의미 있는 잡다한 소리를 잡고자 하는 것이다.

쾌적하다는 것은 공기도 신선해야 하고, 실내 온도도 적정하고 아무런 냄새도 나지 않아야 한다는 것을 의미한다. 그러나 그것이 말같이 쉽지 않다. 주변의 다른 사업장에서 냄새가 흘러 들어올 수도 있고, 독서실/스터디카페 이용자들이 화장품 냄새를 풍긴다거나 담배 냄새가 몸에 밴 채로 실내로 들어온다거나 냄새나는 물건을 가져왔다거나 에어컨에서 냄새가 난다거나 이유는 너무나도 다양하다. 불만이 제기되어 원인을 찾다 보면 찾는 것도 있지만 찾지 못하는 것도 있다. 시간이 지나면서 저절로 해결되는 경우도 참 많은 것 같다. 그래도 조심해야 할 부분은 학생들이 불만을 제기하지 않았더라도 이용자들의 마음속에는 불만이 쌓일 수 있다는 것이다.

따라서 사업주는 이러한 것들에 대한 세세한 대책이 있어야 한다.

냄새와 관련된 이런저런 안내 문구는 기본으로 붙여야 하고, 담배 피우고 들어오는 사람에게는 담배 냄새 제거제를 비치해 놓고 뿌리고 들어오게 하는 등의 노력이 있어야 한다. 어떤 업체는 인위적으로 편백 향 같은 냄새를 뿜어내는 장치를 한다고도 들었다. 그런데 학생들 중에는 그런 인위적인 냄새를 싫어하는 사람도 있어 함부로 설치할 수도 없다. 그래서 필자는 그런 시설을 사용해 보지 않아서 효과가 있는지는 잘 모르겠다. 아무튼, 소리와 냄새, 온도 관리와 환기 이런 일에 신경을 쓰는 것이 본질에 충실한 것이라고 생각한다.

그리고 부수적인 것들이 있다. 인터넷 강의를 듣다 보면 교재를 인쇄해야 하는데 자료를 쉽게 뽑을 수 있도록 프린터를 비치한다거나 독서대를 비치하는 것 등의 공부와 직접 관련된 것들은 제대로 갖추어야 한다고 생각한다. 그런데 어떤 독서실/스터디카페에서는 안마의자를 놓는다거나 헬스 기구를 설치하는 등의 시설을 한다는데 공간과 자금이 충분하다면 설치하여 나쁠 것은 없겠지만 과연 그게 필요한 것이고, 학생 유인에 도움이 될까 하는 측면에서는 전혀 아니라고 본다.

몇 년 전만 해도 독서실/스터디카페에 프린터라는 것이 없었다. 그런데 어떤 업체에서 자기들만의 아이디어라고 생각하여 프린터를 설치해 놓았다. 처음에는 호응이 좋았다. 그런데 한두 달이 지나고 보니 인근 경쟁업체에서도 너도나도 다 설치하였다. 그러다 보니 결국 그로 인한 경쟁력은 사라지고 그에 따른 비용 부담만 늘게 되었다. 독서대도 마찬가지이다. 몇 년 전만 해도 독서대는 개인이 필요에 따라 가지고 다니는 것이었다. 그런데 어떤 독서실/스터디카페에서 비치해 놓고 제공하기 시작했다. 이 또한 처음에는 호응이 좋았지만 조금 있으니까 대부분의 독서실/스터디카페에서 비치해 놓고 있다 보니 전혀 경쟁력이 되지 못하고 추가적인 비용만 부담하게 된 것이다.

그래서 어떤 아이디어가 있다고 해서 다른 업체에서 쉽게 따라 할 수 있는 거라면 함부로 할 것이 아니라는 것이다. 결국, 업계의 서비스 종류만 많아지고 수익성 악화로 작용할 것이기 때문이다. 남들이 쉽게 따라 할 수 없는 거라면 그것이 무엇이든 권장하고 싶다. 이를테면, 사업주가 수학 실력이 뛰어나 그 실력과 연계한다거나, 독서실/스터디카페에 뛰어난 전망이 있어서 이를 휴게시설과 연계 사용하는 것이라면 이러한 것들은 다른 경쟁업체에서 쉽게 따라 할 수 없기에 경쟁력 제고에 도움이 될 것이다.

하지만 사소하게 머리띠를 비치해 달라거나, 빨대나 젓가락을 준비해 달라거나 물티슈, 휴대폰 소독 솜 등등을 비치해 달라거나, 또는 어떤 과자나 음료를 놓아 달라거나 하는 것 등은 비치해 놓을 수도 있지만 비치해 놓지 않더라도 본질적인 부분이 아니니까 크게 신경 쓸 것이 없다는 것이다. 그런 것들을 이것저것 요구하는 대로 비치해 놓다 보면 그로 인해 실내를 어질러 놓고 청소할 일만 많아지는 문제가 생기기도 한다.

요즘 독서실/스터디카페는 대부분 음료수나 과자 등을 무료로 제공하고 있는데 필자가 생각할 때 참으로 문제가 많다고 생각한다. 운영주는 비용 부담이 되니까 문제이고 학생들은 자칫 건강을 해칠 수도 있어 문제이다. 스터디카페 운영주는 일반적으로 "업소용"이라는 이름을 붙여 판매하는 저가의 음료수나 과자를 구매하여 제공한다. 그래야 비용을 절감할 수 있기 때문이다. 싸구려 음료이기 때문에 품질에 문제가 있을 수도 있고, 비록 정상 제품이라 할지라도 청소년들이 많이 먹으면 건강에 안 좋은 먹거리들이다. 그래서 일부 음료는 학교 매점에서는 판매를 제한하는 것 아니겠는가?

2. 24시간 운영의 문제

누군가는 독서실/스터디카페를 24시간 운영한다고 하니까 그러면 잠자는 데 불편하지 않냐고 묻는다. 사실 잠자는 데는 큰 문제가 없다. 물론 한 달에 한두 번 정도는 자정 이전이나 이후에도 전화나 문자가 올 때도 있다. 대부분 간단하게 처리할 수 있는 일들이다. 발생 빈도수를 볼 때 그로 인해 독서실/스터디카페를 24시간 운영하는 것이 어렵다고 할 정도는 아니다.

어려움은 정작 다른 곳에 있다. 24시간 운영한다고는 하지만 이용하는 사람은 극히 적다. 새벽 1~2시경이 지나면 학생들은 대부분 집에 가고 남은 학생은 아예 없거나, 있어 봤자 고작 한두 명 정도이다. 학생이 있거나 없거나 24시간 운영하니까 130~140여 개가 넘는 전등은 켜 놓아야 하고, 학생이 한 명이라도 있으면 여름에는 에어컨을, 겨울에는 난방 히터를 켜 놓아야 한다. 이용자도 별로 없는데 그 비용은 고스란히 사업자가 부담해야 한다.

아마 스터디카페가 처음 생겼을 당시에는 주변에 경쟁자도 없고 이용자는 밀려들고, 그런 때는 새벽 시간에도 이용자가 꽤 있었을 것이다. 스터디카페는 이용 시간에 따라 매출을 올릴 수 있기 때문에 웬만큼만 이용자가 있다면 새벽 시간에도 많은 수입을 올릴 수 있었을 것이다. 그래서 초기에는 스터디카페들이 24시간 운영을 선택했고, 뒤따라 창업한 스터디카페들은 후발 주자로서 인근의 다른 스터디카페보다 운영시간을 줄일 수 없기에 24시간 운영을 선택했을 것이다.

그러나 지금은 24시간 운영으로 인해서 어려움을 겪는 업체가 꽤 많은 것으로 알고 있다. 어디에서나 스터디카페 경쟁업체는 많고 그러다 보니 얼마 안 되는 새벽 이용자들마저 여러 곳의 스터디카페로 분산되어 이용하게 된다. 따라서 대부분 스터디카페들의 현재 실상은 새벽 시간에 들어오는 수입보다도 지출이 훨씬 많을 것으로 생각한다. 그렇다고 해서 24시간 운영체제를 쉽사리 바꿀 수도 없다. 피 튀기는 경쟁 구도 속에서 상대 경쟁업체는 24시간을 운영하는데 나만 하지 않으면 서비스 경쟁에서 뒤처지는 것 같고 자칫 전체 영업에도 영향을 미칠 수도 있기 때문이다. 그래서 울며 겨자 먹기 식으로 운영해 나가고는 있는데 개별 업체로서는 달리 해결할 방법도 없는 것 같다.

필자의 생각으로는 이를 해결하려면 정부나 지방자치단체의 개입이 있어야만 해결할 수 있다고 생각한다. 코로나19 때처럼 영업 시간 제한을 한다든지, 아니면 판매 점포들이 문을 열어 놓고 에어컨을 켜는 것을 금지하는 것처럼 에너지 정책 차원에서 행정지도를 하든, 무슨 조치를 어떻게 해야 해결될 수 있다고 생각한다.

아주 가끔은 학생들이 잠자러 오는 때도 있다. 집에서 무슨 일이 있는지 그 연유는 알 수 없지만, 공부도 안 하면서 자기 책상이나 휴게실 한 귀퉁이에서 쭈그리고 앉아서 계속 잠만 자다가 아침이면 떠난다. 이런 경우 본인의 이용 시간에 맞추어 끊지도 않고 밤늦게 2~3시간 권을 결제하고 들어와 밤새도록 있는 것이다. 대부분 무인으로 운영하는 사업주는 CCTV를 통해서 그런 상황을 알 수 있다고 하더라도 집이 멀리 있으면 어쩔 수 없이 지켜볼 수밖에 없다.

이런 학생들이 공부는 안 하더라도 조용히 있다가 가면 별 피해 줄일이 없는데 자면서 코를 곤다거나 여기저기 기웃거리면서 물건을 만져 보고, 조작해 보고 먹을 것이 있으면 이것저것 먹고 마셔 대기도 하고, 편의점에서 컵라면이나 간식거리를 잔뜩 사 와서 먹고 나면 남는 것은 쓰레기뿐이다. 그것을 결국 누가 치우겠는가?

때에 따라서는 술에 취한 성인이 막무가내로 들어와서 들어오자마자 열람실 휴게실 가릴 것 없이 쓰러져서 자는 때도 있다. 이런 경우가 많은 것은 아니지만 독서실/스터디카페를 운영하면서 서너 번 겪은 일이다. 그런데 유흥가 지역에서 스터디카페를 운영하는 지인에 따르면 그런 일이 종종 있는 일이라고 한다.

어떤 경우에는 남녀가 같이 들어와 휴게실에 책만 펼쳐 놓고 공부는 안 하고 계속 잡담만 하고 있다. 그들은 밤새워 데이트할 장소로 스터디카페를 선택해서 온 것 같은 느낌이다. CCTV를 통해 보고 있노라면 가까이 붙어 앉아서 슬금슬금 눈치를 보면서 애정행각을 하기도 한다. 너무 심하다 싶으면 그들에게 전화하거나 문자를 보내 경고를 하기도 하지만 허위 전화번호로 입실을 하거나 통화를 할 수 없으면 그 또한 보고만 있을 뿐 어쩔 수가 없다. 24시간 내내 CCTV만 보고 있는 것도 아니고 보지 못한 일들은 또 얼마나 많을 것인가? 이런 일들은 비단 성인뿐만이 아니라 고등학생들 사이에서도 가끔 있는 일이다. 어떤 때는 학생들로부터 그들에게 경고해 달라고 문자가 오기도 하고, 게시판에 포스트잇을 붙여 그런 내용을 알려 주기도 한다. 그러면 필자는 그들을 찾아 주의 문자를 보내거나 정도가 심하면 다시는 오지 말라고 경고를 하기도 한다.

3. 독서실/스터디카페 주변 환경 관리 문제

독서실/스터디카페는 주변 환경으로부터 항상 피해를 받는 업종이다. 업종이 워낙 조용하고 쾌적한 환경을 유지해야 하는 업종이다 보니 다른 업종에 피해를 줄 일은 없다. 그래서 독서실/스터디카페가 입점한다고 하면 대부분 환영하는 편이다.

그러나 정작 독서실/스터디카페 사업주들은 주변 환경으로부터 영업 방해를 받는 상황에 놓이게 되지 않을까 노심초사하게 된다. 맨처음 창업할 때야 그런저런 주변 환경을 보면서 입지를 결정하기 때문에 괜찮지만 창업한 이후 일정 시간이 지나다 보면 주변 점포의 환경이 계속 바뀌어 나간다. 꽉 차 있던 좌우 점포에 공실이 생기고 그러면 그 빈 점포에 과연 무슨 업종이 들어 올까, 혹시 독서실/스터디카페에 피해를 주는 업종이 들어오는 것은 아닌가? 하고 걱정이 생긴다. 만약 옆에 있는 빈 점포가 독서실/스터디카페와 건물주가 같다면, 독서실/스터디카페에 피해를 주는 업종에 임대를 놓지 않도록 부탁이라도 해 보련만 그런 경우가 얼마나 있겠는가?

만약, 독서실/스터디카페의 옆 점포에 냄새를 심하게 풍기는 숯불갈비 식당이 들어온다거나, 아니면 기합 소리를 계속 내야 하는 태권도장이 들어 온다면 어떻게 할 것인가? 아마 독서실/스터디카페의 공부 환경은 크게 열악해질 것이다. 이처럼 주변 환경 때문에 독서실/스터디카페의 사업주들이 겪게 되는 어려움을 아래 두 가지 사례를 들어 토로하고자 한다.

한번은 필자의 독서실이 3층에 입점해 있는데 4층에 키즈카페가 들어온다는 소문이 돌았다. 다행히 3층과 4층의 건물주는 같았다. 그래서 건물주에게 찾아가서 키즈카페는 어린아이들이 뛰어노는 곳인데 독서실 위에 있으면 쿵쿵거리는 소리 때문에 독서실에서 공부할 수 없다고 하면서 건물주를 설득하였다. 그런데 건물주는 4층을 계속 비워 놓을 수 없다고 하면서 끝내 계약을 체결했다. 키즈카페 창업자도 바닥 공사에 특별히 신경을 써서 밑에 울리지 않도록 하겠다고 약속을 했다. 그러니 필자는 믿고 기다릴 수밖에 없었다.

그런데 한 달여가 지나 키즈카페가 영업을 시작하고 나서 얼마 되지 않아서 독서실 학생들로부터 항의가 들어오기 시작했다. 너무 시끄럽다는 것이다. 그래서 필자가 키즈카페에 올라가 보니 바닥 방음을 위해 특별히 공사한 것은 아무것도 없었다. 그냥 맨바닥이었다.

키즈카페 사장도 체인업체에서 문제없이 해 준다고 해서 공사를 시작했는데 결국, 바닥에 대해서는 아무것도 해 준 것 없이 그냥 공사를 마무리하고 갔다는 것이다. 참으로 답답한 노릇이었다.

그렇다고 해서 독서실 문을 닫을 수도 없고 영업을 하다가 소음이 심해지면 키즈카페에 올라가 애들 좀 뛰지 못하게 해 달라고 부탁하기도 하고, 어떤 때는 큰 소리로 다투기도 했다. 가끔은 공부하다가 짜증 난 학생들이 직접 올라가 항의하는 때도 있었다. 키즈카페에서도 처음에는 협조하는 척하면서 무마하려 했으나, 그들도 계속 아이들에게 뛰어놀지 말라고 할 수는 없었다. 뛰어놀려고 키즈카페에 오는 건데 뛰어놀지 말라고 하면 사업을 할 수 있겠는가?

그처럼 갈등 상황 속에서 지내는 중에 급기야 키즈카페 사장이 경찰관을 불렀다. 독서실에서 사람이 올라와 영업을 방해한다는 것이다. 그런데 경찰관들이 내용을 들어 보니 키즈카페에서 먼저 독서실 영업을 방해하고, 독서실에서는 이를 막기 위해 키즈카페의 영업을 방해하게 된 상황이란 걸 알게 되었다. 경찰관들도 누구 편도 들지 못하고 진정만 시키고 돌아가곤 했다. 그렇게 하기를 여러 번에 걸쳐 반복하다 보니 한동안은 무슨 일이 날까 하여 파출소에 요주의 시설로 등록되어 있었다고 한다.

한편으로는 건물주에게도 해결을 독촉하였다. 애당초 문제가 있다고 그렇게 설명했는데도 계약을 그대로 추진했으니 해결책을 내놓으라고 다그쳤다. 경찰관들도 건물주를 만나 사정을 설명한 것 같았다. 처음에는 남의 일처럼 귓등으로도 안 듣더니 경찰관들이 오가고 싸움이 격해지다 보니 그냥 무시할 수는 없었던가 보다. 건물주가 내놓은 해결책은 키즈카페 바닥에 추가 방음 공사비를 지원해 준다는 것이었다. 그렇게 해서 얼마 후에 키즈카페 바닥 방음공사를 완성했고, 결과가 완벽하지는 않아도 전보다는 소음이 많이 줄어들었기에 그대로 수용하기로 하였다.

또 하나 사례는 필자의 독서실이 5층에 있는데 독서실 바로 옆에는 베란다 공간이 있었다. 그런데 아래층이나 좌우 점포에서는 업체가 바뀔 때마다 그곳에 에어컨 실외기를 놓으려고 하는 것이다. 그곳에 에어컨 실외기를 놓으면 독서실에 소음이 유입되기 때문에 필자는 극구 반대하고 있었다.

그런데 급기야 일이 터지고 말았다. 필자도 모르는 사이에 사다리차를 이용해 초대형 에어컨 실외기를 그곳에 안착해 놓고 작업하고 있었다. 필자는 다른 곳에 설치하라고 강력하게 요청했으나 작업자들은 그럴 권한이 없다고 하면서 작업을 계속했다. 그러는 사이 사다리차는 떠나서 이제 실외기를 옮길 수도 없는 상황이 되었다. 필자는 멍하니 작업하는 것을 바라보는 수밖에 없었다. 그러면서 그들은 최근에 나온 제품은 방진 장치가 잘되어 있고 모터 소음도 크지 않아서 괜찮다는 주장만 반복하면서 나중에 정말 문제가 생기면 자기들이 해결해 주겠다고 약속했다.

그렇게 해서 에어컨 설치가 완료되고 가동이 시작되었는데 이게 소음이 장난이 아니었다. 일반 소음이 아니라 진동 소음이라서 방음 처리로는 어떻게 해 볼 상황이 아니었다. 그래서 소음이 큰 쪽에 있는 학생들은 조용한 쪽의 자리로 바꾸어 주고, 백색 소음기 소리를 평소보다도 높이면서 어떻게든 견뎌 보려 했지만 그게 쉽지 않았다. 급기야 환불을 요청하는 학생도 나오기 시작했다.

 그래서 에어컨을 설치한 업체에 가서 실외기를 옮겨 달라고 했는데 꼭 남의 일처럼 생각하는 것 같았다. 여러 번에 걸쳐 찾아가서 부탁도 해 보고 언성을 높여 싸우기도 하고 끈질기게 붙들고 늘어졌다. 결과적으로 옮겨 주기는 했지만 4개월이 걸렸다. 그 4개월 동안의 영업상 손실과 독서실로서의 이미지 손상 그리고 정신적인 피해 보상은 어디에서도 받을 곳이 없다. 따라서 사업주는 주변의 환경 변화에 대해 예민하게 받아들일 필요가 있고, 학생들의 불만을 미리미리 알아차리는 능력을 갖추는 것도 중요하다.

 위 두 가지로 사례로 어려움을 설명했다. 이런 일들이 자주 일어나는 일은 아니지만 한 번 발생하면 해결이 쉽지 않은 문제들이라 사업주들이 겪는 어려움 중의 하나로 꼽았다. 그뿐만 아니라 많은 점포가 모여 있는 큰 건물에 입점해 있는 독서실/스터디카페는 주변의 다른 점포들이 철거하고 또 다른 업체가 들어오면서 리모델링 공사를 하게 되고 그런 경우가 참 많다. 같은 건물이기 때문에 멀리 떨어져 있는 점포에서 철거 공사를 한다 해도 벽체를 타고 울려 퍼지는 소음은 건물 전체를 소란스럽게 한다. 그래도 다른 업종은 큰 불만이 없이 며칠을 잘 견뎌 낸다. 그러나 독서실/스터디카페는 학생들의 항의 때문에 견디기가 참 힘들다. 그래서 공사 현장에 찾아가 소음 공사는 몰아서 짧게 하라든가, 학생들이 적은 시간대에 하라든가 요청해 보지만 대부분은 귓등으로도 안 듣고 자기들 할 일만 한다. 그래서 난감한 경우가 참 많다.

4. 무단 사용 문제

　무단 사용의 형태는 다양하다. 우선 정식으로 등록한 친구들과 휩쓸려 같이 들어오는 경우이다. 이런 학생은 정해진 좌석이 없으니까 휴게실이나 공용공간 등에 자리를 잡고 앉아 친구들과 함께 어울려 시간을 보낸다. 또 처음 들어올 때는 짧은 시간을 끊고 들어와서 이용 시간이 지나도 안 나가고 버티고 앉아 있는 경우이다. 어떻게 들어왔든, 공부하러 온 것이 아니라서 여러모로 학습 분위기를 해친다. 공용공간인 휴게실 등에 계속 죽치고 앉아 웃고 떠들고 있으면 시끄럽기도 하거니와 공부하다가 잠시 쉬려고 나온 학생들도 쉬지 못하고 뒤돌아 가야 한다. 그리고 일반적으로 독서실/스터디카페 휴게실 내부에는 음식을 먹을 수 있도록 푸드존을 두는 경우가 많은데 푸드존마저 그들이 점령하고 있어 다른 학생들이 제때에 식사하지 못하는 상황도 발생한다.

　신발장이 있는 독서실/스터디카페는 책상 번호와 신발장 번호를 맞추어 넣는다. 그런데 무단침입자들은 자기 책상이 없으니 신발을 넣을 곳도 없다. 그러다 보니 그들은 아무 신발장이나 빈 신발장에 넣는다. 그러면 원래 신발장 주인이 들어와 자기 신발장에 남의 신발이 들어 있으니 그 신발을 다른 빈 신발장에 넣는다. 그렇게 몇 번 반복하다 보면 연쇄적으로 혼란이 일어나기도 한다. 그러다 보면 처음 무단침입자의 신발은 어디에 있는지도 모르게 된다. 무단침입자가 돈을 안 내고 들어오는 일이 작은 문제라면 이런저런 관리의 혼선을 초래하는 것이 아주 큰 문제이다. 무인 운영의 경우 사업주가 여간 신경 쓰지 않으면 이런 일이 일어나고 있는 것조차도 알기가 어렵다. 그래서 사업주는 학생들이 많이 오는 저녁 시간대에는 자주 들리고 이런저런 사태 파악을 하는 것이 좋다.

다른 업종들도 그렇겠지만 독서실/스터디카페 업종은 특히, 한 사업자가 여러 개의 사업체를 운영하는 경우가 많다. 아마 시간도, 인력도 많이 필요하지 않아서 여러 개 사업장을 운영할 수 있기 때문일 것이다. 또 한 곳, 두 곳 사업을 성공적으로 일구다 보면 자신감이 생겨 그렇기도 할 것이다. 그런 때일수록 창업을 결정하는 데 있어 신중할 필요가 있다. 필자는 신중을 기하는 한 방편으로, 그리고 합리적인 의사 결정을 위한 방법으로 본서에서 제시하는 통계적 입지 분석 방법에 따라 입지 분석 해 보기를 권한다. 그러면 의사 결정을 하는 데 도움이 되리라고 생각한다. 모쪼록 이 책을 통해 모두가 성공적인 창업을 하고, 경쟁력 있는 운영을 했으면 좋겠다. "끝"

 붙임자료

(붙임1)

정보공개청구서(견본)

주소 :

1. 제목 : ○○시 ○○동 통별, 연령별 주민등록인구통계자료 요청

2. 내용 :
현재 동(洞)별로는 각 연령별 통계 자료가 있으나 통(統)별 단위로는 공개된 자료가 없어 아래와 같이 정보공개를 청구하오니 정보를 제공하여 주시기 바랍니다.

- 아 래 -
1. ○○시 ○○구 ○○동 통별 세대수 현황(붙임 참조)
2. ○○시 ○○구 ○○동 통별, 연령별 주민등록 인구통계(붙임 참조)
3. ○○시 ○○구 통·반 명칭 및 관할 구역표

(붙임2)

○○시 ○○동 통(統)별 세대수 및 인구수(견본)

행정통(統)명	세대수	인구수
총계	10,720	45,670
1통	183	531
2통	175	481
3통	205	567
4통	192	539
5통	134	423
6통	165	521
7통	129	435
8통	197	635
9통	158	521
10통	140	443
11통	127	393
12통	131	389
13통	125	402
14통	136	412
15통	191	625
16통	130	434
17통	128	382
18통	127	383
19통	139	432
20통	133	413
21통	136	398
22통	134	431
23통	122	384
24통	129	411
25통	128	383
26통	132	411
27통	198	603

※ 정보공개 청구 시 붙임자료 양식(예시)

(붙임3)

○○동 통별, 연령별 인구 현황(청구 및 수령/예시)

행정동명	통	연령	인원수
○○동	1	0	3
○○동	1	1	2
○○동	1	2	6
○○동	1	3	3
○○동	1	4	4
○○동	1	5	1
○○동	1	…	
○○동	2	0	2
○○동	2	1	2
○○동	2	2	1
○○동	2	3	2
○○동	2	4	4
○○동	2	5	4
○○동	2	…	
○○동	3	0	4
○○동	3	1	2
○○동	3	2	1
○○동	3	3	2
○○동	3	5	1
○○동	3	…	
○○동	4	0	2
○○동	4	1	1
○○동	4	2	3
○○동	4	3	2
○○동	4	4	4
○○동	4	5	3
○○동	4	…	
○○동	…	…	
○○동	40	0	17
○○동	40	1	12
○○동	40	2	10
○○동	40	3	12
○○동	40	4	5
○○동	40	…	
		총계	

※ 정보공개청구 시 견본으로 첨부하면 상호 이해가 용이함
※ 그러면, 위와 같은 양식에 맞추어 자료를 수령할 수 있음

(붙임4)

○○독서실/스터디카페 창업 비용 집계표(사례)

(공사 면적 70평/좌석 수 84석)   (단위 : 원)

구 분	공종별 구분		투자금액(원)	비 고
	바닥 수평몰탈작업		3,600,000	* 바닥 평탄작업비용
	목공작업	목공인건비	30,225,170	* 작업자 간식비 등 포함
		목공재료비	23,535,950	* 목자재, 석고보드, 문짝, 방음재 등등
	스프링쿨러		4,200,000	
	전기/소방/CCTV		17,191,300	* 전기, 소방, CC/TV, 백색소음기 설치공사
	덕트공사(보수공사)		2,800,000	* 기존시설에 보완공사
	벽면도장작업		13,250,000	
	데코타일/도배		5,500,000	
	자동문설치		2,100,000	
	유리샤시/출입문시건		1,490,000	
	간판/내부표지판		3,690,000	* 간판 일부는 재사용
	입주청소비/중간청소		1,392,000	
	공사성합계		108,974,420	
집기류	백색소음기(보완)		550,000	* 본체는 기존기계 재사용
	책상/신발장/사물함		27,500,000	
	책상스탠드		5,712,000	
	키오스크		11,118,000	* 키오스크, 관련 프로그램&사물 IOT
	시디즈의자		12,241,900	
	에어컨설치		21,600,000	* 매립덕트에어컨 2대 포함 총 9대
	씽크대제작		4,970,000	
	기타집기류		4,277,540	* 냉장고, 제빙기, 커피머신, 프린터 등
	집기류합계		87,969,440	
기타비용	기타비용		2,398,910	* 문구류, 잡화류, 주차비 등등
	지 출 총 계		199,342,770	
특기 사항	① 위 사례 중에서 철거비와 확장공사 등 일반적 창업비용과 무관한 비용은 제외 ② 상기 금액 중에서 과세 대상비용은 부가가치세가 포함된 금액 임 → 추후 일부 회수 ③ 직접공사방식으로 진행했기 때문에 재료는 최고 좋은 재료로 충분한 물량 사용. ④ 목공작업은 일당제로 진행했고, 목공품질을 위해 충분한 작업기간 확보(도급제 아님)			

(붙임5)

○○독서실 공사시방서(참고용)

※ 본 시방서는 건설 현장에서 전문가들이 사용하는 전문적 공사시방서가 아닙니다. 독서실/스터디카페 창업자들이 인테리어 공사에 필요한 정도의 공사 내용을 예시적으로 정리한 것입니다.
※ 또 아래의 시방서는 10여 년도 더 전에 사용했던 시방서로서 그동안 새로운 공사 자재의 개발 등으로 현재의 방법과는 맞지 않는 부분이 있으니 참고만 하시기 바랍니다.

> 1. 전체적 느낌은 고급스럽고, 아늑한 느낌으로 한다.
> 2. 모든 공사는 방음에 유리한 방법으로 시공한다. (전선, 에어컨 배관, 환기 시설 등의 공사로 인해 천장을 뚫을 때는 실리콘, 우레탄 폼 등으로 반드시 방음 처리 한다.)
> 3. 본 공사시방서에 정하지 않은 사항은 국토해양부에서 정한 각 공사 분야별 표준시방서에 따라 공사를 수행한다.

I. 목공사(칸막이 및 천장)

1. 칸막이 공사

1) 도로에 접하는 부분에 대한 방음 공사
  (1) 창문으로 물이 새지 않도록 창문에 두꺼운 비닐을 친다.

(2) 새시로 창문을 낼 부분은 제외하고 합판 등으로 봉한다.

(3) ALC블록을 사용하여 벽체를 형성한다.

(4) ALC블록 벽체의 두께는 100T로 한다.

(5) 시공 높이는 천장 높이까지 시공한다.

(6) 소음 측정 후 방음이 충분치 못하면, 차음시트로 보강한다.

2) 열람실과 열람실 사이의 칸막이

(1) 각재 두께 50*50mm를 사용하여 골격을 세운다.

(2) 각재의 중간에는 50mm 두께의 흡음재를 채워 넣는다.

(3) 각재 프레임의 양측에 석고보드(9mm) 2P씩을 친다.

3) 내부 주복도에 접하는 부분의 칸막이

(1) 각재 두께 50*50mm를 사용하여 골격을 세운다.

(2) 각재의 중간에는 50mm 흡음재를 채워 넣는다.

(3) 각재 프레임의 안쪽(열람실 쪽), 각재 프레임의 바깥쪽(복도 쪽)에 모두 비닐과 석고보드(9mm) 2P 처리

(4) 내부 복도 모서리 부분 기둥은 원형 기둥(4개) 사용

4) 개인실과 개인실 사이의 칸막이

(1) 개인실 복도의 칸막이는 50mm 각재로 골격을 세운다.

(2) 양측에 각각 9mm 석고보드 2P를 쳐서 마감한다.

(3) 개인실과 개인실 사이 칸막이는 30mm 각재로 골격을 세우고 양쪽에 석고보드 2P를 쳐서 마감

(4) 복도 쪽 문 높이는 2000mm로 하고 천장으로부터 약 600mm 정도는 띄우는 것으로 한다.

(5) 개인실 문은 ABS 문으로 한다. 이때, 문틀은 충분한 두께가 되어야 하고, 문은 문틀에 완전하게 들어가는 구조여야 한다.

5) 사무실, 휴게실의 칸막이

(1) 각재 두께 50*50mm를 사용, 천장 끝까지 골격을 세움.

(2) 각재의 중간에는 흡음재 50mm를 밀실하게 채움.

(3) 각재 프레임 안쪽은 합판(5mm)/비닐/석고보드(9mm) 2P 처리

(4) 각재 프레임 바깥쪽은 비닐과 석고보드(9mm) 2P 처리

(5) 택스 위 콘크리트 슬래브 면까지 붙여서 밀실 시공

(6) 스래브와의 접촉 부분은 우레탄 폼으로 채워 공극이 없도록 시공한다.

(7) 전선관, 덕트, 메인 배관, 에어컨 배관 등은 한곳으로 모아 공극을 최소화하고 우레탄 폼으로 마감 처리 한다.

6) 타 영업 시설과 접하는 부분의 방음

(1) 위층 스래브 밑 부분까지 ALC블록으로 벽체를 세운다.

(2) ALC블록 벽체는 방음을 위해 타 영업 시설의 벽체와 50mm 공간을 띄워서 시공. 블록 두께는 200mm 블록으로 한다.

(3) 블록은 ALC 전용 몰탈로 접착하면서 밀실하게 시공

(4) 타 영업 시설과 접하는 벽면의 택스 위 비어 있는 부분은 흡음

재/차음재/흡음재를 반복 사용하여 방음 처리
(5) 에어컨 배관, 전선, 덕트 등을 설치할 구멍 확보
(6) M바는 벽체가 형성될 부분만 절단하고, 다른 부분은 재사용이 가능하도록 한다.
(7) 공용 복도 천장, 벽체는 몰딩과 도색으로 마감 처리 하나 하단부에는 MDF 루바로 마감 처리하여야 한다.

2. 천장 방음 공사

1) 독서실 주요 구역 방음 공사(사무실이 있는 쪽)
  (1) 천장을 지지하는 전산 볼트를 점검, 취약 부분 보강
  (2) 현재 천정에 부착된 택스가 빠진 부분은 채워 넣는다.
  (3) 택스 밑에 두꺼운 비닐을 쳐서 차음을 한다.
  (4) 비닐을 친 다음 석고(12.5mm) 2P 시공하고 틈새가 생긴 부분은 실리콘 작업으로 메꾸어 준다.
  (5) 모든 시공은 각 모서리 끝부분까지 밀실하게 시공한다.
  (6) 벽면과 접하는 부분은 우레탄 폼으로 밀실하게 채운다.
  (7) 하리보 범위 내에서 최소한의 점검구를 설치하되, 점검구는 열람실이 아닌 곳에 배치되도록 한다.
  (8) 점검구는 별도의 틀을 짜서 차음재와 흡음재를 부착하여 방음에 문제가 없도록 시공한다.

2) 공용 복도 완편 방음 공사(41㎡=7.8m×5.3m)

(1) 텍스 밑에 석고보드(12.5T) 2P 시공

(2) 각재(30T)를 사용하여 천장 틀 구성

(3) 흡음재(SONAC-PN 25T)를 사용하여 천장 틀에 충진

(4) 그 밑에 석고(12.5T) 2p를 시공한다.

(5) 모든 시공은 각 모서리 끝부분까지 밀실하게 시공한다.

(6) 벽면과 접하는 부분은 우레탄 폼으로 밀실하게 채운다.

3. 문 공사

1) 목문 공사

(1) 문틀은 비틀림 현상이 발생하지 않도록 양질의 문틀 사용

(2) 문은 재현 하늘창의 ABS도어 사용하되 디자인은 "갑"이 선택한다.

(3) 도어클로져는 K-Metal사의 King 최고급품 사용

(4) 열람실 문 상단 중앙에 80mm×250mm 정도를 뚫고 유리 시공

(5) 유리에는 "STUDY ROOM"이라 새긴 선팅 시트를 뉘어서 부착

(6) 문짝 손잡이는 고급형 일자형 손잡이 사용

(7) 문에 스토퍼 설치하고, 필요한 위치에는 말발굽도 설치

2) 새시문 및 출입문

(1) 새시는 KCC 창호로 하되, 2중 방음창 사용

(2) 현재 주출입구 문에 강화도어 문 설치(시건 장치 및 손잡이 포함)

(3) 신발 벗는 곳에 스텐 테두리 설치
(4) 출입문 밖 입구의 인테리어는 "갑"과 "을"이 협의하여 결정한다.
(5) 타 영업 시설 강화도어 출입문 이전 설치 후 문을 떼어 낸 부분에 다른 유리 보충 및 인근 유리 선팅
(6) 주출입구(방화문) 안쪽에 강화도어 이전 설치

4. 바닥타일 공사

1) 바닥 시멘트가 충분히 양생되고 마른 후에 시공한다.
2) 바닥은 국산 엘지, 한화, KCC제품의 데코우드타일을 사용(제품명 : "갑"과 "을"이 협의하여 결정)
3) 접착 본드는 냄새가 안 나는 친환경 본드를 사용한다.

5. 수장 공사(도배)

1) 광폭합지 사용(소방 허가 받는 데 문제없는 제품)
2) 제품명 : "갑"과 "을"이 협의하여 결정
3) 열람실, 천장, 복도, 휴게실, 사무실, 인터넷실, 로비 등
4) 특정 부분은 도색으로 처리하여 완성도를 높인다.
5) 접착제는 냄새가 없는 친환경 접착제 사용하여 시공
6) 도배지가 울거나 뜨지 않도록 정교하게 시공한다.

6. 기타 공사

  1) 몰딩 공사 : 목재 종류의 몰딩으로 하되 종류는 "갑"과 "을"이 협의하여 결정한다.
  2) 각 위치별 바닥 부위에는 걸레받이 설치
  3) 일정 부분에는 할로겐 조명을 사용하여 조명효과 극대화
  4) 열람실 표시판, 게시판 등은 디자인 방식으로 시공

II. 특정 위치별 공사(특기사항)

1. 복도 부분 공사

  1) 복도 부분 벽면은 중간 허리띠 부분에 MDF로 시공
  2) 일부는 돌 붙임과 산호석으로 인테리어 장식 가능
  3) 천정은 MDF로 등박스 제작 등 인테리어 작업
  4) 고급 조명등 설치
  5) 바닥은 엘지 또는 KCC제품의 데코우드타일을 사용

2. 사무실 부분

  1) 사무실 내에 카운터 시공
  2) 사무실 8mm 유리 설치
  3) 접수대 상판은 인조대리석으로 시공한다.

4) 수납장 등은 "갑"이 원하는 바에 따라 시공한다.

3. 휴게실

1) 휴게실에 세면기 설치/냉수, 온수 파이프 인입
2) 온수, 냉수 인입 및 배수구 설치/부착식 휴게대 설치
3) 정수기, 커피 자판기, 전자레인지 등이 매입되도록 시공

4. 인터넷실

1) 컴퓨터 책상 제작
2) 컴퓨터실 벽체는 절개 후 유리문 설치
3) 컴퓨터 책상의 사이에는 칸막이 시공

III. 배기덕트 공사

1) 옥상으로 연결되는 덕트관 사이즈는 800mm×400mm 이상으로 시공
2) 덕트의 모터는 3마력 이상(설치 시 마력수 합의 조정)
3) 개인실 부분은 브로어 7개(복도 외)를 균등한 간격 배치
4) 개인실 외의 위치는 브로어 30개를 적절히 나누어 설치
5) 덕트 시공에 사용되는 부속품은 모두 방음용 자재 사용

IV. 전기 공사

1) 반드시 전기자격증을 갖춘 작업자가 시공한다.
2) 전기부품은 모두 KS 규격 제품 사용
3) 각 복도의 적절한 위치에 1개~2개 이상의 콘센트 설치하고, 콘센트는 2구 이상짜리를 사용한다.
4) 콘센트는 매입식으로 설치하고 목재 등에 견고하게 부착
5) 배선 작업 시 "갑"이 지정하는 위치 9개소에 CCTV 배선 설치
6) 에어컨 설치에 지장이 없도록 충분한 용량의 배선 사용
7) 소방 전기를 위한 피난 유도등 전기 설치
8) 사무실에서 각 열람실까지 책상 조명등 연결을 위한 랜선(8선) 설치
9) 간판용 전선 5스퀘어 굵기의 전선을 창가 쪽으로 연결
10) 덕트, 백색소음기 등에 대한 대비한 배선 작업 시공
11) 사무실로부터 창가 쪽, 휴게실 쪽으로 예비 전선 2선을 별도로 빼놓는다.

V. 보일러 공사

1) 제품 규격 및 물성
   (1) 보일러 : 경동보일러 콘덴싱 나비엔(NCN-27KS) 2대
   (2) PE-Xa 파이프(굵기 15mm)
   (3) 부속재질 : 커플링(신주), 와이어매쉬(Fe), 은박매트(PE),

몰탈(레미콘), 와이어매쉬, PE-Xa파이프, 커플링, 엘보, 온수분 배기 등

2) 온수 배관 시공

(1) 보일러를 설치하는 전체 바닥면에 은박 매트 도포/비닐/스티로폼(50mm)
(2) 은박 매트 위에 와이어 메시를 간격을 유지하면서 설치
(3) 보일러 분배 계획에 의하여 구획별 PE-Xa 파이프를 시공
(4) 가급적 PE-Xa 파이프를 커플링하지 않도록 분배 시공
(5) 엑셀과 엑셀의 간격은 150mm~200mm 이내로 한다.
(6) 엑셀 시공 시 창가 부분은 두 배로 조밀하게 시공(4줄까지)

3) 에어컨 드레인 배관 시공

(1) 구획별 에어컨 설치 위치에 드레인 배관을 수평으로 설치
(2) 해당 지점에 T밸브를 이용하여 PVC 파이프가 바닥에서 상부 60~90cm까지 올라오게 설치
(3) 바닥 위 면에 올라온 PVC 파이프에 에어컨 드레인 호스를 연결하되, 호스 내경 20mm 이상 설치, 천장 높이에서 10cm 정도 떨어진 위치까지 연결

4) 레미콘 타설 및 양생

(1) 레미콘 타설 시 바닥에서의 총 높이는 50mm로 유지하면서 타설

(2) 레미콘과 몰탈의 비율은 1:3으로 하며 기계 미장 마감

(3) 레미콘 타설 후 자연건조를 이용하여 최소 3일간 양생

5) 냉·온수 배관 인입 및 배수시설 연결

(1) 휴게실 부분에 냉수. 온수 배관을 인입

(2) 세면기가 설치되는 위치에 배수구 연결

VI. 소방 공사

1) 벽지, 필름지, 흡음 자재 등 자재 선택에 있어 소방상 문제가 없도록 선택한다.
2) 피난 유도등 설치
3) 필요한 경우 필요한 위치에 완강기 설치

VII. 표지판 및 선팅 등

1) 3층 창문 외측 선팅(○○독서실/전화번호 등)
2) 실내 유리 선팅(주출입문, 사무실, 열람실 문 등)
3) 적절한 위치에 스카시 글자 붙임(15자 이내)
4) 표지판류(열람실, 사무실, 휴게실, 인터넷실, 미시오 등)
5) 실내 게시판 설치

6) 건물 계단, 엘리베이터 등에 안내판 설치

VIII. 기타 사항

1) 폐기물 처리비, 청소비 등 견적에 포함
2) 기타 정해지지 않은 사항은 품질을 저해하지 않는 범위 내에서 상호 협의하여 진행
3) 디자인, 색상은 "을"이 제안하고 "갑"이 선택한 대로 시공한다.
4) 기존에 있던 공용 복도 벽체 철거
5) 타 영업시설 출입통로 부분 인테리어도 견적에 포함
6) 주출입구 바깥쪽 인테리어, 내부의 아트월 등은 "을"이 제안하고 "갑"이 선택한 대로 시공한다.
7) 개인실 복도 양 끝에는 벽면형 등박스로 장식 처리

(붙임6)

위치별 목공 작업 특기사항(예시)

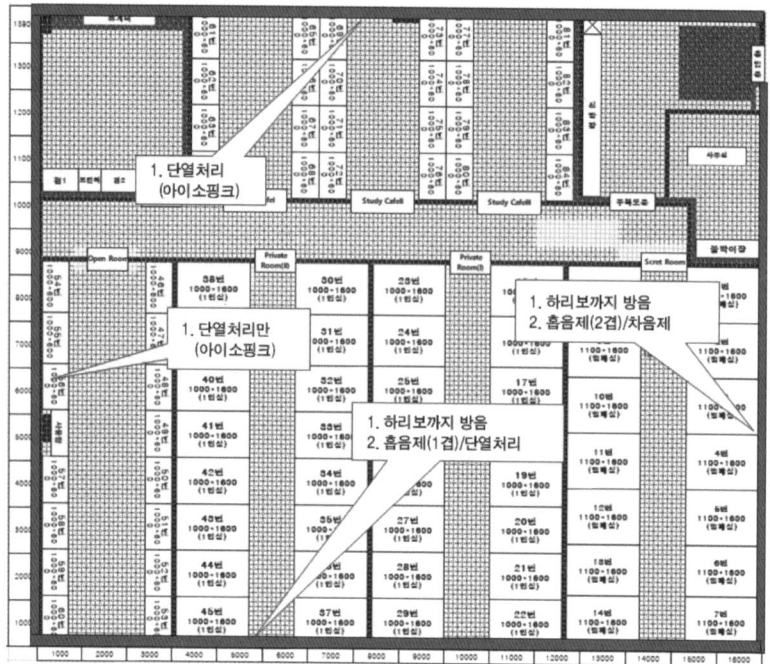

(붙임7)

위치별 인테리어 이미지 모음

※ 해당 위치 번호별로 인테리어 완성 후의 최종적 이미지 사진 첨부하여 작업자들이 최종적인 이미지를 알고서 작업하도록 한다.
※ 사진은 책상, 집기 등이 놓여 있는 상태의 사진을 보여 주는 것이 좋다.

(붙임8)

전기공사 요구 사항(예시)

1. 열람실별로 ON/OFF 가능토록 설계
2. 청소등은 일괄 점등 가능토록 설계
3. 출입문 밖에서 초인종을 누를 수 있도록 배선 설치
4. 코드는 원칙적으로 매입식으로 설치
5. 열람실 내에 스피커 설치(스피커는 "갑"이 별도로 구입)
6. 모든 스위치는 원칙적으로 사무실에서 ON/OFF 가능토록 시공
7. 밀폐실은 각 실별로 백색소음기 설치(스위치는 "갑"이 구입)
8. 밀폐실의 에어컨 ON/OFF 스위치, 전등 스위치 일체형으로 부착
9. 휴게실 싱크대에는 순간온수기 설치 배선 준비
10. 건물 밖으로 연결된 간판 전기선은 재사용 가능 여부 판단
11. 난방 보일러선 연결(기존 분 사용 가능한지 확인)
12. 사무실 모뎀에서 와이파이용 공유기까지 UTP선 연결
13. CCTV 배선, 카메라, 녹화기 설치
14. 사무실 출입구에 키오스크용 UTP선 연결
15. 백색소음기 연결 및 설치(백색소음기 스피커 "갑"이 별도 구입)
16. 경량 칸막이 외부에는 옥상 전등을 위해 예비 전원을 뽑아 놓을 것
17. 각 열람실에는 책상 스탠드용 전선과 전등 통제용 UTP선을 뽑아 놓는다.
18. 배전반에 에어컨 차단기 9개 필요
19. 기타 파악되지 않은 사항이 있는 경우 협의하여 결정

(붙임9)

조명등 배치도(예시)

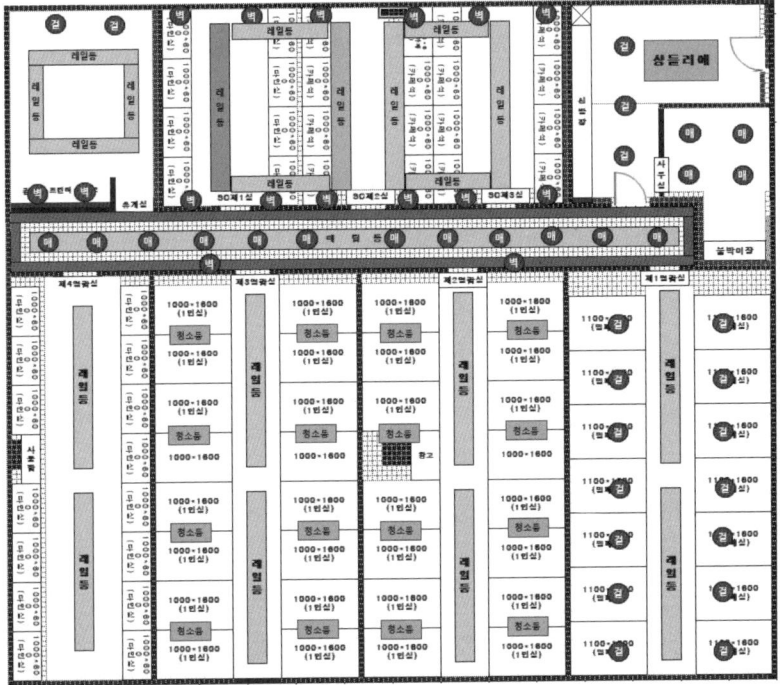

※ 위 표는 엑셀로 그린 자료임.
※ 위치별로 설치할 조명의 종류와 조명 개수를 표시함.
※ "매"는 매입등을, "벽"은 벽등을, "걸"은 걸이등을 표시함.
※ "청소등"은 청소할 때만 쓸 목적으로 설치한 등
※ 위와 같은 방식으로 전기 콘센트 설치 위치, 백색소음기 스피커 설치 위치, 공유기 설치 위치, 배기 덕트 불로어 설치 위치 등을 표시하여 각 작업자에게 제공하면 차질 없이 일을 진행할 수 있다.

독서실/스터디카페
창업

ⓒ 이상권, 2025

초판 1쇄 발행 2025년 9월 30일

지은이	이상권
펴낸이	이기봉
편집	좋은땅 편집팀
펴낸곳	도서출판 좋은땅
주소	서울특별시 마포구 양화로12길 26 지월드빌딩 (서교동 395-7)
전화	02)374-8616~7
팩스	02)374-8614
이메일	gworldbook@naver.com
홈페이지	www.g-world.co.kr

ISBN 979-11-388-4778-0 (03320)

도서 가격 20,000원

- 이 책은 저작권법에 의하여 보호를 받는 저작물이므로 무단 전재와 복제를 금합니다.
- 파본은 구입하신 서점에서 교환해 드립니다.